趋势转折的奥秘

王建红 著

地震出版社
Seismological Press

图书在版编目（CIP）数据

趋势转折的奥秘 / 王建红著. —北京：地震出版社，2018.10
ISBN 978-7-5028-4973-3

Ⅰ. ①趋… Ⅱ. ①王… Ⅲ. ①股票投资 Ⅳ. ①F830.91

中国版本图书馆 CIP 数据核字（2018）第 090631 号

地震版　XM4129

趋势转折的奥秘

王建红　著
责任编辑：薛广盈　吴桂洪
责任校对：凌　樱

出版发行：**地震出版社**

北京市海淀区民族大学南路9号　　　　邮编：100081
　　发行部：68423031　68467993　　传真：88421706
　　门市部：68467991　　　　　　　　传真：68467991
　　总编室：68462709　68423029　　传真：68455221
　　证券图书事业部：68426052　68470332
　　http://www.dzpress.com.cn
　　E-mail: zqbj68426052@163.com

经销：全国各地新华书店
印刷：廊坊市华北石油华星印务有限公司

版（印）次：2018年10月第一版　2018年10月第一次印刷
开本：787×1092　1/16
字数：300千字
印张：17.25
书号：ISBN 978-7-5028-4973-3/F（5676）
定价：52.00元
版权所有　翻印必究
（图书出现印装问题，本社负责调换）

众多财智精英人士倾力推荐

我从业 20 多年的实践体会是：即使是顶级公司、伟大公司，同样扛不住市场长期趋势的下跌。以贵州茅台为例，2008 年全球经济危机期间股价下跌了 63%，2013 年三公消费事件、塑化剂危机使股价下跌了 61%。投资者如果能在股价中期或长期趋势转折点附近合理应对，投资效果将会更满意。

王建红先生在两轮牛熊中锤炼出一套"价值投资 2.0 体系"，其核心逻辑"价值投资+趋势转折"很清晰，其中趋势转折系统是这套投资体系的最大亮点；判断市场中长期趋势转折的"趋势转折解盘系统"与预判个股阶段顶底的"全筹码定盘系统"，是他在国内整个行业中率先做出的有益探索。这本书为价值投资者把握趋势转折点、进场和出场提供了一个实战武器。

深圳东方港湾投资管理公司董事长：但 斌

看了王建红先生的《趋势转折的奥秘》书稿，该书的逻辑之严密、案例之典型、观点之精炼，给我印象很深，尤其很多数据精确到了小数点后两位。认识王建红先生10多年，他是一个勤奋的人，这本书是他的心血之作；在国内实业企业转型金融、布局资本市场的浪潮中，本书是了解中国证券市场波动规律的实战型工具书。

北大纵横管理咨询集团创始人、董事长：王璞

当价值投资刚刚在中国证券市场成为主流的时候，王建红先生已经先行一步，拿出了他的"价值投资2.0体系"，该体系的核心理念"价值投资＋趋势转折"的确把握住了证券投资的两个主要矛盾、两个要害，值得投资者决策时作为核心框架来参考。

赛伯乐基金资深合伙人：谭喜

王建红先生有过多年股权投资的历练，在基本面分析上是有功力的，这可能是他与其他私募基金经理的一个重要区别；《趋势转折的奥秘》一书的出版，表明建红在市场面、公司基本面和个股技术面的把握方面都达到了一定深度。国内同时熟悉基本面、市场面、技术面三个维度且达到一定深度的内行很难得，王建红先生算一位。本书的出版，也一定会给读者带来启迪和帮助。

中国建设银行河南省分行行长：石永拴

房地产投资的黄金时代即将结束，而权益投资时代将大放异彩。理性、成熟的投资人都会认同"20%~30%是非常高的年收益率"，王建红先生的《趋势转折的奥秘》一书，是证券投资持续实现20%~30%年收益率的一本实战宝典。

中国建设银行山西省分行副行长：冯占文

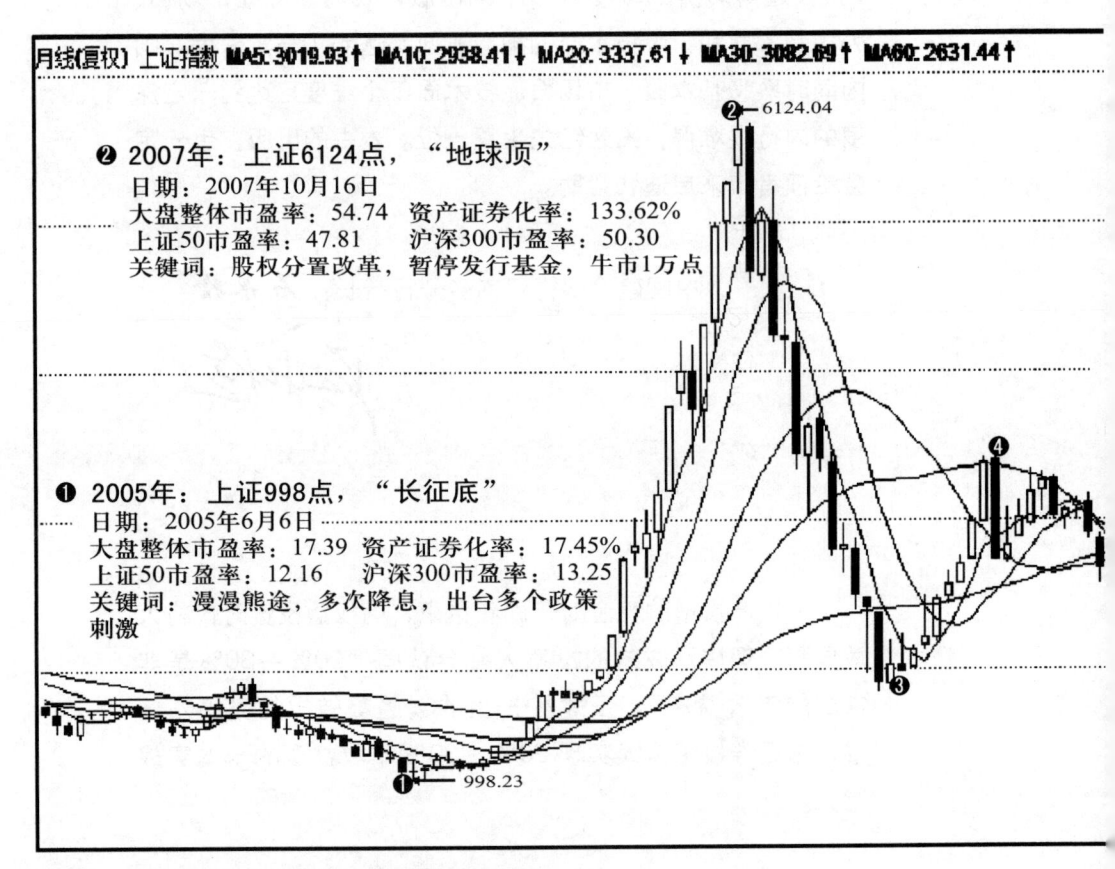

月线(复权) 上证指数 MA5: 3019.93↑ MA10: 2938.41↓ MA20: 3337.61↓ MA30: 3082.69↑ MA60: 2631.44↑

❷ 2007年：上证6124点，"地球顶"
　日期：2007年10月16日
　大盘整体市盈率：54.74　资产证券化率：133.62%
　上证50市盈率：47.81　沪深300市盈率：50.30
　关键词：股权分置改革，暂停发行基金，牛市1万点

❶ 2005年：上证998点，"长征底"
　日期：2005年6月6日
　大盘整体市盈率：17.39　资产证券化率：17.45%
　上证50市盈率：12.16　沪深300市盈率：13.25
　关键词：漫漫熊途，多次降息，出台多个政策刺激

6124.04

998.23

2005～2017年中国股市趋势转折图

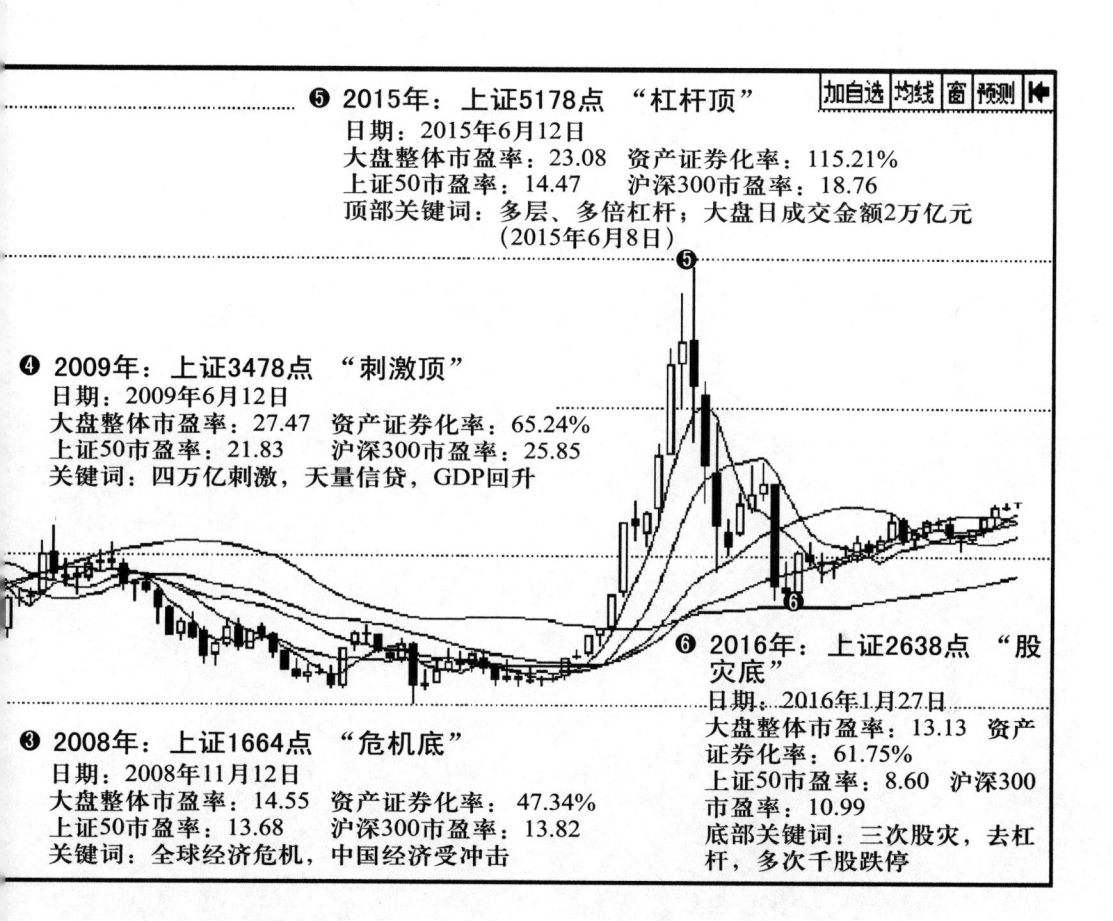

❺ 2015年：上证5178点 "杠杆顶"
日期：2015年6月12日
大盘整体市盈率：23.08　资产证券化率：115.21%
上证50市盈率：14.47　　沪深300市盈率：18.76
顶部关键词：多层、多倍杠杆；大盘日成交金额2万亿元
（2015年6月8日）

❹ 2009年：上证3478点 "刺激顶"
日期：2009年6月12日
大盘整体市盈率：27.47　资产证券化率：65.24%
上证50市盈率：21.83　　沪深300市盈率：25.85
关键词：四万亿刺激，天量信贷，GDP回升

❻ 2016年：上证2638点 "股灾底"
日期：2016年1月27日
大盘整体市盈率：13.13　资产证券化率：61.75%
上证50市盈率：8.60　沪深300市盈率：10.99
底部关键词：三次股灾，去杠杆，多次千股跌停

❸ 2008年：上证1664点 "危机底"
日期：2008年11月12日
大盘整体市盈率：14.55　资产证券化率：47.34%
上证50市盈率：13.68　　沪深300市盈率：13.82
关键词：全球经济危机，中国经济受冲击

目 录

前言：证券投资如何应对市场趋势转折 …………………………………… 1

入门篇　趋势转折的图形密码
【看懂趋势转折的技术密码："MACD + RSI 信号组合"】

第一章　顶底转折的图形密码："MACD + RSI 信号组合" ……… 3
 第一节　认识"趋势指标之王"：MACD ………………………………… 4
 第二节　认识"精准指标之王"：RSI …………………………………… 7
 第三节　"MACD + RSI 信号组合"判断大盘顶底 …………………… 9
 第四节　"MACD + RSI 信号组合"判断板块顶底 …………………… 13
 第五节　"MACD + RSI 信号组合"判断个股顶底 …………………… 15
 第六节　"MACD + RSI 信号组合"的另一个威力：指引不同周期顶底 ………… 17
 第七节　趋势转折的图形密码，为什么是"MACD + RSI 信号组合" ………… 21

第二章　判断顶部转折的"三部曲" ……………………………… 24
 第一节　顶部转折的第一步："杀多点"MACD 死叉信号 ………… 24
 第二节　顶部转折的第二步："顶背离"MACD 顶背离信号 ……… 28

1

第三节　顶部转折的第三步："保命线"——MACD跌向0轴或以下的DIFF线段 ⋯⋯ 32

第三章　判断底部转折的"三部曲" ⋯⋯ 34
第一节　底部转折的第一步："做多点"——MACD金叉信号 ⋯⋯ 34
第二节　底部转折的第二步："底背离"——MACD底背离信号 ⋯⋯ 37
第三节　底部转折的第三步："反攻线"——MACD确认股价上行的DIFF线段 ⋯⋯ 40

大盘篇　大盘趋势转折
【看懂大盘顶底，把握市场长期趋势与中期趋势】

第四章　跳出图形看懂大盘：判断大盘长线顶底与中线顶底 ⋯⋯ 45
第一节　把握两类多头趋势的顶底转折 ⋯⋯ 45
第二节　预判大盘长线顶底的方法与案例复盘 ⋯⋯ 50
第三节　预判大盘中线顶底的方法与案例复盘 ⋯⋯ 56
第四节　大盘长线和中线趋势转折，对个股趋势的不同影响 ⋯⋯ 60

第五章　左右顶底转折的神秘力量 ⋯⋯ 69
第一节　判断大盘顶底的三个标准：资金顶、政策顶、大盘技术顶 ⋯⋯ 69
第二节　左右中国股市顶底转折的五种神秘力量 ⋯⋯ 73

第六章　判断板块顶底：借助"四大推手"，用好"MACD + RSI组合" ⋯⋯ 83
第一节　决定板块轮动的"四大推手" ⋯⋯ 84
第二节　板块顶底的技术信号："MACD + RSI信号组合" ⋯⋯ 89
第三节　把握板块轮动的三个实战经验 ⋯⋯ 91

个股篇　个股趋势转折
【看懂个股顶底，三大战法吃定主升浪】

第七章　解套战法：夺回投资主动权 99
　　第一节　被套众生相：三类被套者，你是哪一类 99
　　第二节　被套的六大后果 100
　　第三节　被套原因查明！买股须杜绝这6种冒险姿势 101
　　第四节　给三类被套者量身打造的解套方案 107
　　第五节　换股解套的6个实盘经验 108

第八章　抄底战法：中线抄底胜率高 110
　　第一节　"中长线是金"：成功掘金"三部曲" 110
　　第二节　中线抄底经验：跌幅信号＋MACD信号＋RSI信号 ... 113
　　第三节　中线抄底的第一铁律：中线底部建仓纪律 114

第九章　逃顶战法：吃定主升浪 121
　　第一节　四种大盘环境，逃顶策略不同 121
　　第二节　逃顶的三类关键信号 123
　　第三节　逃顶的三个辅助信号 124
　　第四节　逃顶的四个实盘经验 127

企业篇　基本面为王
【产业高度与企业深度，吃透公司基本面】

第十章　产业趋势中出牛股：布局未来主导产业 131
　　第一节　全球产业趋势回顾：这20年互联网是超级产业 131
　　第二节　全球产业趋势：未来10年看好三个方向 132

第三节　超级产业：芯片将是下一个制高点 …………………… 134
第四节　新估值体系 PER，选出中国科技龙头公司 …………… 136

第十一章　伟大公司无惧顶底转折：价值投资是大道 …………… 139
第一节　伟大公司可以穿越牛熊，无须多虑市场扰动 …………… 139
第二节　基本面分析是王道，八个干货点穴证券投资 …………… 142
第三节　寻找伟大公司的三种具体方法 …………………………… 147
第四节　与伟大公司同行：看大趋势、有大格局，赚大钱 ……… 149

第十二章　经典案例：股王茅台基本面，驱动超级主升浪 ……… 155
第一节　茅台稳坐中国 A 股"股王"，原来是这十多顶王冠加冕 … 155
第二节　股王茅台多空大论战，多方占优 ………………………… 159
第三节　茅台基本面驱动，股价将开启超级主升浪 ……………… 168

哲学篇　投资正道与大道
【把握趋势转折的投资逻辑与哲学】

第十三章　中国股市的投资逻辑：三维投资体系 ………………… 175
第一节　一张图看懂"三维投资体系" …………………………… 175
第二节　"三维投资体系"在实战中的关注要点 ………………… 176
第三节　揭秘"三维投资体系"的内在逻辑关系 ………………… 178
第四节　在证券投资中使用"三维投资体系"的两个实战经验 … 179
第五节　"三维投资体系"的三个鲜明特点 ……………………… 180

第十四章　持续赚钱的 10 个投资哲学 ……………………………… 182
第一节　错路！当前误导市场的投资模式：以追高模式为代表 … 182
第二节　投资正道，持续赚钱的 10 个投资哲学 ………………… 184
第三节　投资哲学的 6 个深度思考 ………………………………… 196
第四节　投资中最靠谱的事，为什么是"与顶级公司同行" …… 208

第十五章　投资的终极修炼是人性 ………………………………… 217
　　第一节　成为顶级投资人的五项修炼 ……………………………… 217
　　第二节　股市大顶大底背后：人性打败一切 ……………………… 220
　　第三节　K线背后是人性的较量 …………………………………… 222
　　第四节　人性的内核："象与骑象人"的战争 …………………… 225
　　第五节　逆向投资的看家本领：识人性，知大势 ………………… 227

附录1　"价值投资2.0体系"：投资体系与操盘框架 …………… 230
附录2　"趋势转折"解盘系统：预判市场趋势与顶底转折 ……… 233
附录3　"价值投资2.0体系"的12个实盘观点 …………………… 242
作者简介 …………………………………………………………………… 247
后　　记　证券投资的"三个难题" ……………………………………… 249

前 言
证券投资如何应对市场趋势转折

这本书是讲什么的？

本书的主题是：股市趋势转折的奥秘。

◇ "市场趋势转折"的两大实战价值

股市趋势转折，究竟有多重要？

华尔街投资大师江恩说："顺应趋势，花全部时间研究市场的正确趋势；如果保持一致，利润就会滚滚而来。"

"基本面为王，市场面为体，技术面为用"——在我理解的证券投资基本逻辑中，公司基本面好比是"演员"，而证券市场面就好比是"舞台"，两者应该同时成为投资者关注的重点。重视公司基本面分析，可以很好地了解公司的价值和盈利能力，预判公司股价的长期趋势。如果投资者对证券市场趋势关注不够或者没有看懂，那么将无法成为一个稳健盈利的投资者。**在股市遭遇系统性风险，你投资持有的即使是好公司甚至是伟大公司，系统性风险引发的个股股价大跌，同样会让你的资产大幅缩水。**

覆巢之下，安有完卵。以中国股市的"超级赚钱机器"——贵州茅台为例，2008年全球经济危机期间，市场趋势性下跌让茅台股价下跌了63%，市盈率从101倍下降到20倍；2013年三公消费事件、塑化剂危机，行业趋势性危机让茅台股价下跌了61%，市盈率从40倍下降到10倍以内。在茅台股票这两次市盈率"P"的下跌过程中，茅台的企业净利润"E"一直在高速成长，2007年茅台净利润为28亿元，2013年净利润增长到了151亿元，利润增加了4倍多，但是由于市场趋势转折、一直处于熊市下跌中，静态市盈率从100倍跌到了10倍以内，好公司赚了这么多钱，还是弥补不了市盈率"P"的损失。

要知道，贵州茅台是中国A股的"净利率之王"（年度净利率达50%的水平)、"高 ROE 之王"(近年 ROE 在 24.44%～45%)、"高成长之王"(2002年至 2016 年净利润年复合增速为 31%),即使这样"一台赚钱越来越多的超级赚钱机器",也扛不住市场趋势性下跌。

2015 年 6 月股灾引发的长期市场趋势下跌,以贵州茅台、恒瑞医药、招商银行、万科 A 为代表的中国最优秀公司,短短三个月左右时间分别下跌了 42.6%、49.3%、35.4%、22.9%,而那些赚钱一般或者不赚钱的公司跌得更惨,市场系统性风险让包括好公司在内的所有上市公司的市盈率"P"大幅下跌。

对于投资者来说,证券市场的短期趋势可以忽略,但中长期趋势尤其是长期趋势须要重点关注,值得与公司基本面相提并论。

"市场趋势转折"对投资者具有两大实战价值:第一,当市场处于牛市阶段时,"市场在顶部发生的向下趋势转折"犹如一柄悬在头顶的"达摩克利斯之剑",会砍掉投资者账户内的浮盈;第二,当市场处于熊市阶段时,"市场在底部发生的向上趋势转折"则犹如一盏亮在脚前的"阿拉伯神灯",指引着投资者迈起盈利的步伐。通俗地说,把握住了市场趋势转折,才有可能卖在顶部区域,买在底部区域。

所以,证券市场的趋势转折是每一位投资者都不得不面对、又很难应对的课题。

◇ 人类对"市场趋势转折"的认识过程

人类对于股市趋势的认识和探索,已经有至少 133 年的历史了。

市场指数的出现,是人类认识股市趋势的开端。1884 年 7 月 3 日,两位年轻记者查尔斯·道和爱德华·琼斯推出了一项包含 11 种股票的市场指数,其中有 9 家铁路公司和 2 家汽轮公司的平均价格,这就是后来道琼斯指数的雏形。这个市场指数一经推出,很快被华尔街所接受。1896 年 5 月 26 日,查尔斯·道首次在《华尔街日报》上发表了 30 种工业股票的平均价格指数,即人们常说的道琼斯指数。作为股票市场指数,道琼斯指数是目前世界上历史最悠久、最具影响、最有权威性的一种股票价格指数。由于道琼斯工业平均指数中的 30 种成份股是美国蓝筹股的代表,其成份股的选择标准包括成份股公司持续发展、规模较大、声誉卓著,具有行业代表性,该指数不仅为大多数投资者追捧,更被各国股市效仿。这个神秘指数的细微变化,带给亿万人惊恐或狂喜,它已经不是一个普通的金融指标,而是世界金融文化的脉搏和代号。

以道琼斯指数为代表的市场指数移动平均线的出现,使迷茫莫测的股票市场显示出清晰的趋势,证券市场点亮一盏指路明灯。经过查尔斯·道的多年研究和后人总结,形成了众所周知的"道氏理论"。

道氏理论是人类认识股市趋势的一个里程碑。道氏理论被公认为全球证券市场的技术分析鼻祖有两个主要原因:一是其用市场平均成本来刻画和认识市场趋势,查尔斯·道是最先提出平均成本概念、发明并使用移动平均线的人,在技术分析中,市场成本原理是趋势产生的基础,市场趋势之所以能够维持,是因为市场成本的推动力。比如,在上升趋势里,市场成本是逐渐上升的,下降趋势里,市场成本是逐渐下移的。成本的变化导致了趋势的延续,而均线的不同周期走势、多头排列和空头排列,更是把市场趋势呈现得非常清晰、形象。二是把证券市场趋势划分为短期趋势、中期趋势和长期趋势,便于投资操作,更好地定位操作周期和级别。

道氏理论是根据价格模式研究、推测未来价格行为的一种技术理论和方法,但其"可操作性较差、反应太迟"同样受到业内批评。即使这一理论的创始者查尔斯·道,都声称其理论并不是用于预测股市,甚至不是用于指导投资者,而是一种反映市场总体趋势的晴雨表。

在没有股市平均指数之前,人们根本不知道市场总体趋势是什么、可能往哪里走;而在股市平均指数出现之后,投资者遇到的市场趋势难题升级为股市波动逻辑和规律的探索。

MACD技术分析方法的出现,是人类认识股市趋势的又一大进步。在查尔斯·道的平均成本理论基础上,1970年代美国人杰拉德·阿佩尔研制出了MACD指标,MACD是由趋势类均线EMA计算而来的震荡指标,且克服了均线发出过多交叉信号的缺陷,对趋势和震荡行情都有很好的应用效果,所以MACD指标既能追踪趋势又能追踪趋势转折,是名至实归的"趋势指标之王"。在市场指数的不同周期图上使用MACD追踪趋势,与道氏理论对趋势的不同分类有异曲同工之妙。不过,MACD指标的主要价值是刻画股市趋势的技术工具,在股市波动逻辑和规律方面并没有进展。

可以看出,人类对于股市波动逻辑和规律的认知,是一个极具挑战性的世

趋势转折的奥秘

界级难题。如果把"股市波动逻辑和规律"比作"皇冠",那么"股市趋势转折"就好像是这座皇冠上的"钻石"。按照"模糊的正确"哲学理念,在这个世界上,精准预测股市顶部的"最高点"、底部的"最低点",不仅很难做到,而且没有太大价值,能做到底部(阶段性底部)区域进场、顶部(阶段性顶部)区域离场,就已经非常成功了。

◇ "趋势转折"解盘系统的探索

"股市趋势密码"——股市波动逻辑和规律,藏在股市历史中。复盘股市趋势转折时,我们会发现股市在顶部区域和底部区域时都发出了多个维度的多个信号,比如全球宏观政经面、资金面、政策面、大盘技术面、市场情绪面等方面的相关信号,关键看投资者是否会聆听、是否看得懂这些信号了。

在实盘判断趋势转折的经年岁月里,我悟出一个道理:必须跳出图形、跳出市场技术面来判断趋势转折,原因有两个:其一是,市场技术面图形——即道氏理论说的市场平均价格指数,根据其重要观点"平均价格指数消溶一切",市场技术面把很多重要的多空信号"消溶"在平均价格价格指数中了。比如,国家队的顶部离场信号、底部进场信号,如此重要的政策面信号、资金面信号,是必须从市场技术面图形中独立出来评估的。其二是,市场图形主要反映的是过去的信息。"图形能反映一切"更多地指"反映过去的一切",市场技术面图形无法也很难反映盘后至下一个交易日开盘前的最新各类信息,如果看图形、依靠过去的信息即能成功预判未来趋势,这就好比司机看着"后视镜"("后视镜"就好比是已经形成的行情图形)就可以判断行驶方向、安全驾驶汽车一样荒唐可笑。

如果仅仅依靠看图形去判断市场趋势转折,不仅滞后很多,而且胜率很低;只有跳出图形,把市场技术面图形放到活生生、丰富多彩的市场环境中,结合宏观政经形势、政策面、资金面和市场情绪共五个核心单元及其多个信号,依靠这个"五元监测系统"才能对大盘趋势和顶底转折做出更高胜率的预判。

由此,我历经中国股市两轮牛熊最终锤炼出了一套以"五元监测系统"为基石的"趋势转折"解盘系统,并多次成功预判中国股市多个大顶、大底和中线顶底:成功预判 2015 年 6 月的顶部和股灾,成功预判 2016 年 1 月熔断时的顶部和股灾并战略清仓，成功预判了2017年5月份的3016点底部并成功抄底，成功预判2015年9月份的2850点、2016年1月份的2638点底部并成功抄底。近年来，"趋势转折"解盘系统预判股市顶底转折的胜率达到了八成。

这套"趋势转折"解盘系统的工作过程分为两步：第一步，测盘，由"智能测盘雷达"——"五元监测系统"完成。第二步，解盘，运用十个解盘定律，对"五元监测系统"监测到的关键信号进行深度分析，最终对趋势转折做出方向性的预判结论，从而指引投资决策和实际操作。

在探索股市趋势方面，"趋势转折"解盘系统在测盘和解盘两个环节都有质的突变。

测盘系统：以5个核心单元、49个指标奠定了解盘系统的科学性基石和全覆盖体系。与道氏理论相比，"趋势转折"解盘系统既包括道氏理论的大盘技术面分析，又增加了全球宏观政经面、资金面、政策面、市场情绪面等左右趋势转折的4个核心单元及其关键信号。正如道氏理论的集大成者——美国知名的交易实战与分析家罗伯特·雷亚多次强调的，"道氏理论并不是可以脱离经济基本条件与市场现况的一种全方位的严格技术理论"，所以增加影响市场趋势转折的"全球宏观政经面、资金面、政策面、市场情绪面"观察单元，是提高判断趋势转折胜率的必经之路。

解盘系统：以十个解盘定律，奠定了解盘系统的逻辑性、实盘性和艺术性。这十个解盘定律是我对中国股市波动内在逻辑和基本规律的认识，掌握了这些内在规律，才能预判中国股市趋势和顶底转折。

由于我对国外股市熟悉深度不够，这十个股市波动规律是否完全适合国外股市，不敢下结论；不过，大道相通，至少可以尝试使用这十个波动规律去解读国外股市的趋势转折。

"趋势转折"解盘系统是在成功探索出"股市趋势密码"——股市波动逻辑和规律的基石上，吸收了国内外金融市场主流理论和技术之后、历经两轮牛熊市锤炼出的研判市场趋势的新一代解盘工具。关于这套"趋势转折"解盘系统的基本框架、成功案例和工作过程，投资者可以在本书的正文、附录中去了解更多详细内容。

作为趋势转折的图形密码："MACD + RSI信号组合"是我对趋势转折的又一个探索成果。

趋势转折的奥秘

"MACD + RSI 信号组合"既是实战中抄底逃顶的主导指标，又是"价值投资 2.0 体系"中技术分析的基础。作为一个集成式发现，"趋势指标之王"MACD 追踪趋势的稳健性，与"精准指标之王"RSI 捕捉转折点的灵敏性有机结合，提高了判断趋势转折、确定底部和顶部的胜率。投资者可以在实战中去体会、去检验，帮助你更好地抄底、逃顶。

如今，在我"价值投资 2.0 体系"的核心逻辑"价值投资 + 趋势转折"中，"趋势转折"解盘系统已经成为抄底逃顶的实战法宝。

股市如海，海浪波动有规律，股市波动同样有规律。随着人类对股市波动规律认识的不断加深，人类逐渐打开了股票市场趋势以及趋势转折的奥秘之门。

如果你看懂了趋势，股市就是你的天堂；

如果你看不懂趋势，股市就是你的地狱。

股票行情软件里，那些或蜿蜒或平滑的曲线，在刻画着市场趋势；其实趋势很美，看懂趋势，顺应趋势，吃透基本面，看懂市场面，用好技术面，通过证券市场实现财富持续增值，你内心中盼望的美好都会一个接一个变为现实。

王建红

2018 年 6 月 12 日，于北京

入 门 篇

趋势转折的图形密码

【看懂顶底转折的技术密码:"MACD+RSI信号组合"】

在价值投资的世界里,基本面像一座高山,而技术面就像登山的地图;高山决定着地图,而地图可以帮助你更好地登上高山。

从技术面开始,看懂趋势转折的图形密码,才能更容易地打开趋势转折的奥秘之门。

第一章　顶底转折的图形密码："MACD + RSI 信号组合"

"趋势指标之王"MACD 追踪趋势的稳健性，与"精准指标之王"RSI 捕捉转折点的灵敏性有机组合，提高了判断趋势转折、确定底部和顶部的胜率。

人类对于股市波动逻辑和规律的认知，是一个极具挑战性的世界级难题。迄今为止，尚没有任何一种理论和方法能够令人信服并且经得起时间检验。2013 年，瑞典皇家科学院在授予罗伯特·席勒等人年度诺贝尔经济学奖时指出：几乎没什么方法能准确预测未来几天或几周股市债市的走向，但也许可以通过研究对 3 年以上的价格进行预测。

如果把"股市波动逻辑和规律"比作"皇冠"，那么"股市趋势转折"就好像是这座皇冠上的"钻石"。在这个世界上，尽管没有一个人能精准预测股市顶部的"最高点"、底部的"最低点"，但是股市顶部区域和底部区域的预判还是有很大胜率的，这是因为股市在顶部区域和底部区域时都给出过多方面的多个信号，比如全球宏观政经面、资金面、政策面、大盘技术面、市场情绪面等方面基本都会有信号，关键看投资者是否聆听、是否看懂这些信号了。

对于行情趋势转折，尽管股市行情图形不是最重要的，但图形还是值得重视，因为图形至少告诉我们：当前行情走到哪一步了？未来的可能走势是什么？

市场趋势转折，那么重要，很多人又把顶底说的很复杂，到底有没有一个简单明了的图形密码就能把趋势转折看个七七八八呢？

基于十多年实盘经验，笔者找到了这样一个图形密码，在每个行情软件上都可以看到。

在历经两轮牛熊的实盘经历中，我使用和比较了诸多指标及其组合之后发现："MACD+RSI信号组合"是判断顶底的简单易用指标，不仅可以广泛使用于大盘，同样适用于板块、个股以及其他证券品种（基金、ETF等）的判断，且胜率较高、比较可靠。

拉瑞·威廉姆斯说，只有当钥匙找到了正确的门锁才会发挥作用。现在，让我们来看看"MACD+RSI信号组合"这把钥匙是如何打开"顶底转折"这个门锁的。

第一节 认识"趋势指标之王"：MACD

MACD（Moving Average Convergence and Divergence），中文标准翻译为"指数平滑异同移动平均线"，是由美国人杰拉德·阿佩尔（Geral Appel）于七十年代提出的，用于研判指数或价格变化的方向、能量、强度以及趋势转折，以便把握买入和卖出时机的技术分析方法。

MACD指标是利用收盘价的短期（常用为12日）指数移动平均线与长期（常用为26日）指数移动平均线之间的聚合与分离状况，对买进、卖出时机作出研判的技术指标。

MACD是由趋势类均线指标EMA计算而来的震荡指标，对趋势和震荡行情都有很好的应用效果，所以MACD指标既能追踪趋势又能追踪趋势转折，是名至实归的"趋势指标之王"。

MACD指标的基本用法：

（1）MACD金叉。DIFF由下向上突破DEA，为买入信号。

（2）MACD死叉。DIFF由上向下突破DEA，为卖出信号。

（3）MACD绿转红。MACD值由负变正，市场由空头转为多头。

（4）MACD红转绿。MACD值由正变负，市场由多头转为空头。

（5）DIFF与DEA均为正值，即都在0轴线以上时，大势属多头市场，DIFF向上突破DEA，可作买入信号。

（6）DIFF与DEA均为负值，即都在0轴线以下时，大势属空头市场，

DIFF 向下跌破 DEA，可作卖出信号。

（7）当 DEA 线与 K 线趋势发生背离时为反转信号。

（8）DIFF 与 DEA 在盘整走势时失误率较高，MACD 指标能提供趋势走势、多头与空头、金叉与死叉、底背离与顶背离等很多信号。笔者认为，该指标比较突出的技术信号主要有两类。

第一类：趋势类信号

在 MACD 指标的快线、慢线、0 轴和红绿柱四个要素中，快线 DIFF 是核心。

当 DIFF 长期在 0 轴以上或长期在 0 轴以下时，趋势的方向比较明确，如图 1-1 所示。

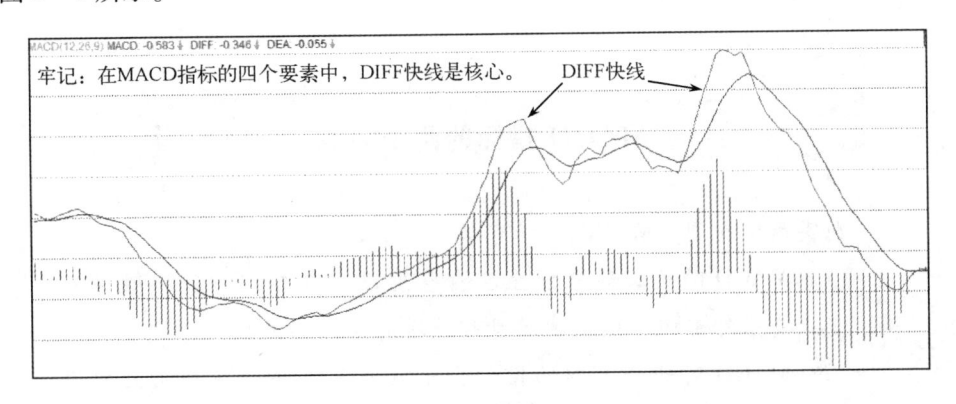

图 1-1 MACD 指标

实盘金句

MACD 指标，是名副其实的"趋势指标之王"

MACD 是由趋势类均线指标 EMA 计算而来的震荡指标，
对趋势和震荡行情都有很好的应用效果，
MACD 指标既能追踪趋势又能追踪趋势转折，
所以是名副其实的"趋势指标之王"。

第二类：趋势转折类信号（含背离信号）

背离之后的趋势转折发生概率更高；当然，即使没有发生背离，MACD 的交叉同样有可能是趋势转折信号。

当 MACD 在 0 轴以下发生金叉时，此时要谨慎，股价趋势不一定转势，因为还可能有背离发生；而当 MACD 在 0 轴以下发生 2 次或 2 次以上金叉时，此时大概率是趋势反转的信号。

当 MACD 在 0 轴以上发生死叉时，此时不一定要全仓卖出，股价趋势可能是回调，因为还可能有上涨在后面；而当 MACD 在 0 轴以上发生 2 次或 2 次以上死叉时，此时大概率是趋势反转的信号。

实盘经验

MACD 指标的两个缺点

在实盘中发现，MACD 指标有以下两个缺点：

（1）MACD 的交叉现象发生在盘整阶段或 0 轴附近时，胜率不高，这点要格外重视，这反映了盘整是所有均线的天敌。

（2）MACD 对一两天内的信号指示效果不明显。在一两天内价格涨跌幅度特别大时，MACD 来不及反应，因为 MACD 的移动相当缓和，与每日行情的波动相比有一定的时间差，所以一旦行情迅速大幅涨跌，MACD 不会立即发出信号，此时，MACD 几乎无法发生作用。

瑕不掩玉，尽管 MACD 指标有它的缺点，但我认为，MACD 指标因为其过滤掉了过多信号，从而发出的信号更加精炼，其对趋势和趋势转折有明显、高胜率的指示效果，把它定位为"趋势指标之王"，用它追踪趋势这个长处即可。

这是 MACD 从移动平均线（MA）、指数平滑异同移动平均线（MACD）、涨跌比指标（ADR）、腾落指数（ADL）四个趋势类指标中胜出的原因。

第二节 认识"精准指标之王": RSI

相对强弱指标(RSI,Relative Strength Index 的缩写)是 1978 年由美国人韦尔斯·怀尔德(Welles Wilder)创制的通过特定时期内股价的变动情况计算市场买卖力量对比,来判断股票价格内部本质强弱,推测价格未来变动方向的技术指标。

RSI 通过比较一段时期内的收盘涨数和收盘跌数来分析市场买卖盘的意向和实力,从而推测未来市场的走势。由于 RSI 指标实用性很强,因而一推出被很多投资者所喜爱。

RSI 指标能提供多头与空头、金叉与死叉、支撑与阻力等很多信号。

笔者认为,RSI 指标比较突出的技术信号主要有两类。

第一类:超买与超卖信号

当 6 日 RSI 低于 20 时,行情进入超卖区间,这是看涨买入信号;
当 6 日 RSI 高于 80 时,行情进入超买区间,这是看跌卖出信号。
在使用 RSI 指标时,重点关注超买信号与超卖信号,如图 1-2 所示。

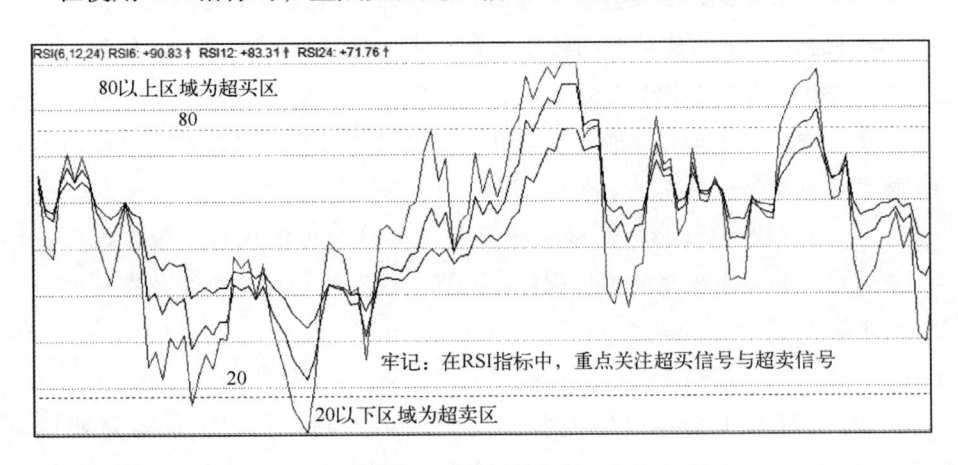

图 1-2 RSI 指标

第二类:顶背离与底背离信号

如果股价连创新低,但 RSI 没有创新低或反而走高,这就形成 RSI 指标底背离，是看涨买入信号；

如果股价连创新高，但 RSI 没有创新高或反而走低，这就形成 RSI 指标顶背离，是看跌卖出信号。

由于 MACD 指标比 RSI 指标指示背离的手段更丰富、效果更明显，所以在 RSI 指标上述两个突出的技术信号中，超买与超卖信号是 RSI 指标最突出的特征。基于此，RSI 指标可以领先其他技术指标提前发出相对精准的买入或卖出信号。为此，我把 RSI 定位为"精准指标之王"；当然，这里的"精准"更多的是指"相对精准"。

实盘经验

RSI 指标的两个常见劣势

实盘中发现，RSI 指标有以下两个常见的劣势和不足：

（1）RSI 指标无法反映当天行情的振幅，这需要通过蜡烛图上下影线等来弥补。

由于 RSI 是通过收盘价计算的，如果当天行情的波幅很大，上下影线较长时，RSI 就不可能较为准确反映此时行情的变化。具体到买入和卖出交易时，RSI 指标的盲区是：RSI 只能指示你大致在哪一天买卖，却无法告诉你在哪一天的具体什么时点买卖？这就需要分时图技术来帮助了。

（2）短期 RSI 指标发出的超买与超卖信号可能比较频繁，需要甄别超买和超卖发生的不同阶段，是在一波行情的过程中还是在行情的末期？

比如，6 日 RSI 会在短期内多次发出超买或超卖信号，这时需要投资者结合 MACD、股价趋势线、均线等指标，甄别超买是"上涨过程中的超买"还是"上涨末期的超买"，超卖是"下跌过程中的超卖"还是"下跌末期的超卖"。

第三节 "MACD + RSI 信号组合" 判断大盘顶底

大盘顶底如此重要,那么大盘顶底转折时在技术面上有没有给出信号?

笔者复盘中国股市 2005—2017 年这 12 年的大盘中线顶底、长线顶底的转折点后发现,"MACD + RSI 信号组合"是大盘顶底转折的主导指标和技术密码。

上证指数 2015 年 6 月 5178 点历史大顶的图形密码

上证指数 2015 年 6 月 5178 点历史大顶转折的技术信号——当时上证日线 MACD 和 RSI 两个指标都发出了技术信号。

上证指数 MACD 指标发出了顶部转折的技术信号,上证指数从 2015 年 4 月 28 日(4572 点)到 6 月 12 日(5178 点)急剧升高,但 MACD 指标中的快线没有升高、基本持平,MACD 指标发出明显的顶背离信号,大概率发生顶部转折;2015 年 6 月 13 日,MACD 指标以死叉"杀多点"的形式发出了顶部转折的信号,如图 1-3 所示。

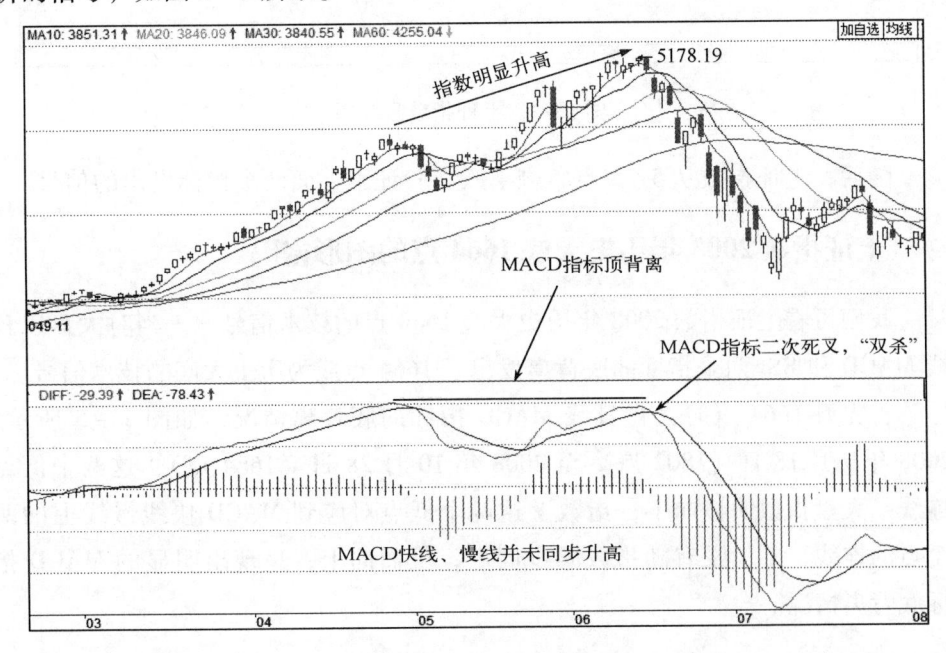

图 1-3 上证指数

上证指数 RSI 指标同样出现了顶部转折的两个技术信号，如图 1-4 所示。上证指数在 2015 年 6 月 12 日急剧升高至 5178 点，但 RSI 指标不仅没有升高，反而明显下降，RSI 指标发出明显的顶背离信号，并出现 RSI 指标死叉，大概率发生顶部转折。

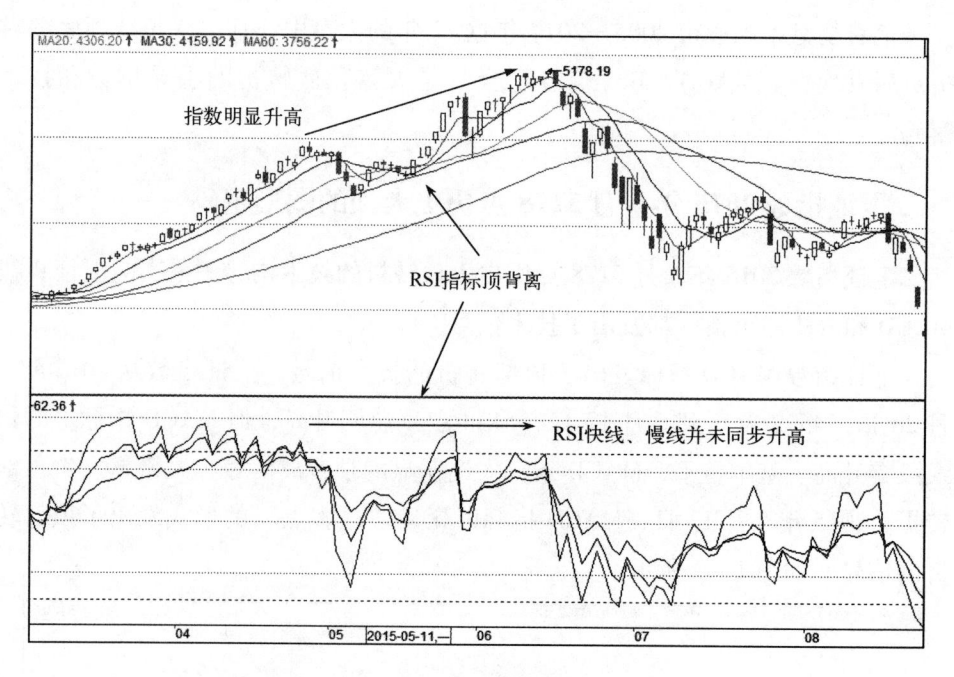

图 1-4　上证指数日线图

随后，上证指数从 5178 点急剧下跌，验证了上面两个指标发出的信号。

上证指数 2008 年历史大底 1664 点的图形密码

我们再看上证指数 2008 年历史大底 1664 点的技术信号——当时大盘以日线 MACD 和 RSI 两个指标的底背离发出了 1664 点成为历史大底的技术信号。

首先看 1664 点时大盘日线 MACD 指标的底背离情况，如图 1-5 所示。2008 年 9 月 18 日（1802 点）至 2008 年 10 月 28 日（1664 点），这两个低点连线，大盘指数明显向下，指数上这两个低点对应到 MACD 快线慢线上的两个点的连线，不仅没有随指数同步向下，反而向上，呈现出明显的 MACD 指标底背离情况。

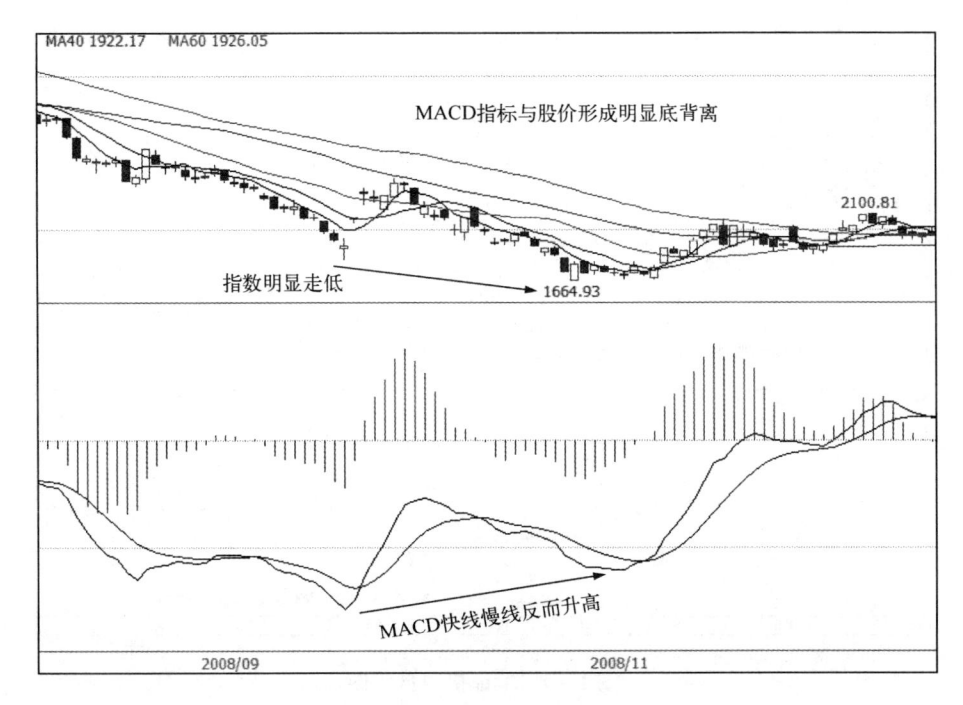

图 1-5 上证指数日线图

再看 1664 点时大盘日线 RSI 指标的底背离情况，如图 1-6 所示。2008 年 9 月 18 日（1802 点）至 2008 年 10 月 28 日（1664 点），这两个低点连线，大盘指数明显向下，指数上这两个低点对应到 RSI 快线慢线上的两个点的连线，不仅没有随指数同步向下，反而向上，呈现出明显的 RSI 指标底背离情况。

上证指数 2005 年 6 月历史大底 998 点的图形密码

上证指数在 2005 年 6 月 6 日历史大底 998 点的技术信号——当时大盘同样以日线 MACD 和 RSI 两个指标的底背离发出了 998 点大概率成为历史大底的技术信号，大家可以查看当时行情图上 MACD 和 RSI 两个指标发出的信号。

MACD 指标快线慢线与股价底背离，发出大盘底部转折信号，如图 1-7 和图 1-8 所示。

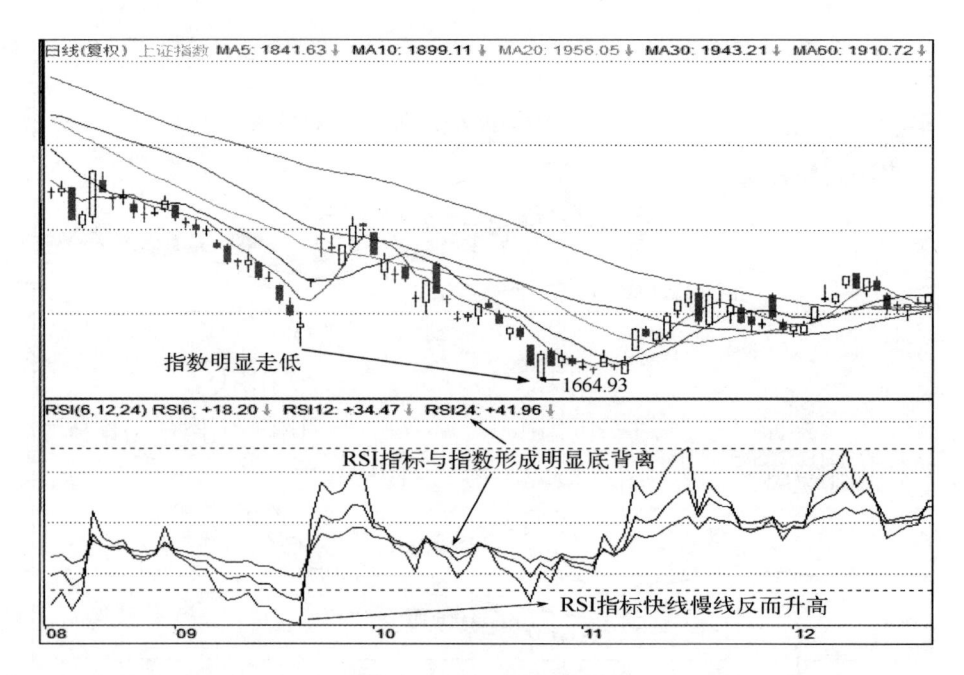

图 1-6　上证指数日线图

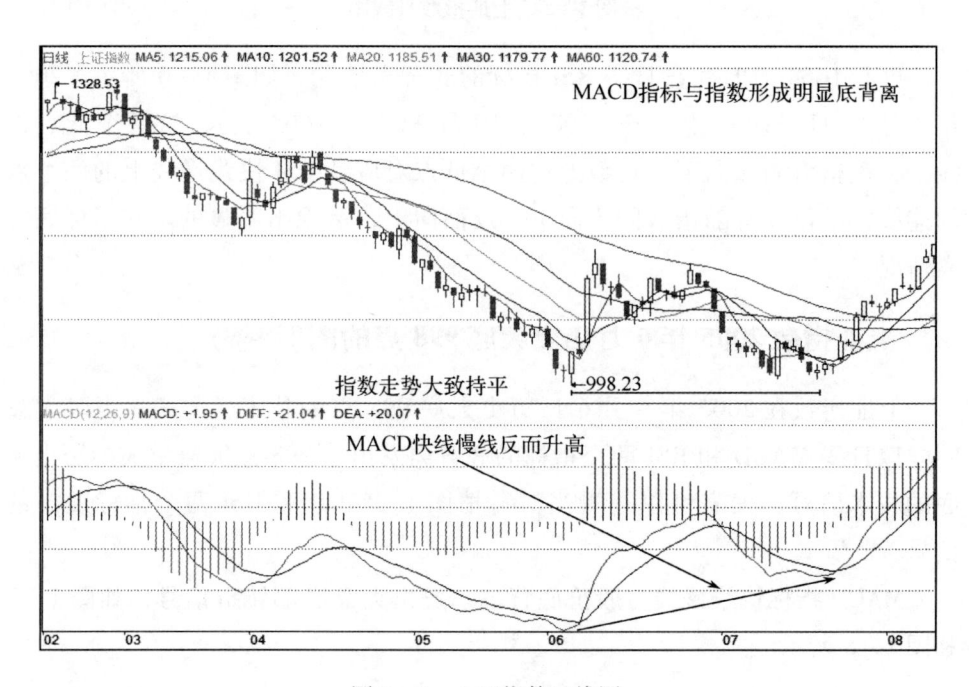

图 1-7　上证指数日线图

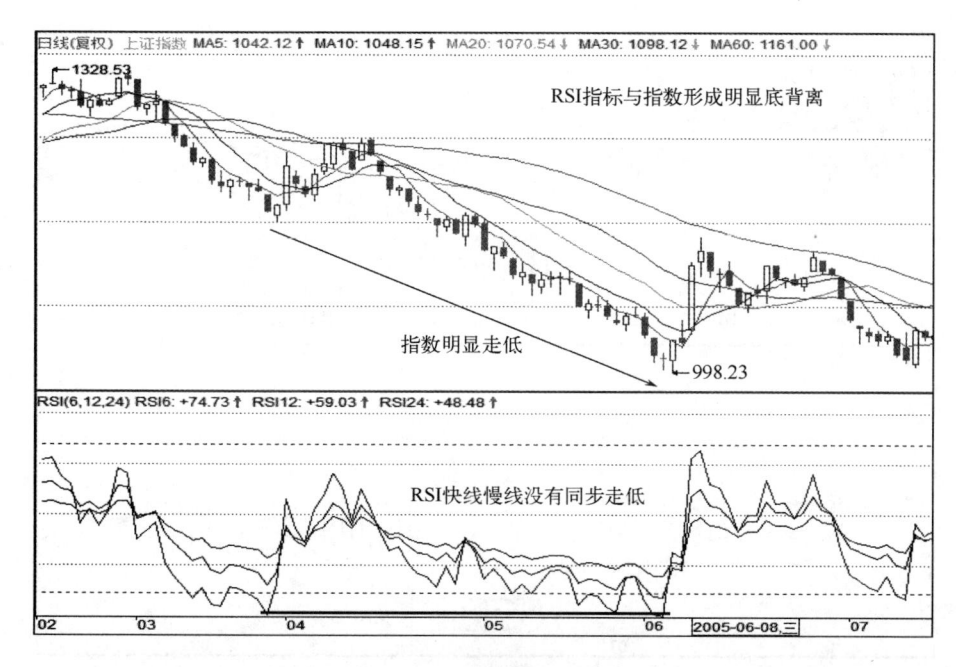

第一章　顶底转折的图形密码："MACD+RSI信号组合"

图 1-8　上证指数日线图

"MACD + RSI 信号组合"，不仅在指示市场历史大顶大底方面有显著效果，同样在指示市场中线顶底方面有显著效果，大家可以在大盘行情图上查看、验证。

第四节　"MACD + RSI 信号组合" 判断板块顶底

"MACD + RSI 信号组合"，同样可以指示证券市场中的板块顶底。

我们看到"MACD + RSI 信号组合"指引雄安新区板块的阶段性顶底。

雄安新区板块 MACD 绿柱在 2017 年 7 月 19 日开始缩短是可以考虑买入信号，MACD 在 2017 年 7 月 28 日发生金叉为胜率更高的买入信号；同时，雄安新区板块 RSI 指标在 2017 年 7 月 17 日数值为 9.29，在超卖区且跌入 10 以下，是可以考虑的谨慎买入信号。"MACD + RSI 组合"发出的信号，2017 年 7 月 17 日至 2017 年 7 月 28 日为雄安板块底部区域，如图 1-9 和图 1-10 所示。

趋势转折的奥秘

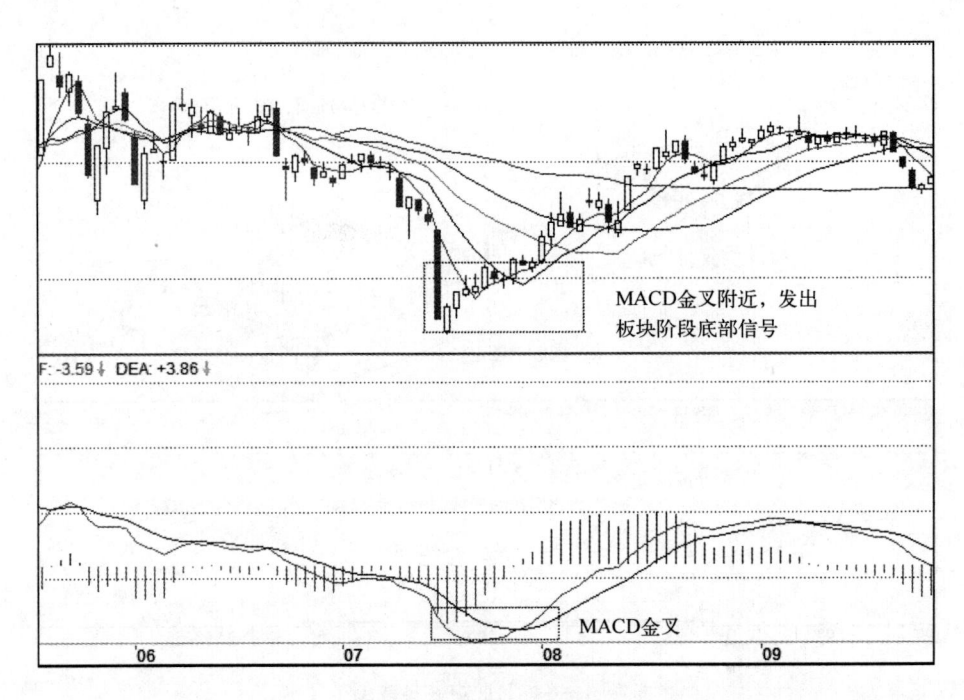

图1-9 雄安板块指数

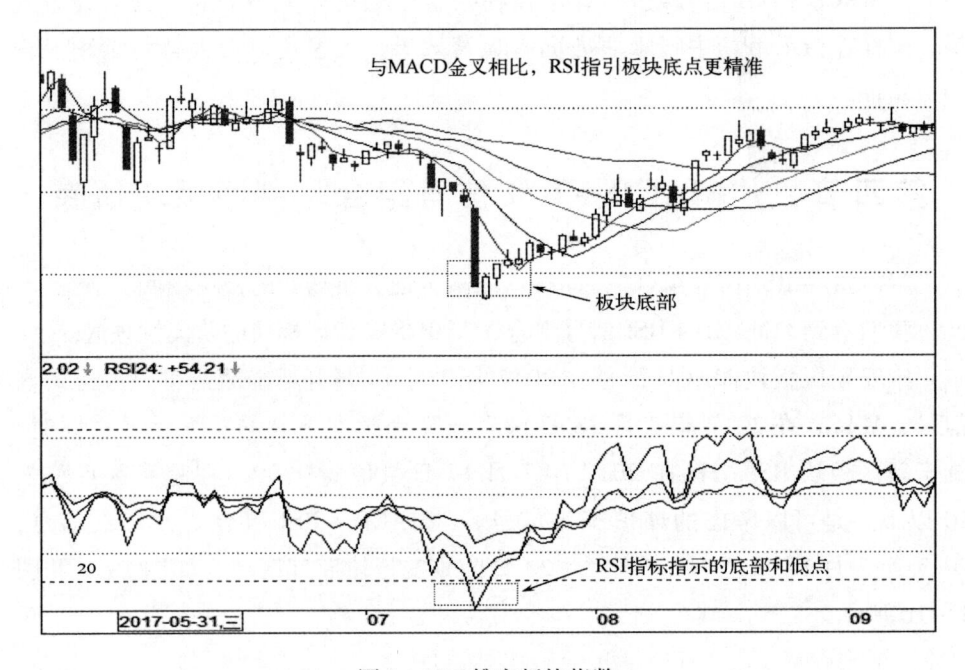

图1-10 雄安板块指数

事后，雄安板块走势证实了"MACD + RSI 组合"发出的底部信号是可靠的。

"MACD + RSI 信号组合"指引其他板块的阶段性顶底，发出的信号可靠性也是很高的，大家可以在行情图上查阅到。

第五节　"MACD + RSI 信号组合"判断个股顶底

"MACD + RSI 信号组合"，发出个股顶底的技术信号，同样比较明显。

方大炭素是 2017 年的一只大牛股，我们看"MACD + RSI 信号组合"是如何指引个股顶部、吃足个股主升浪的。

方大炭素从底部 9 元的水位经过几个月上涨，8 月 4 日盘中创出 37.18 元新高，几个月时间涨了 4 倍多。在快速上涨过程中，MACD 图形在 8 月 9 日发出"杀多点"信号，在 8 月 9 日前几个交易日考虑大幅减仓或清仓，基本吃足了方大炭素的主升浪，如图 1 – 11 所示。

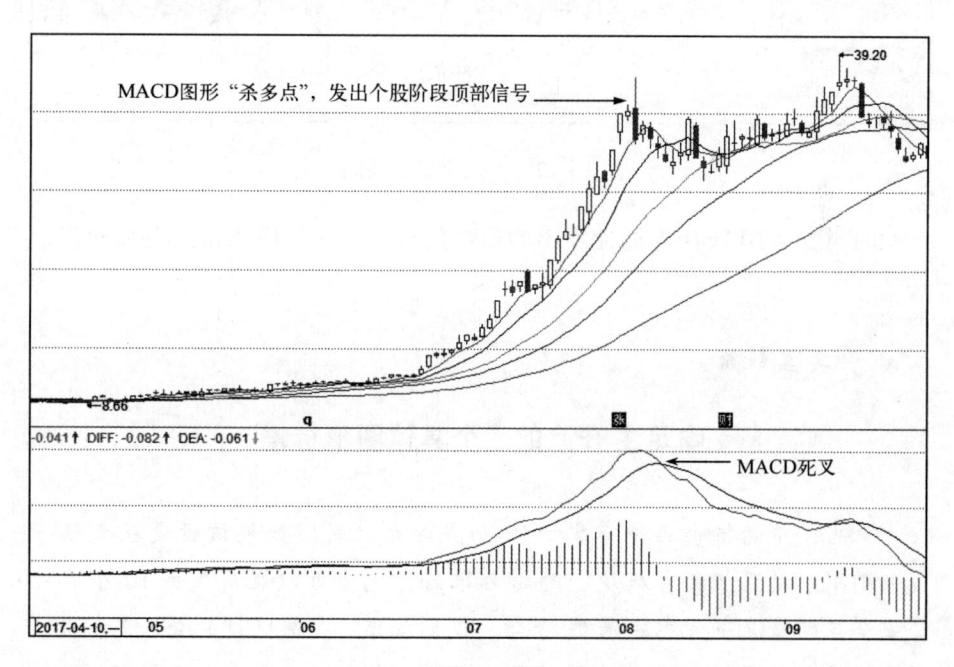

图 1 – 11　方大炭素日线图

趋势转折的奥秘

再看 RSI 指标发出的顶部信号，在方大炭素的日线图上可以看到 6 日 RSI 指标 2017 年 7 月 3 日达到 95 开始钝化，RSI 指标从 7 月 3 日至 8 月 3 日多次、长期出现在超买区域，RSI 指标以超买和钝化的形态发出了个股顶部信号，如图 1-12 所示。

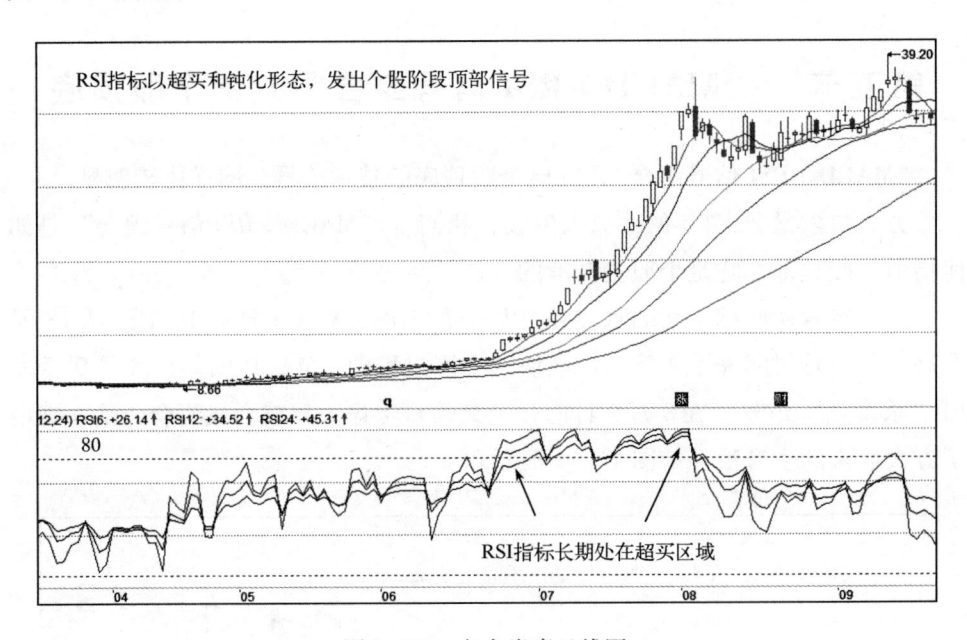

图 1-12　方大炭素日线图

此时再参考 MACD 等指标发出的顶部信号，判断个股顶部的胜率更高。

> **实盘经验**

吃足主升浪的三个具体图形标准

当手中的持仓品种有 5~10 个点浮盈之时，如果该股是从大底部刚刚启动且业绩、板块、题材都很好，完全可以在有 5~10 个点安全点的情况下考虑中长线持有。我们知道，"MACD+RSI 信号组合"中 MACD 发出的是主导信号，而 RSI 发出辅助信号，只要 MACD 日线图指标没有发出 DIFF 死叉 DEA 的信号，就可以考虑继续持有，直到下面三个图形标准出现时再考虑减仓或清仓，具体标准如下：

标准1：MACD 日线图 DIFF 即将走平、发出死叉信号前后、RSI 持续在超买区域钝化。

标准2：MACD 当天红柱与前几天相比不再"长高"。

标准3：同时在盘中观察到日 K 线的蜡烛图出现上影线长度为蜡烛图实体长度的 1～3 倍。

参照以上标准，尤其是参照 MACD 日线图 DIFF 即将走平、发出死叉信号前后这个主导信号，再决定是否逢高减仓或清仓，更能吃足主升浪。

"MACD＋RSI 信号组合"同样可以指示指数基金、分级基金等证券市场上其他品种的顶底转折，原理、图形大致与个股相同，在此不再举例，投资者可以比照个股，举一反三，触类旁通。

第六节 "MACD＋RSI 信号组合"的另一个威力：指引不同周期顶底

在实盘中发现，"MACD＋RSI 信号组合"有两大威力：第一个威力是发出大盘、板块、具体投资品种（包含个股、基金、ETF 等）的顶部信号和底部信号；第二个威力：是发出不同周期的顶部信号和底部信号。

先看"MACD＋RSI 信号组合"指引个股不同周期顶底的威力。

以中国的超级品牌同仁堂为例，呈现"MACD＋RSI 信号组合"发出个股不同周期、尤其是月线级别以上大周期的顶底信号；在"MACD＋RSI 信号组合"中，由于 MACD 是主导指标，就以 MACD 举例说明。

在同仁堂月线图中，MACD 发出的交叉信号比周线图更少，金叉点附近买入，死叉点附近卖出，基本可以做到底部进场、顶部出场，成功概率非常高，如图 1－13 所示。

在同仁堂季线图上，MACD 快线数次靠近慢线，但金叉、死叉分别仅仅发生过一次，发出了更少的买卖信号，如图 1－14 所示。

然后到了同仁堂年线图上，MACD 快线从来没有靠近慢线，更不要说发生死叉了，MACD 根本就没有发出买卖信号，如图 1－15 所示。

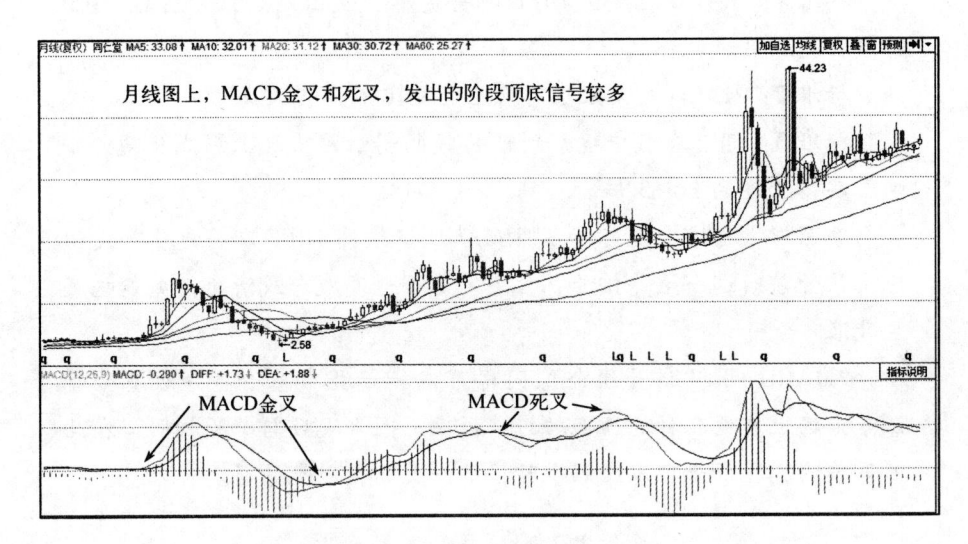

图 1-13 同仁堂月线图

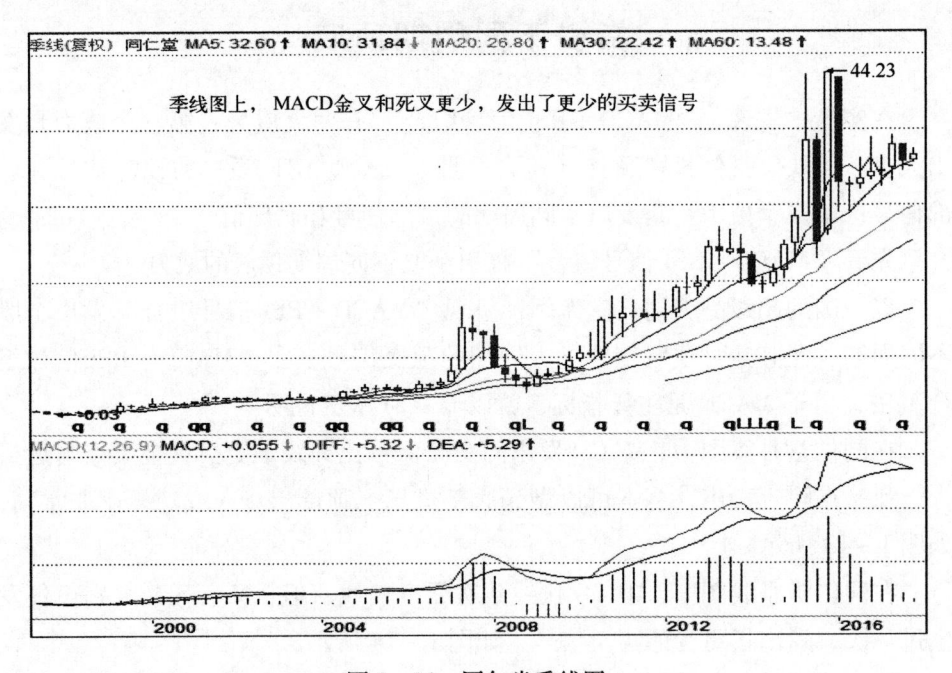

图 1-14 同仁堂季线图

第一章　顶底转折的图形密码："MACD+RSI信号组合"

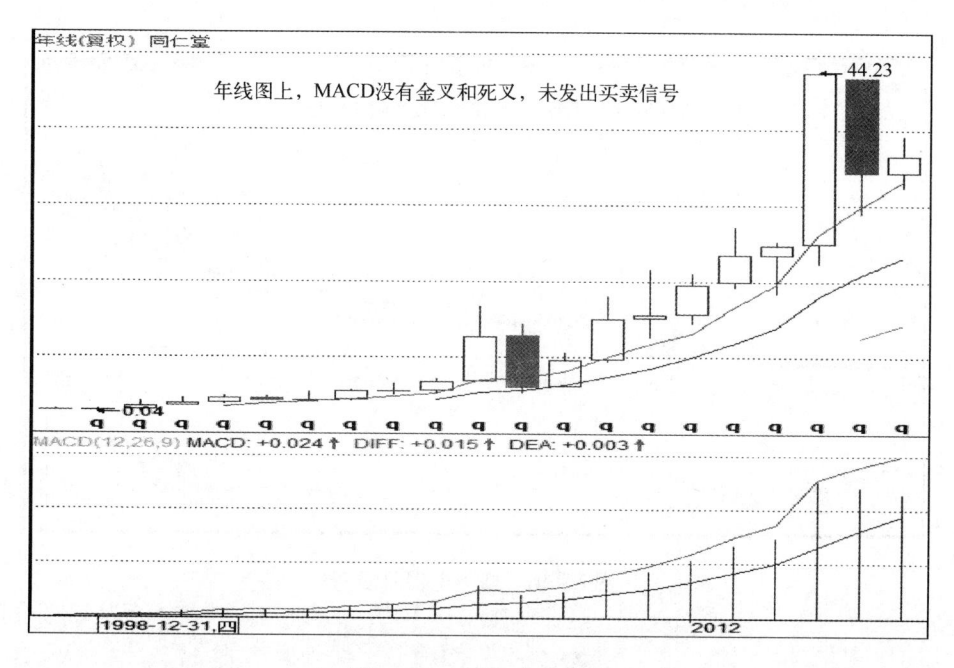

图 1-15　同仁堂年线图

接着，再以中国的另一个超级品牌格力电器为例，呈现"MACD + RSI 信号组合"发出个股不同周期、尤其是月线级别以上大周期的顶底信号。在"MACD + RSI 信号组合"中，MACD 是主导指标。

在格力电器月线图形中，MACD 发出的交叉信号更少，金叉点附近买入，死叉点附近卖出，基本可以做到底部进场，顶部出场，成功概率非常高，如图 1-16 所示。

在格力电器季线图上，MACD 快线数次靠近慢线，但从未发生过死叉，MACD 没有发出买卖信号，如图 1-17 所示。

然后到了格力电器年线图上，MACD 快线从来没有靠近慢线，更不要说发生死叉了，未发出过卖出信号，如图 1-18 所示。

投资者可以去查看恒瑞医药、云南白药等国内优质公司、超级白马的月线图、季线图、年线图会发现：月线图上 MACD 的金叉和死叉信号，还是比较多的；到了季线图上 MACD 快线数次靠近慢线，但从未发生过死叉；最后到年线图上 MACD 快线从来没有靠近慢线，更不要说发生死叉了。

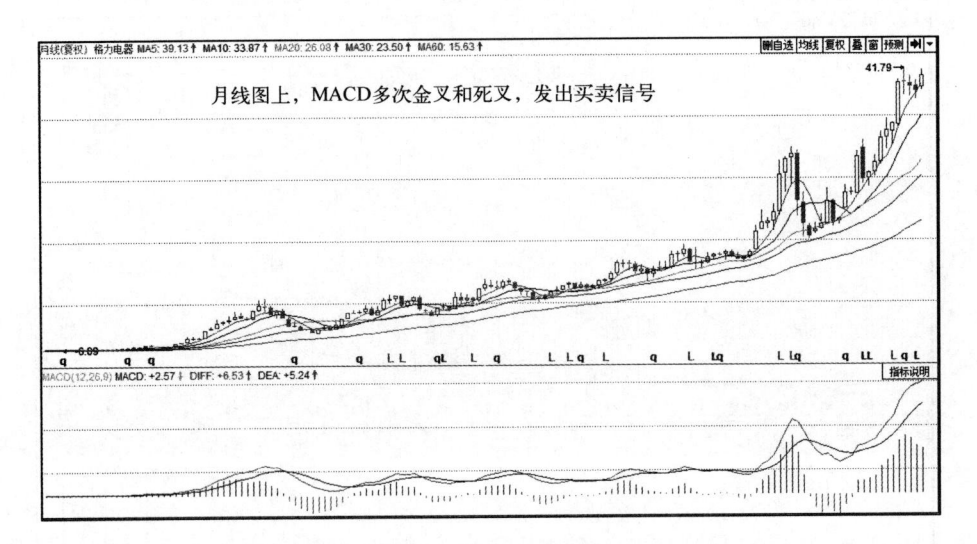

图 1-16　格力电器月线图

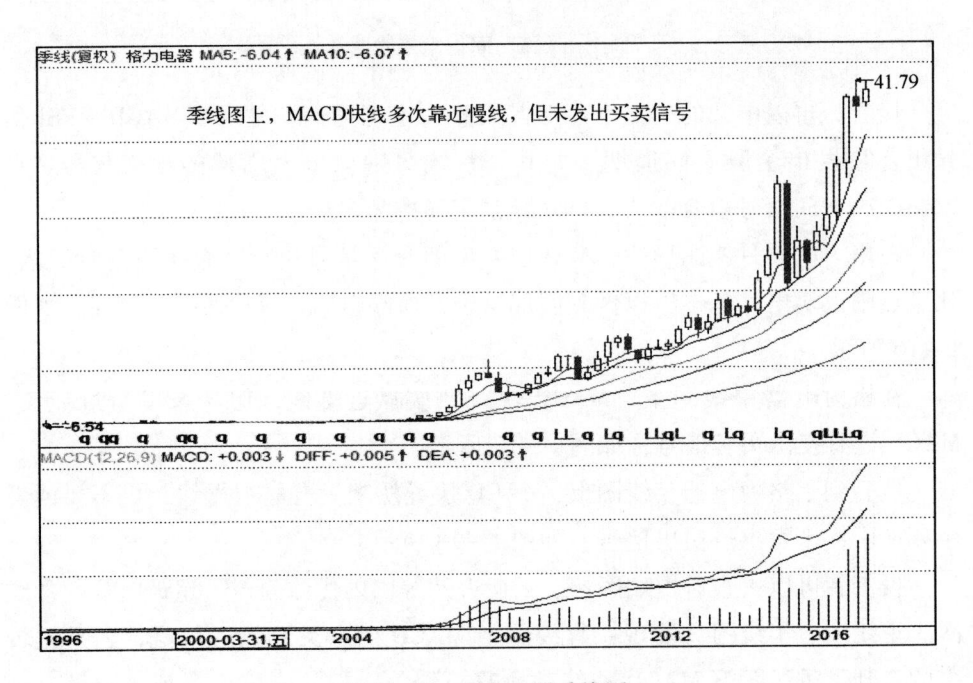

图 1-17　格力电器季线图

第一章 顶底转折的图形密码："MACD+RSI信号组合"

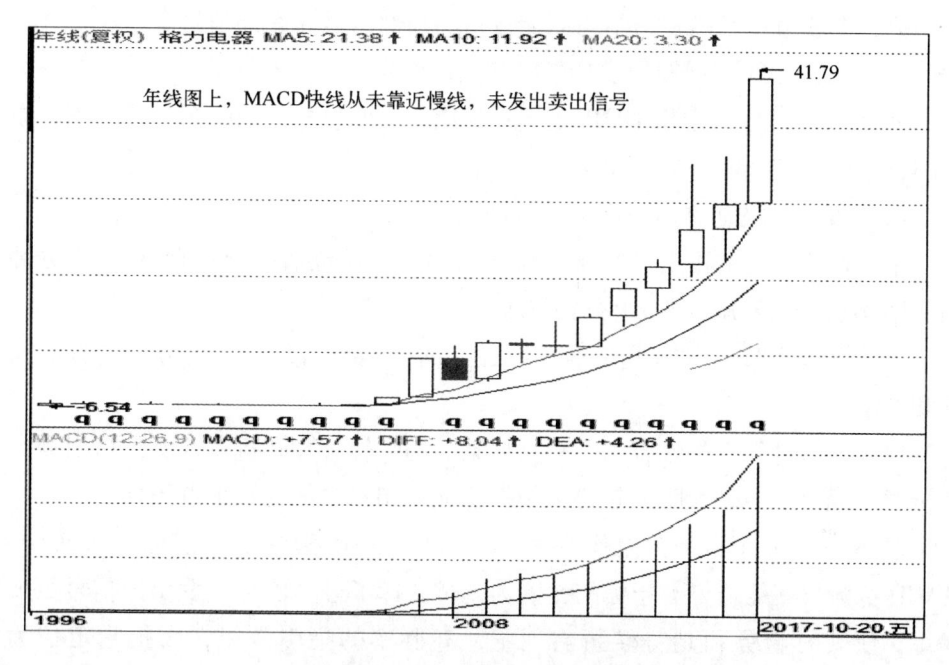

图1-18 格力电器年线图

因此实盘中的"底部进场、顶部出场"策略，投资者首先要面对的一个现实问题是：定位你的操作周期和操作级别——你的操作周期是多长？你的操作级别有多大？是以日、周为单位？还是以月度为单位？甚至是以年度大周期为操作级别？

MACD指引不同周期顶底的智慧告诉投资者：随着操作级别的提升，操作次数越来越少，但投资收益却越来越丰厚。

第七节 趋势转折的图形密码，为什么是"MACD + RSI 信号组合"

通过前面六节内容，可以发现"MACD + RSI 信号组合"在实盘中有两大威力。

第一个威力：可以发出不同类型行情的顶部信号和底部信号。

主要指大盘指数行情，板块指数行情，具体投资品种（包含个股、基金、ETF等）行情的顶部和底部。

21

趋势转折的奥秘

第二个威力：可以发出不同周期行情的顶部信号和底部信号。

（1）发出大级别周期的顶部信号和底部信号。

大级别周期，主要指日线以上级别周期，主要包括：周线图、月线图、季线图、年线图等。

（2）发出小级别周期的顶部信号和底部信号。

小级别周期，主要指日线以下级别周期，主要包括：60分钟图、30分钟图、15分钟图、5分钟图、1分钟图等。

可以看出，"MACD＋RSI信号组合"的确是指引顶底转折方面的核心指标和技术密码。

顶底转折过程中包含着两个关键要素：趋势转折和转折点，所以指引顶底转折的图形组合中必须既有趋势类指标，又有相对精准的转折点指标。

趋势类指标有多个，为什么是MACD？——在我对技术指标的理解中，MACD指标与其他趋势类指标相比因为其过滤掉了过多信号、发出的信号更加精炼，使其对趋势和趋势转折有明显、高胜率的指引效果，我把它定位为"趋势指标之王"。这是MACD从移动平均线（MA）、指数平滑异同移动平均线（MACD）、涨跌比指标（ADR）、腾落指数（ADL）四个趋势类指标中胜出的原因。

转折点指标，为什么是RSI？——我认为RSI指标最大优点，是它能领先于其他指标提示更好的买点和卖点，相对于其他超买超卖指标指引的买点卖点更加精准，所以我把它定位为"精准指标之王"。这是RSI从随机指标（KDJ）、相对强弱指标（RSI）、威廉指标（WMS）、乖离率指标（BIAS）四个超买超卖指标中胜出的原因。

"MACD＋RSI信号"入选趋势转折的图形密码、成为信号组合的两个核心指标，是充分理解、发挥了这两个指标的优势。素有"趋势指标之王"之称的MACD筛选出了趋势和震荡兼具的少量信号，其明显的指示背离功能可以确认趋势转折的大致区域，而素有"精准指标之王"之称的RSI则以超买超卖特征指示出了转折点，发出更加精准的买点卖点信号。两个指标的各自最大优点恰好弥补了另一个指标的缺点，MACD追踪趋势的稳健性和RSI捕捉转折点的灵敏性有机组合，提高了判断趋势转折、确定底部和顶部的胜率。

实盘经验

MACD 与 RSI，到底哪个信号更重要？

实盘中发现，"MACD + RSI 信号组合"中 MACD 发出主导信号，而 RSI 发出辅助信号。

判断顶部转折时，MACD 信号要比 RSI 信号更加重要、明显。

而判断底部转折时，MACD 信号和 RSI 信号多数时候同等重要。

第二章 判断顶部转折的"三部曲"

"杀多点"是可能发生顶部转折的预警信号,"顶背离"加大了顶部转折的概率,"保命线"是留给你最后的逃命机会。

第一节 顶部转折的第一步:"杀多点" MACD 死叉信号

"杀多点"发出大盘顶部转折信号

"杀多点"的含义,是指数 MACD 指标中快线 DIFF 死叉慢线 DEA,这个"死叉"的"杀多点"是可能发生顶部转折的信号,是投资者可以考虑做空的信号,当然不是做空的指令。投资者最终是否决定做空,还需要其他信号的支持和验证。

2015 年大牛市时,上证综合指数在 2015 年 6 月 12 日创出 5178 点新高;随后,2015 年 6 月 13 日上证日线图 MACD "杀多点"发出了顶部转折的信号,事后上证指数走势验证了 MACD "杀多点"信号的正确性,如图 2-1 所示。

2007 年大牛市时,上证综合指数在 2007 年 10 月 16 日创出 6124 点新高;随后,2007 年 10 月 16 日上证指数日线图 MACD "杀多点"发出了顶部转折的信号,事后大盘走势验证了 MACD "杀多点"信号的正确性,如图 2-2 所示。

第二章 判断顶部转折的"三部曲"

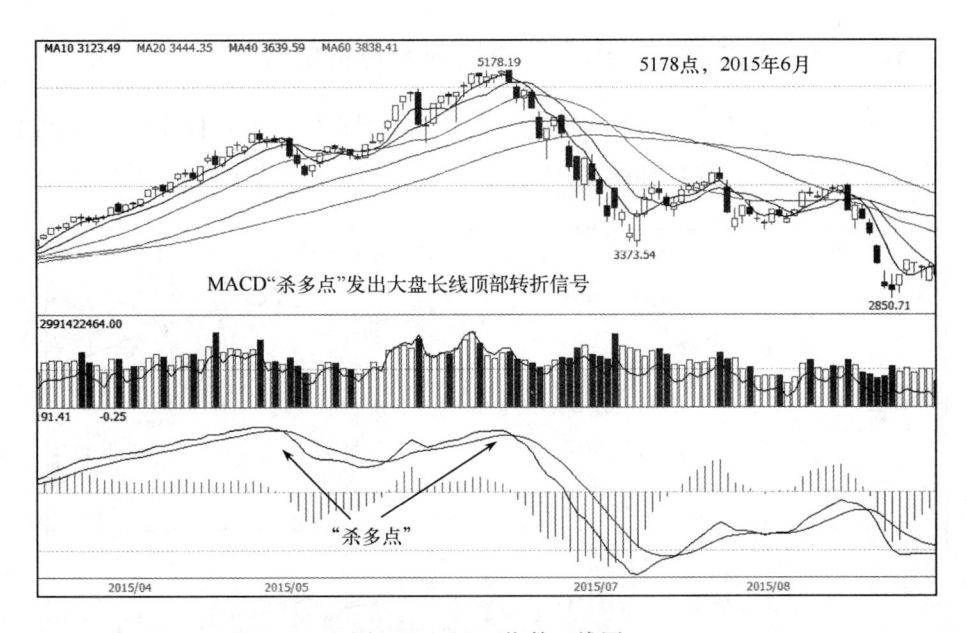

图 2-1 上证指数日线图

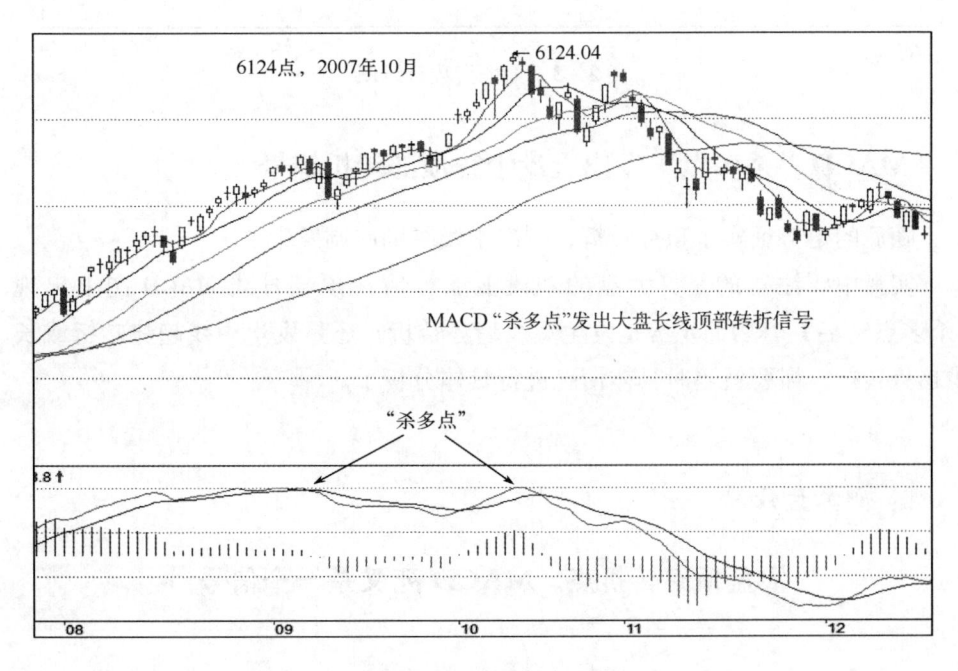

图 2-2 上证指数日线图

25

MACD"杀多点"发出大盘长线顶部转折信号

上证大盘 2015 年 11—12 月的日线走势，12 月 29 日和 30 日连续两天发出了日线 MACD 死叉信号，如图 2 – 3 所示。

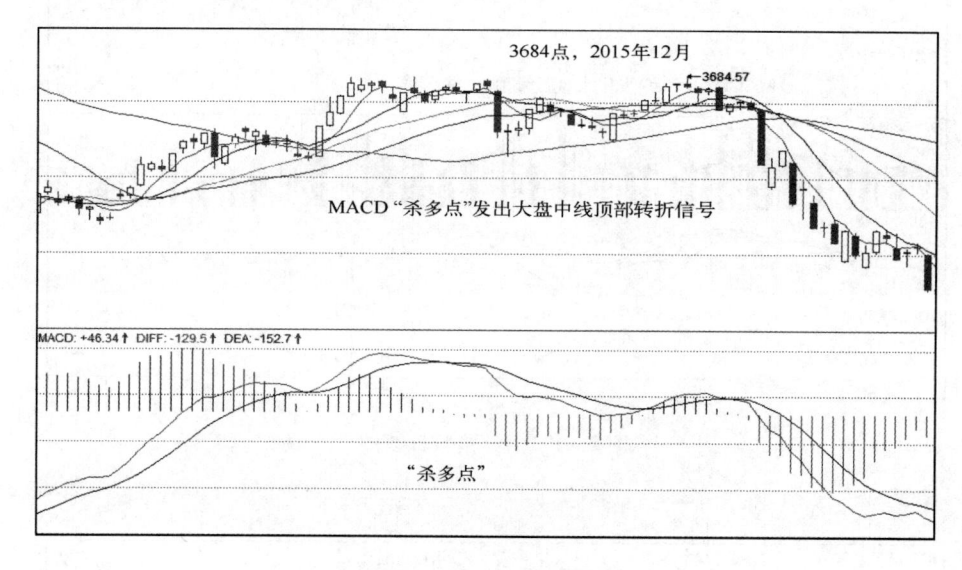

图 2 – 3 上证指数日线图

MACD"杀多点"发出大盘中线顶部转折信号

随后的走势证实了顶部转折，一次中线级别回调发生了。

实盘中要注意的是，大盘的一段上涨行情在顶部日线 MACD 图上出现"杀多点"后，其后面走势是发生短线趋势转折？还是发生中线趋势转折或长线趋势转折，需要就当时具体情况进行具体分析了。

实盘经验

大盘顶部转折点，MACD 死叉是一个信号

复盘中国股市 2005—2017 年这 12 年大盘的顶部转折发现：大盘中线顶部、长线顶部的转折点附近，大盘都以 MACD 死叉的形式发

出了重大预警信号。这提醒投资者，每当大盘 MACD 在高位发出死叉信号时，一定要提高警惕，结合其他方面的信号综合研判行情顶部转折的发生概率。

复盘大盘顶部转折还发现，MACD 图形中 0 轴以上的"杀多点"胜率不稳定，而 MACD 图形中 0 轴以下的"杀多点"胜率非常高；日线级别以下 MACD 图形中出现的"杀多点"，胜率不稳定，而日线级别以上 MACD 图形中出现的"杀多点"，胜率和稳定性更高。

大盘顶部转折时，RSI 指标会以顶背离等形式发出信号，借助"MACD＋RSI 信号组合"预判顶部转折的成功概率更高。

"杀多点"发出板块顶部转折信号

锂电池是投资者熟悉的一个热门板块，锂电池板块指数日线图 MACD 指标在 2017 年 9 月 22 日出现死叉信号，这个"杀多点"明确发出了锂电池板块指数短期顶部向下转折的信号，如图 2－4 所示。

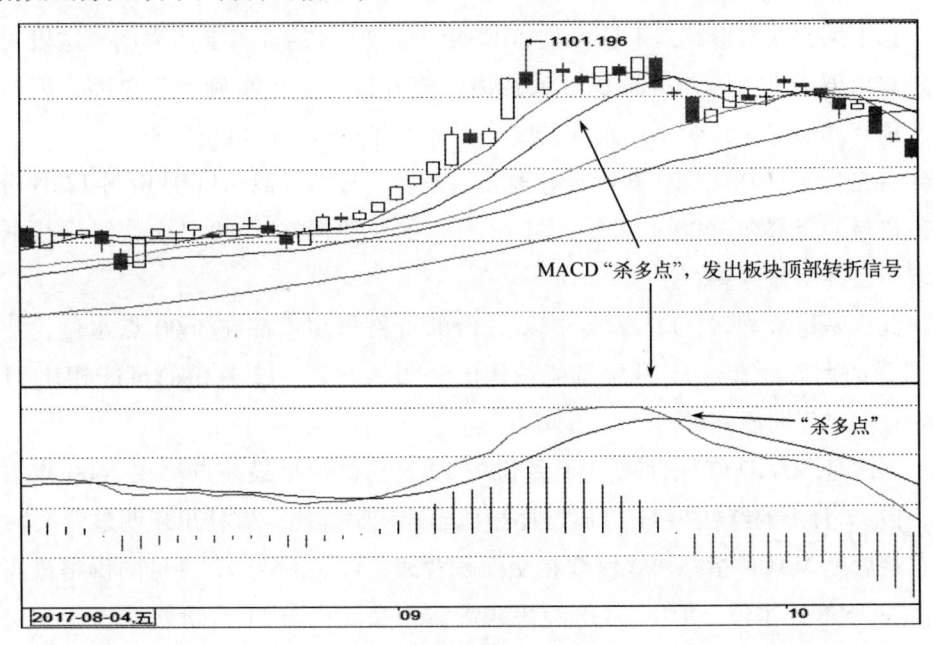

图 2－4　锂电池板块指数

随后，锂电池板块指数发生了顶部转折，形成了一个短期顶部，验证了 MACD 指标"杀多点"指引顶部转折的高胜率。

"MACD＋RSI 信号组合"在发出个股顶部转折信号方面，同样胜率很高，在此不再举例，大家可以去个股行情图上去观察、验证。

第二节　顶部转折的第二步：
"顶背离" MACD 顶背离信号

"顶背离"的含义，是 MACD 指标或 RSI 指标上的图形、位置与指数出现了背离，形成明显的背离效果。实盘中发现，MACD 指标的背离效果比 RSI 指标明显，所以判断背离以 MACD 为主。

MACD 指标顶背离原理：MACD 指标中的快线 DIFF 的走向在高位与指数走向相背离，当指数走高时，而 DIFF 并没有同步走高或者反而走低，形成顶背离。当指数出现 2 个或 2 个以上高点时，而 DIFF 并没有同步出现新高点或者反而走低，在顶背离之后又出现了顶背离，则此时指数在顶部给出了顶背离或多次顶背离信号。

如下图，我们继续以上证大盘 2015 年 11—12 月的日线走势为例，这段大盘走势出现了典型的 MACD 指标顶背离。笔者认为这个案例非常典型，因为这次顶背离不仅非常明显，而且出现了多个顶背离信号且相互验证。

首先是 MACD 指标快线慢线背离，这是最明显的背离。11 月份与 12 月份的价格最高点都在 3600 点水位，但 12 月份的快线慢线比 11 月份快线慢线低很多，已经明显背离。

其次是量价背离，11 月份与 12 月份的价格最高点都在 3600 点水位，但 12 月份的大盘量能与 11 月份量能相比已经明显背离，12 月份的量能相比 11 月份量能已经明显缩量。

再次是 MACD 红柱背离，11 月份与 12 月份的价格最高点都在 3600 点水位，但 12 月份的红柱与 11 月份红柱相比已经明显缩短，红柱出现明显背离。

最后是 MACD 指标快线慢线相交面积背离，11 月份与 12 月份的价格最高点都在 3600 点水位，但 12 月份的快线慢线相交面积与 11 月份快线慢线相交面积相比已经明显缩小，出现明显背离，如图 2－5 所示。

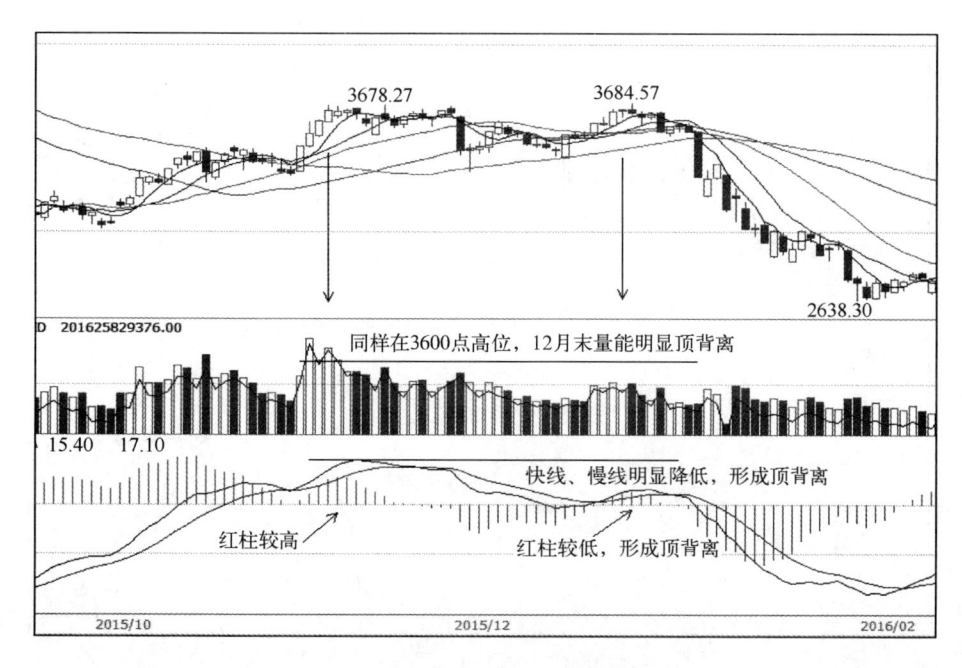

图 2-5 上证指数日线图

随后大盘发生了一次中线回调，证实了上面多个顶背离信号的可靠性和高胜率。

作为"MACD+RSI 信号组合"的一个重要指标，RSI 指标的"顶背离"信号在指引大盘顶部转折方面同样有较高胜率。

上证指数 2015 年 11—12 月的日线走势图，当大盘指数在 2015 年 12 月 23 日创出 3684 点新高时，RSI 指标却并未跟随指数走高、反而走低，发出了明显的顶背离信号，预示着趋势转折大概率发生，如图 2-6 所示。

RSI"顶背离"发出大盘顶部转折信号

随后，上证指数发生了顶部转折，大盘的一次中线回调，验证了 RSI 信号的胜率。

"MACD+RSI 信号组合"的"顶背离"信号，不仅在指引大盘顶部转折方面有较高胜率，在指引板块顶部转折方面同样有较高胜率。

我们以锂电池板块指数为例，说明 RSI 指标"顶背离"是如何发出顶部转折信号的，如图 2-7 所示，锂电池板块指数 2017 年 9 月 12 日创出新高

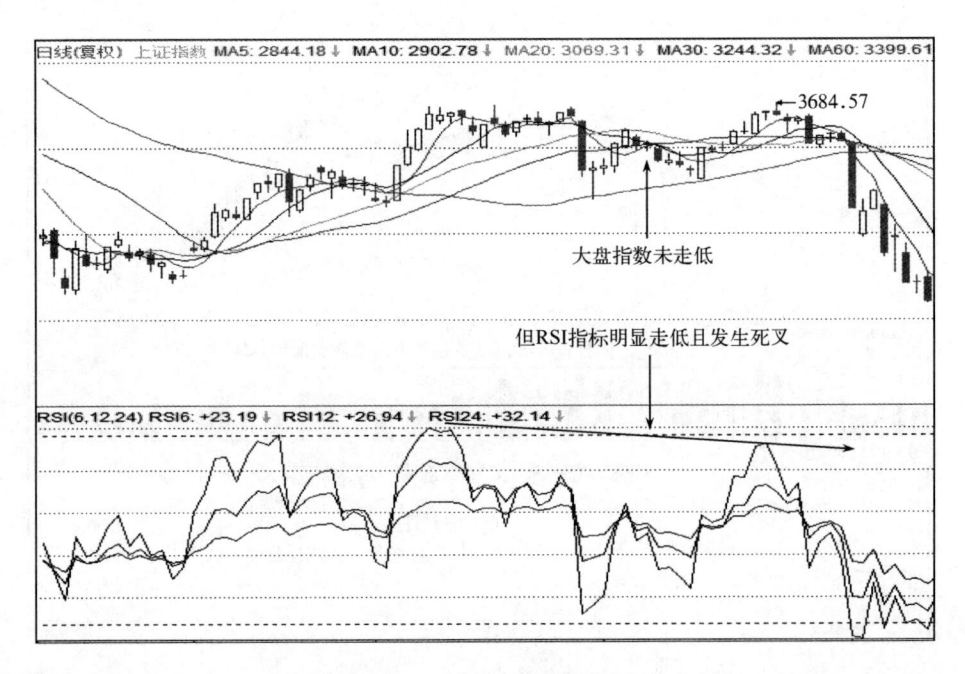

图 2-6 上证指数日线图

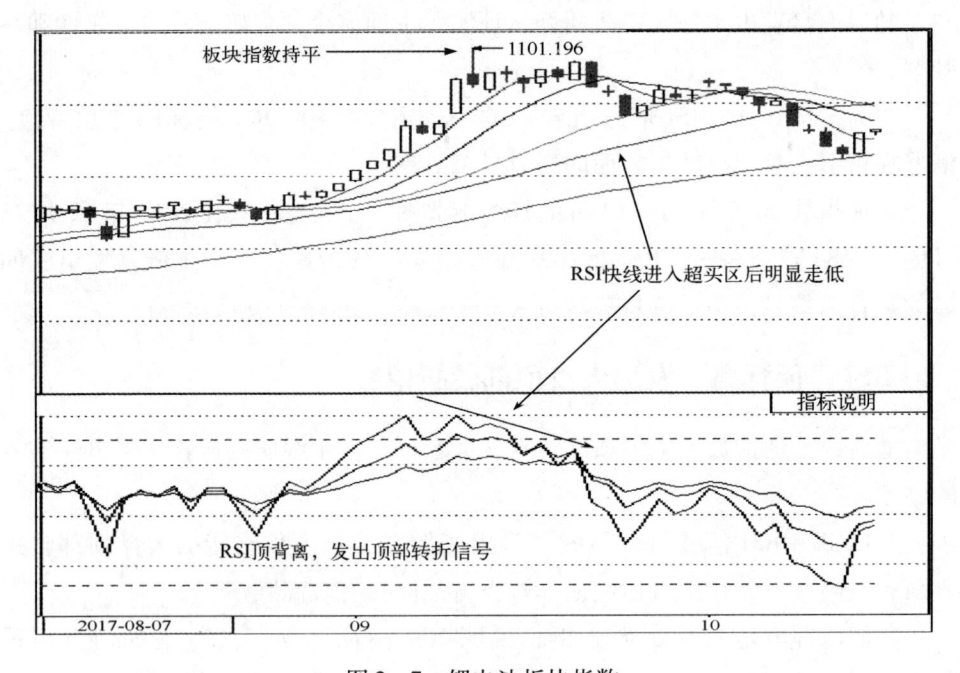

图 2-7 锂电池板块指数

第二章 判断顶部转折的"三部曲"

1101点,2017年9月21日锂电池板块指数仍然在顶部1100点水位,但RSI指标却出现顶背离,不仅大幅下降,而且RSI指标快线死叉慢线,同样发出了"杀多点"信号。

这样,MACD、RSI两个指标同时发出顶部转折信号,趋势转折发生的概率大为增加。随后,锂电池板块指数发生了顶部转折,形成了一个阶段顶部,验证了"MACD+RSI"两个指标顶背离信号的高胜率。

MACD顶背离信号在指引个股顶部转折方面,同样胜率很高。

方大炭素是2017年的大牛股,方大炭素从底部9元的水位经过几个月上涨,8月4日盘中创出37.18元的新高,几个月时间涨了4倍多。在快速上涨过程中,MACD图形在8月9日发出"杀多点"信号,此时可以考虑大幅减仓或清仓,选择大幅减仓而不一定清仓是因为类似个股之后可能还会有顶背离之后的新高点出现。

果然,方大炭素在9月12日创出新高点39.2元,此时MACD图形中已经明显出现快线、慢线、红柱等多个背离信号,如图2-8所示。

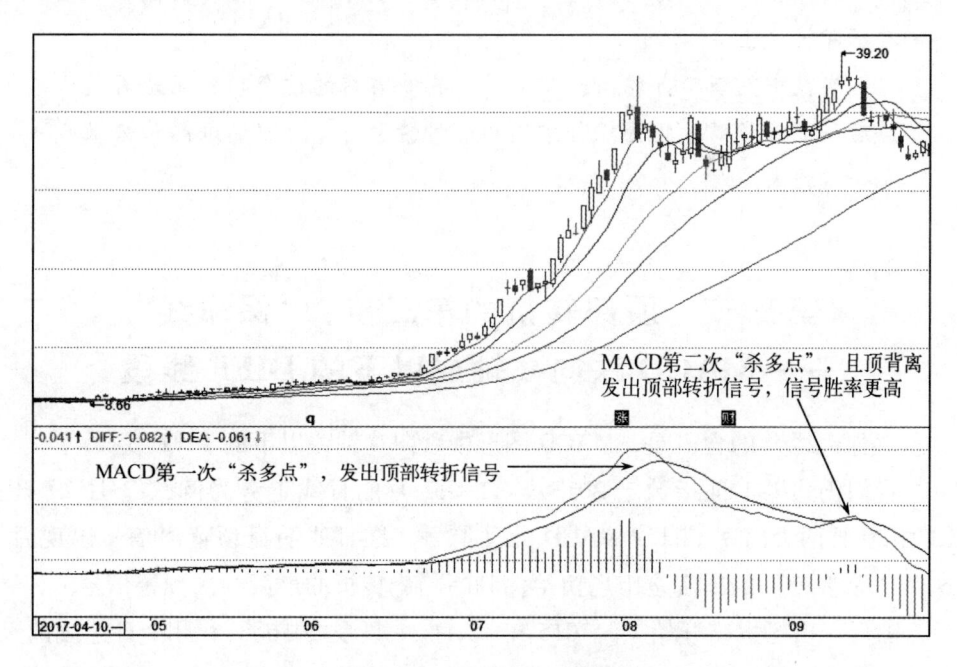

图2-8 方大炭素日线图

MACD第二次"杀多点",发出顶部转折信号,信号概率更高。

随后，大盘开始的一波30%左右的回调验证了39.2元为顶背离后的高点。大家可以去很多涨幅较大的个股行情图上，去观察、验证MACD"杀多点"信号的稳健性。

> **实盘经验**
>
> **运用顶背离判断顶部转折的两个注意事项**

注意事项1：顶背离与顶部向下转折的概率。

在判断顶部转折时，如果MACD等指标出现一次或多次顶背离，此时判断指数在顶部向下转折的概率，比没有发生顶背离更大。

注意事项2：通过高位分批减仓，来应对多次顶背离。

实盘中经常会遇到顶背离之后又出现了一次或多次顶背离，我曾经遇到过指数4次背离的情形，最后一个顶背离为顶背驰，之后顶部转折即将发生。

实盘中判断顶部转折的难点是：判断当前的这个顶背离是否属于最后一个顶背离。投资操作中遇到这种情形时，可以通过高位分批减仓等措施来应对。

第三节　顶部转折的第三步："保命线"
——MACD跌向0轴或以下的DIFF线段

"保命线"的含义是，MACD图形中跌向0轴或以下的DIFF线段。

我们仍然以上证指数于2015年11—12月的日线走势为例，12月29日、12月30日两天出现了日线MACD死叉信号，在日线明显顶背离信号出现后，这个"杀多点"的出现是市场留给你判断趋势转折的最后一次预警信号。

随后，市场下跌开始了，2015年12月31日及2016年1月4日连续两天下跌，且2016年1月4日当天下跌近7个点，日线MACD对这两天下跌给出的信号是：MACD的核心要素快线以很大的斜率从0轴以上附近跌到0轴以下，市场发生了质变，从多头市场进入了空头市场，那些更多看图做盘的资金都会选择卖出离场，一次更大的下跌大概率就要来了。

随后，市场走势验证了这个信号和判断。

2015年12月31日及2016年1月4日连续两天下跌，表现在MACD图形上快线以很大斜率从0轴以上跌到0轴以下，MACD图形上这两天急速下跌的快线，就好像飞机迫降前留给乘客向下逃命的滑道，红哥我把它叫作"逃命线""保命线"，如果这两天你还没有逃走，你只能被深深地套住了，如图2-9所示。

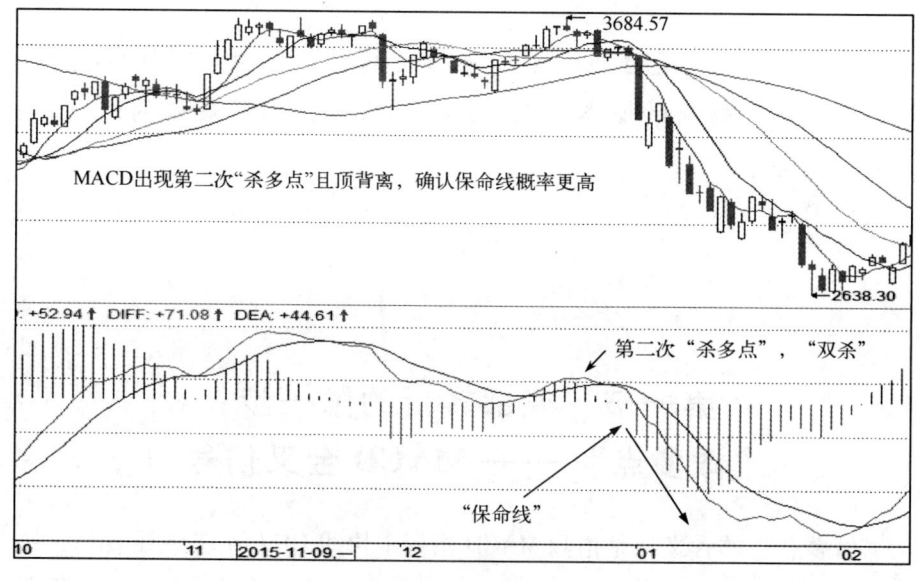

图2-9 上证指数

MACD出现第二次"杀多点"，即"双杀"，且顶背离，确认保命线概率更高。

下面几个交易日，大盘继续下跌，证实了"保命线"信号的高胜率。

MACD指标的"保命线"在指引板块顶部转折及个股顶部转折方面，同样胜率很高，在此不再举例证明，大家可以去个股行情图上去观察、验证。

第三章 判断底部转折的"三部曲"

"做多点"是可能发生底部转折的预警信号,"底背离"加大了底部转折的概率,"反攻线"给你指出了最好的进攻、上车机会。

第一节 底部转折的第一步:"做多点"——MACD 金叉信号

"做多点"的含义,是指数 MACD 指标中快线 DIFF 金叉慢线 DEA,这个"金叉"的"做多点"是可以考虑做多的信号,不是当然做多的指令。投资者最终是否决定做多,还需要其他信号的支持和验证。

MACD 图形中 0 轴以下"做多点"的成功案例

2017 年 4 月 28 日,个股濮阳惠成 MACD 图形中出现 0 轴以下"做多点",如果按照这个做多信号买入,当时股价在 25~25.80 元,在短短 50 天内最高涨至 35.4 元,一直持有将收获 30% 的涨幅,如图 3-1 所示。

MACD 图形中 0 轴以下"做多点"的低胜率案例

如果 MACD 图形中 0 轴以下出现第一次"做多点",投资者根据这个"做多点"决定买入,胜率并不稳定,或者说比较低。

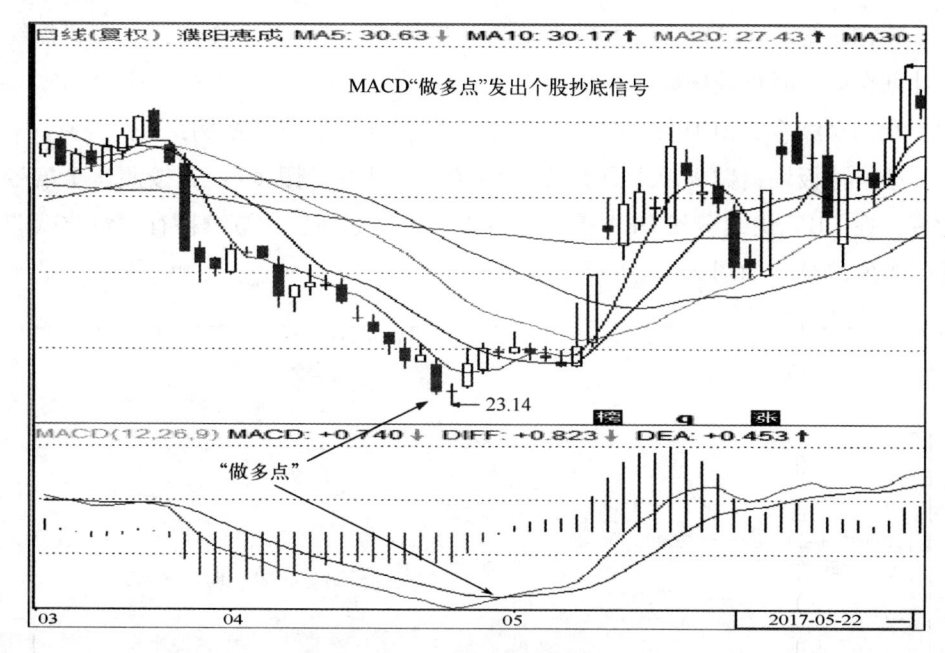

图 3-1 濮阳惠成日线图

我们来看海航控股的日线图,如果投资者决定在第一个"做多点"处买入,那随后股价下跌将让他的账户浮亏。如果投资者决定在第二个"做多点"处买入,那随后股价的继续下跌将同样让他的账户浮亏。这表明0轴以下"做多点"处买入的胜率并不稳定,如图 3-2 所示。

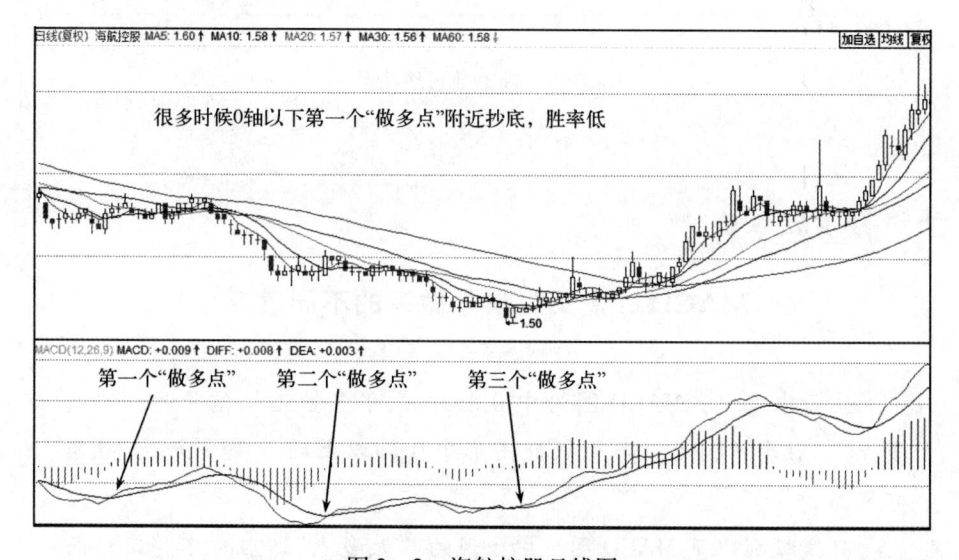

图 3-2 海航控股日线图

MACD 图形 0 轴以下底背离之后的"做多点"，胜率会提高，更多实盘经验计划在以后时机成熟时深入探讨。

我们继续看 MACD 图形中 0 轴以上"做多点"的成功案例：

锂电池板块指数 MACD 图形中 0 轴以上出现了"做多点"，按照这个信号做多，在 DIFF 快线金叉 DEA 慢线前后买入相关品种后，继续持有，将收获非常可观的涨幅，如图 3-3 所示。

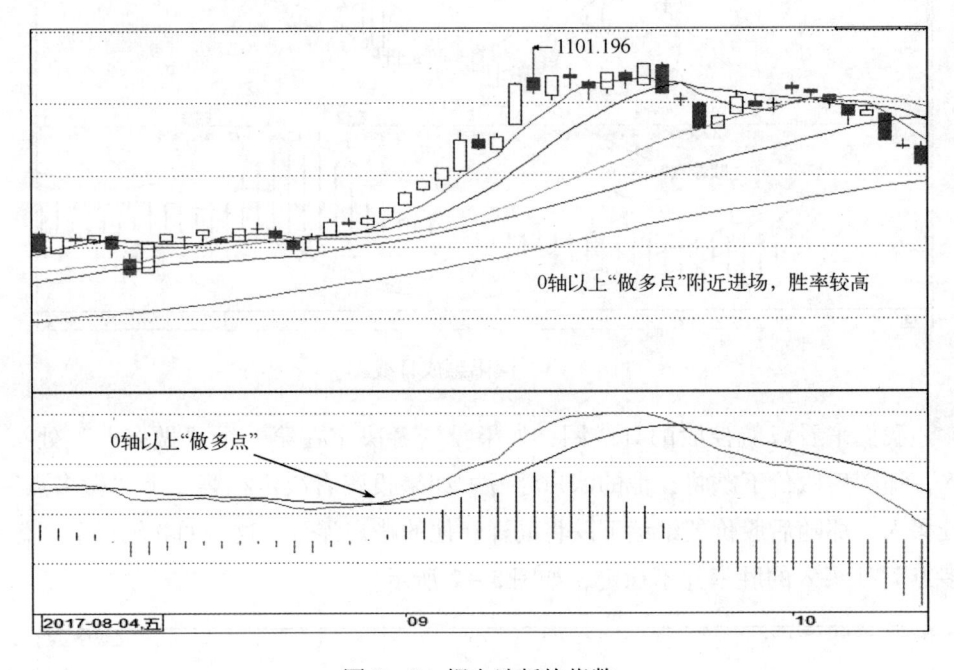

图 3-3　锂电池板块指数

实盘经验

MACD "金叉"信号做多的不同胜率

实盘中发现，MACD 图形中 0 轴以下的"金叉"信号——"做多点"，胜率不稳定；而 MACD 图形中 0 轴以上的"做多点"，胜率非常高。

日线级别以下 MACD 图形中出现的"做多点"，胜率不稳定；而日线级别以上 MACD 图形中出现的"做多点",胜率比较高。

第二节 底部转折的第二步: "底背离"——MACD 底背离信号

"底背离"的含义,是 MACD 或 RSI 等指标上的图形、位置在低位与指数出现了背离,形成明显的底背离效果。实盘中发现,MACD 指标的底背离效果比 RSI 指标明显,所以判断底背离以 MACD 为主。

MACD 指标底背离原理:MACD 指标中的快线 DIFF 的走向在低位与指数走向相背离,当指数走低时,而 DIFF 并没有同步走低或者反而走高,形成底背离。当指数出现 2 个或 2 个以上低点时,而 DIFF 并没有同步出现新低点或者反而走高,在底背离之后又出现了底背离(最后一个底背离为底背驰),则此时指数在底部给出了底背离信号,指数在底部大概率向上转折,可以考虑做多买入。

上证指数在 2008 年 10 月 1664 点时日线 MACD 指标的底背离情况:图 3-4 中 2008 年 9 月 18 日之前上证指数的那段下跌,MACD 指标中的快线是随着随指数同步下跌的,并未出现底背离。而 2008 年 9 月 18 日(1802 点)至 2008 年 10 月 28 日(1664 点)这段下跌,大盘指数明显向下,在同样时间内 MACD 指标中的快线不仅没有随指数同步向下,反而向上,呈现出明显的 MACD 指标底背离情况,MACD 指标以底背离的形式发出了底部转折的信号,随后大盘走势验证了 MACD 指标发出的信号。

看过了大盘指数的底背离情形,下面看个股价格出现的底背离现象。

如图 3-5 所示,2017 年 1 月 3 日个股哈药股份 MACD 图形出现 0 轴以下第一个"做多点",但股价盘整一段时间后继续下跌。

2017 年 3 月 3 日哈药股份 MACD 图形出现 0 轴以下第二个"做多点",但 4 个交易日后股价继续下跌。

2017 年 4 月 7 日哈药股份 MACD 图形出现 0 轴以下第三个"做多点",但仅仅 2 个交易日后股价继续下跌。

2017 年 5 月 17 日哈药股份 MACD 图形出现 0 轴以下第四个"做多点",但随后下一个交易日股价继续下跌。

趋势转折的奥秘

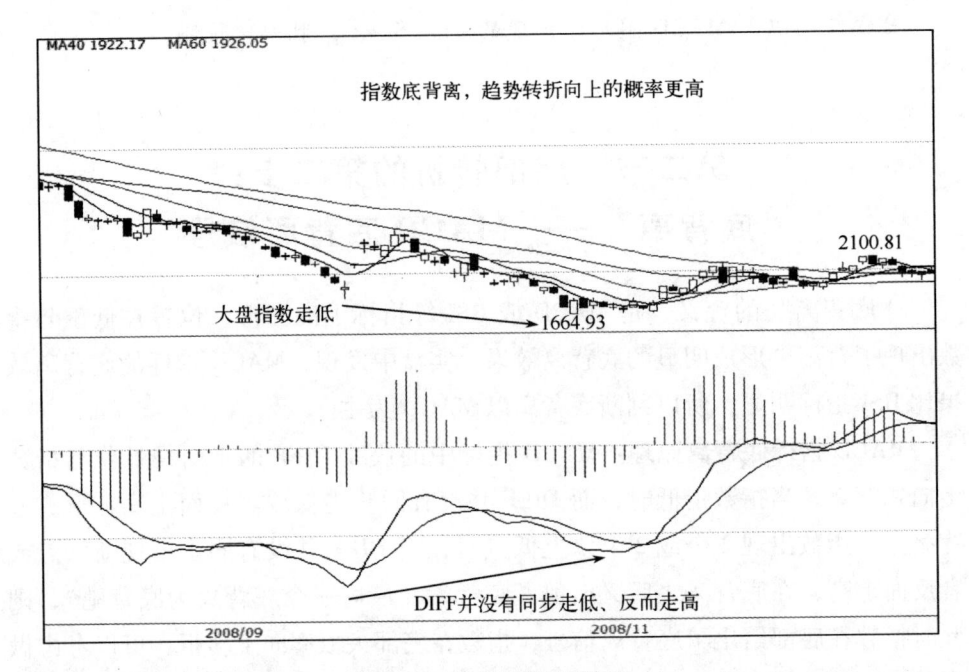

图 3-4　上证指数日线图

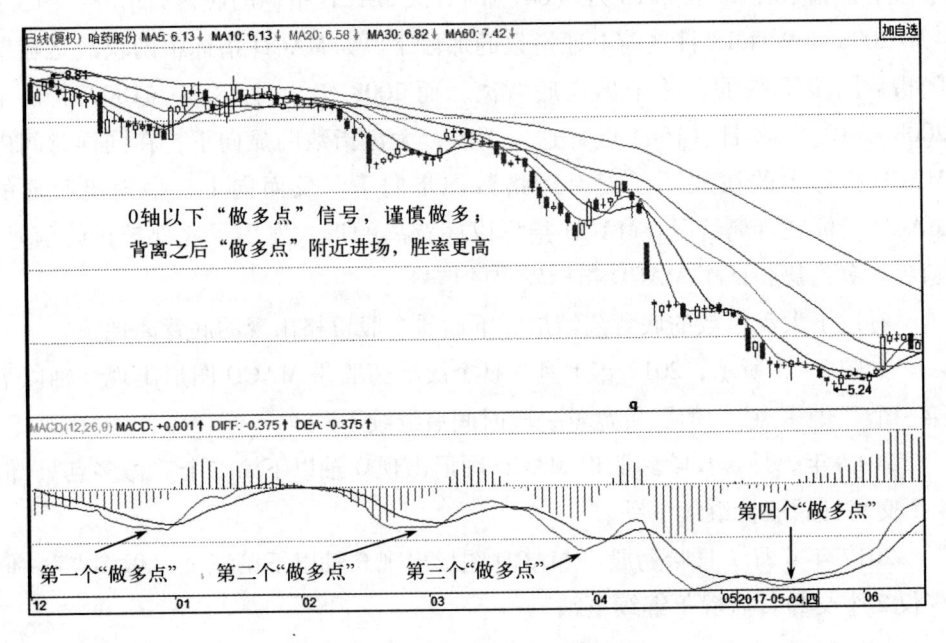

图 3-5　哈药股份日线图

第三章　判断底部转折的"三部曲"

哈药股份 MACD 图形出现"做多点"后，但股价仍然下跌，其直接原因是主力资金在"骗线"，通过反技术操作把筹码卖给根据"做多点"买入的接盘者。

可见，MACD 图形出现 0 轴以下的"做多点"，其胜率不稳定，如果投资者在第一个"做多点"或者第二个"做多点"附近买入，在股价下跌后又不做止损，将陷入深套，后果极其严重。

MACD 图形中 0 轴以下多次发出金叉"做多点"的骗线情形，哈药股份是一个经典案例，重点提醒各位投资者在行情图上多次复盘这个案例，可以增加对 0 轴以下多次金叉"骗线"的深入把握。

实盘中发现，不仅仅是大盘指数，板块指数、个股价格在出现底背离或者出现 2 次以上底背离之后再考虑逢低买入，交易胜率可能会提高很多。

实盘经验

运用底背离判断底部转折的两个注意事项

注意事项 1：底背离与底部向上转折的概率。

在判断底部转折时，如果 MACD 等指标出现一次或多次底背离，此时判断指数在底部向上转折的概率比没有发生底背离更大。

注意事项 2：通过低位分批开仓，来应对多次底背离。

实盘中经常会遇到底背离之后又出现了底背离，曾经出现过指数多次底背离的情形；最后一个底背离为底背驰，之后底部向上转折即将发生。

实盘中判断底部转折的难点是：判断当前的这个底背离是否属于最后一个底背离。投资操作中遇到这种情形时，可以通过低位分批开仓等措施来应对。

第三节　底部转折的第三步：
"反攻线"——MACD 确认股价上行的 DIFF 线段

"反攻线"的含义是，MACD 图形中确认股价上行的 DIFF 线段。

"反攻线"主要有两种情形：第一种是 MACD 指标第一次出现"做多点"即确认股价上行的 DIFF 线段，这种情形大家容易理解，不再举例。第二种是 MACD 指标发生底背离后，DIFF 线过前期高点的那条线段。

安信信托日线图上在 1.92 元低点对应的 MACD 指标中发生底背离，随后 DIFF 线过前期高点，DIFF 从背离点上行，并越过前期高点的那条线段，即是"反攻线"，此时是大比例建仓的稳健信号，如图 3-6 所示。

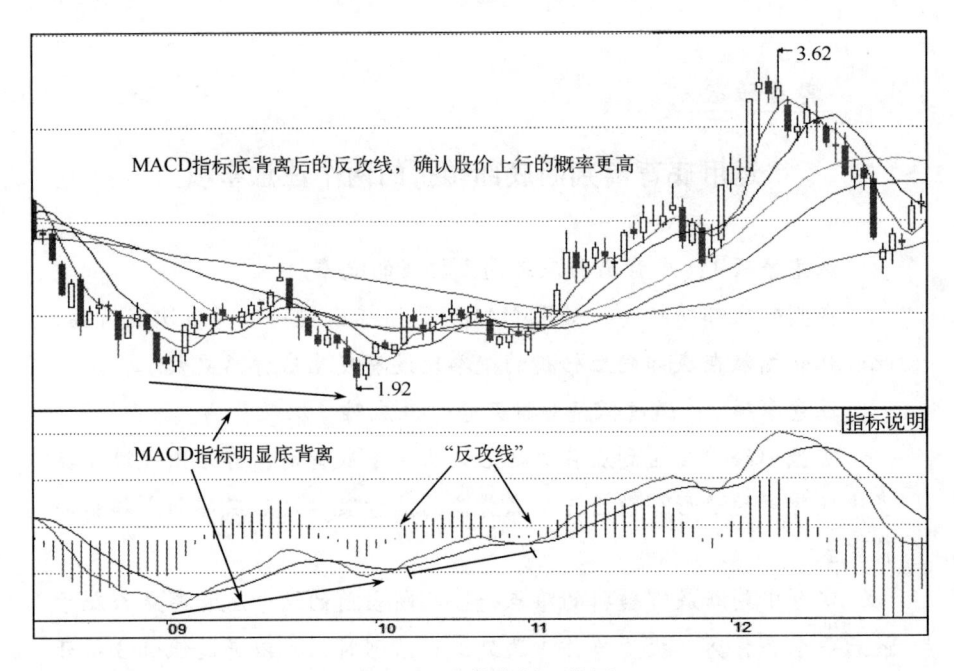

图 3-6　安信信托日线图

在猛烈的空头市场中，会出现底背离后还有底背离的情形，而当"反攻线"出现时，DIFF 从背离点上行，并越过前期高点表明后续发生底背离的概率极小，此时大比例建仓、开始反攻，更稳健，胜率更高。

第三章 判断底部转折的"三部曲"

> **实盘经验**
>
> ## 一个指标，吃足主升浪

参照一个指标，吃足主升浪，MACD 指标很多时候可以做到。

如果你在低位介入个股等行情后，希望能吃足行情的主升浪，方法很简单，不用看其他指标，主要看 MACD 一个指标即可，只要 MACD 日线图形上没有出现"杀多点"迹象，可以考虑一直持有；当 MACD 日线图形上 DIFF 快线走平且明显"向下勾头"至出现"杀多点"之前，可以考虑大幅减仓或清仓，参照 MACD 一个指标大概率能吃足各类行情的主升浪。

维克托·斯波朗迪告诫人们：没有任何技术方法具有绝对的效果。客观地说，用"MACD + RSI 信号组合"技术方法来分析"股市趋势转折"这个"世界级难题"，同样不是绝对的，不是百分之百精确的，尽管我们无法做到百分之百，我们可以努力实现 80% 的胜率，八成胜率已经够用了、很好了；"MACD + RSI 信号组合"只是一个技术信号、一个图形密码，更高胜率的趋势转折判断是需要依靠一个专业、复杂的实盘系统来完成的。

在后面章节中，我们将介绍"趋势转折"解盘体系，并深入解读那些左右顶底转折的神秘力量。

大 盘 篇

大盘趋势转折

【看懂大盘顶底,把握市场长期趋势与中期趋势】

顺应趋势,花全部时间研究市场的正确趋势;如果保持一致,利润就会滚滚而来!

——华尔街投资大师,江恩

第四章　跳出图形看懂大盘：
判断大盘长线顶底与中线顶底

长线顶底和中线顶底的趋势转折告诉投资者：看懂顶底转折、把握趋势转折点，主要是把握住长线和中线的趋势转折点，才能赚大钱。

华尔街投资大师威廉·江恩曾说过："图表能反映出一切股市或公司股民的总体心理状况"。

很不幸的是，江恩的话被很多人片面理解为"图表涵盖一切"，大有只看图表就可以判断趋势和顶底转折，并持续在证券市场赚钱了。

其实，冷静读懂江恩的话，会发现大师说的是"图表能反映一切"，更多指的是"反映过去的一切"，但是图形无法也不可能反映盘后至下一个交易日开盘前的最新信息。如果看图形，依靠过去的信息即能成功预判未来趋势，这就好比司机看着"后视镜"就可以安全驾驶一样可笑（"后视镜"就好比是已经形成的行情图形）。

在实战中，如果仅仅依靠看图形去做市场趋势或顶底转折的判断，不仅要滞后很多，而且胜率很低；只有跳出图形，把图形放到活生生的市场环境中，结合宏观政经形势、政策面、资金面和市场情绪等多个单元的关键信号，才能对大盘趋势和顶底转折做出更高胜率的预判。

第一节　把握两类多头趋势的顶底转折

道氏理论被公认为全球证券市场技术分析的鼻祖，一个主要原因是其对

趋势转折的奥秘

市场趋势的描绘和认识。按照道氏理论对趋势的划分，证券市场趋势可以分为短期趋势、中期趋势和长期趋势。在实盘中，由于短期趋势很难预测且获利空间不大，因此对市场（大盘）趋势的预测主要是大盘的中期趋势和长期趋势。

其实中国古人对趋势的认识，要比道氏理论早1000多年。中国传统经典作品《易经》说"易有太极，始生两仪，两仪生四象"，这句话的意思是：太极生两仪（即阴阳），两仪生四象（即少阳，太阳，少阴，太阴）。

笔者的理解是，《易经》这句话中蕴藏着证券市场的奥秘：证券市场中的"两仪"阴阳，即空方、多方，"两仪生四象"，即多空博弈生出四种现象，即四种趋势转折时的临界点，"四象"中的"少阳"相当于中线顶部，"太阳"相当于长线顶部，"少阴"相当于中线底部，"太阴"相当于长线底部。仔细品味会发现，《易经》忽略了短期趋势，与长期趋势、中期趋势相比，它的确不重要，可以不用关注。在这个意义上，《易经》中蕴含着证券市场的投资智慧。

证券市场趋势的经典分类方法，当属道氏理论。按照道氏理论的三种走势，股票指数与任何市场都有三种趋势：短期趋势，持续数天至数个星期；中期趋势，持续数个星期至数个月；长期趋势，持续数个月至数年。任何市场中，这三种趋势必然同时存在，彼此的方向可能相反。

长期趋势最为重要，也最容易被辨认、归类与了解。它是投资者主要的考量，对于投机者较为次要。中期与短期趋势都存在于长期趋势之中，唯有明白他们在长期趋势中的位置，才可以充分了解他们，并从中获利。

中期趋势对于投资者较为次要，却是投机者的主要考虑因素。它与长期趋势的方向可能相同，也可能相反。如果中期趋势严重背离长期趋势，则被视为是次级的折返走势或修正。次级折返走势必须谨慎评估，不可将其误认为是长期趋势的改变。

短期趋势最难预测，唯有交易者才会随时考虑它。投机者与投资者仅有在少数情况下，才会关心短期趋势。在短期趋势中寻找适当的买进或卖出时机，以追求最大的获利，或尽可能减少损失。

当前中国证券市场，除了股指期货等做空机制之外，做空工具比较少，由此投资者赚钱主要以做多为主，那么判断多头趋势的形成、延续、衰减及其不确定性或者转折，就成为大势判断的重中之重。

第四章 跳出图形看懂大盘：判断大盘长线顶底与中线顶底

中国股票市场的趋势判断，主要把握以下三个关键阶段：

（1）判断股票市场多头趋势的形成。

（2）判断股票市场多头趋势的延续。

（3）判断股票市场多头趋势的衰减、不确定性或者转折。

由此，上述股市趋势判断的三类关键转折点，又可以细分为中期趋势和长期趋势两类。

股市中期趋势，主要把握以下三个关键阶段：

（1）判断股票市场中期多头趋势的形成（中线底部）。

（2）判断股票市场中期多头趋势的延续（中期多头趋势的延续阶段）。

（3）判断股票市场中期多头趋势的衰减、不确定性或者转折（中线顶部）。

股市长期趋势，主要把握以下三个关键阶段：

（1）判断股票市场长期多头趋势的形成（长线底部）。

（2）判断股票市场长期多头趋势的延续（长线多头趋势的延续阶段）。

（3）判断股票市场长期多头趋势的衰减、不确定性或者转折（长线顶部）。

先来看一下中国 A 股上证综合指数 2005—2017 年期间的长线底部和长线顶部：

（1）2005 年：上证 998 点（长线底部），

具体日期：2005 年 6 月 6 日。

（2）2007 年：上证 6124 点（长线顶部），

具体日期：2007 年 10 月 16 日。

（3）2008 年：上证 1664 点（长线底部），

具体日期：2008 年 11 月 12 日。

（4）2009 年：上证 3478 点（长线顶部），

具体日期：2009 年 6 月 12 日。

（5）2015 年：上证 5178 点（长线顶部），

具体日期：2015 年 6 月 12 日。

（6）2016 年：上证 2638 点（长线底部），

具体日期：2016 年 1 月 27 日。

以上点位，如图 4-1 所示。

趋势转折的奥秘

图 4-1 上证指数的长线底与顶

再来看一下中国 A 股上证综合指数 2015—2017 年部分中线底部和中线顶部：

（1）2015 年：上证 5178 点（当时市场调整时很多人认为是中线顶部），

具体日期：2015 年 6 月 12 日，

趋势转折要点评述：杠杆疯牛天量冲顶，很多人看作中线回调。

（2）2015 年：上证 2850 点（中线底部），

具体日期：2015 年 8 月 26 日；

趋势转折要点评述：去杠杆引爆下跌浪，股指重挫四成多。

（3）2015 年：上证 3684 点（中线顶部），

具体日期：2015 年 12 月 23 日，

趋势转折要点评述：修复股灾超跌浪，上证股指涨三成。

（4）2016 年：上证 2638 点（中线底部，2017 年 9 月大概率确认为长线底部），

具体日期：2016 年 1 月 27 日，

趋势转折要点评述：三空头击落修复浪，股指下跌一千点。

（5）2016 年：上证 3301 点（中线顶部），

具体日期：2016 年 11 月 29 日，

趋势转折要点评述：涨也险资，跌也险资。

（6）2017 年：上证 3016 点（中线底部），

具体日期：2016 年 5 月 11 日，

趋势转折要点评述：去杠杆引发中线回调，股指险守 3000 点大关。

以上点位，如图 4-2 所示。

48

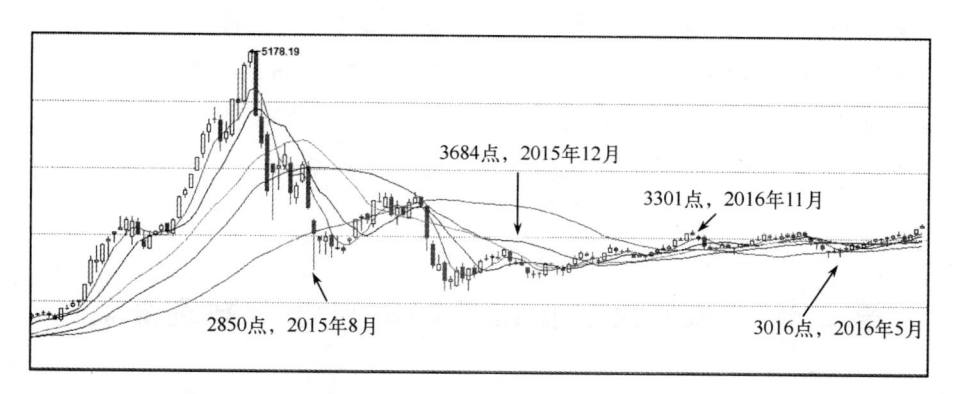

第四章　跳出图形看懂大盘：判断大盘长线顶底与中线顶底

图 4-2　上证指数的中线底与顶

实盘经验

复盘长线顶底和中线顶底的两个发现

复盘中国 A 股上证综合指数的长线顶底和中线顶底，有以下两个发现。

发现 1：大盘长线顶底和中线顶底有重合情况。

比如，2015 年 6 月上证 5178 点，当时市场调整时很多人认为是中线顶部，随后三轮股灾的发生，市场确认为长线顶部。2016 年 1 月上证 2638 点，该低点出现后当时业内判断为中线底部。2017 年 9 月上证突破 3300 点后笔者在业内率先把 2638 点确认为长线底部。

这表明随着市场走势和时间延长，一部分中线顶底会在事后确认为长线顶底。

发现 2：与确认大盘中线顶底相比，大盘长线顶底的确认需要的时间更长。

相当一部分中线顶底，在当时、几天后或几周后即能确认。比如，2017 年 5 月上证 3016 点的中线底部，一些内行人士几天后即判断为市场中线底部。

而长线顶底，则需要几个月，甚至一年后才能确认。比如，2007 年 10 月上证 6124 点，当时很多人看高到 8000 点及以上，认为 6124

点是中线顶部，市场在一年零一个月后，即 2008 年 11 月最终确认 6124 点为长线顶部。又比如，2016 年 1 月上证 2638 点，该低点出现后业内确认为中线底部，直到一年零八个月后即上证在 2017 年 9 月突破 3300 点后笔者才敢把该低点确认为长线底部。

第二节　预判大盘长线顶底的方法与案例复盘

长线顶底和中线顶底的趋势转折告诉投资者：看懂顶底转折、把握趋势转折点，主要是把握长线和中线的趋势转折点，才能赚大钱。

在实战中，如果你看着图形、等到大盘技术面图形确认顶底转折时，多数时候或者手中的投资浮盈已经缩水不少，或者已经错过更好的进场时机。所以，证券投资需要的是当时对趋势转折作出预判，并当时作出投资决策，早一天预判，就能早一天保卫所管理的财富。

著名技术分析家约翰·墨菲说，打开未来之门的钥匙隐藏在历史之中。下面通过复盘实际案例，了解判断大盘长线顶底转折的过程和方法。

[案例：预判长线顶部]

中国股市 2015 年 5178 点的大顶转折复盘

深度复盘中国股市长线顶底的转折，我们才更容易理解股市大顶大底的轮回规律。

我们来复盘中国 A 股上证综合指数 2015 年 5178 点的顶部转折。

2015 年 7 月 24 日，期货界知名人士刘强，从楼顶跳下，结束了自己年轻的生命，商界嘘吁。

一个期货界传奇人物主动逝去的背后，是这个国家遭遇的一场空前股灾。2014 年 7 月，中国股市的水位在 2000 点，随后大牛市开始逐浪启动；2015 年 6 月 15 日，中国股市最高上涨到 5178 点，一年时间涨幅超过 2.5 倍，可谓举世瞩目；不过，随后发生的暴跌同样举世瞩目，经过三轮股灾后暴跌至 2638 点，在半年左右跌幅近 50%，如图 4-3 所示。

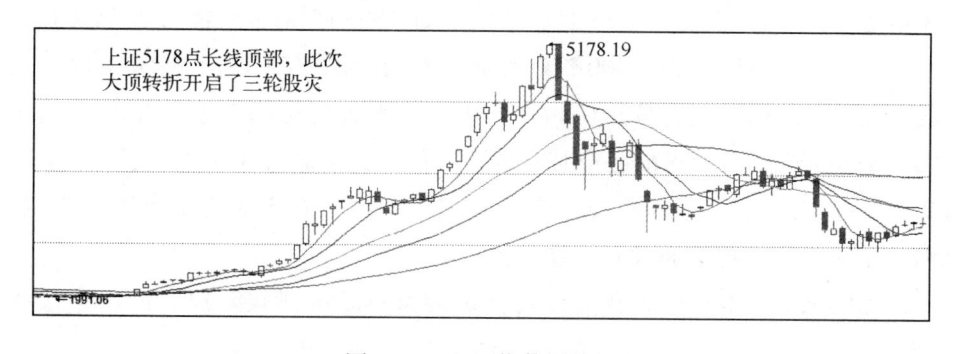

图 4-3 上证指数周线图

"三类顶部信号"齐齐出现,我预判历史大顶到了

2015 年这次大牛市,其实市场在顶部疯狂时给过我们信号,并且给过我们多个标志性信号。

全球宏观面、政策面、资金面、大盘技术面、市场情绪面,是影响大盘顶底转折的五种神秘力量,这是笔者复盘国内外股市发现的规律。考虑到全球宏观经济有"八年一个周期"的规律,黑天鹅事件的不可预测性,常规情况下,政策面、资金面、大盘技术面是股市大盘顶底转折的三种神秘力量。2015 年,国内外全球宏观面并没有出现影响大盘顶底转折的重要力量;我历经两轮牛熊打造出的"趋势转折"解盘体系监测到了市场发出的"三类顶部信号"。

"政策顶"信号 1:中央汇金在股市高位减持银行股和蓝筹 ETF 基金

在 2015 年股市大顶形成之前,其实政策已经给出了最明显、最关键的信号,这个信号就是:中央汇金在股市高位减持银行股和蓝筹 ETF 基金。

中央汇金在股市高位减持的是工商银行和建设银行股份,所以减持信号出自工商银行和建设银行两大行挂牌上市的港交所和上交所的公开披露信息。按照港交所和上交所披露的公开信息,中央汇金公司于 2015 年 5 月 26 日同时在 A 股场内减持工商银行 3 亿股和建设银行 2.8 亿股,合计减持套现金额为 35.358 亿元。在本次减持之前,中央汇金公司已经分别减持了工商银行 1.26 亿股和建设银行 8500 万股。

同时,中央汇金公司在股市加速上涨阶段减持了四大蓝筹 ETF 基金。据

趋势转折的奥秘

媒体报道，4月17日至5月15日，华安上证180ETF基金份额减少71.24%，华夏上证50ETF、华夏沪深300ETF和华泰柏瑞沪深300ETF也有30%以上幅度的份额减少。因此，有分析认为，鉴于中央汇金公司是上述四大ETF基金最大单一持有人，目前可能已经基本清仓。但中央汇金公司副董事长李剑阁5月23日在出席清华五道口全球金融论坛时，对此消息不予肯定也不予否定，只称"中央汇金在这方面没有披露义务。"

作为国家队，中央汇金在高位离场是国家对股市"政策顶"的一个最明确信号。

"政策顶"信号2：资金去杠杆、多次政策打压

管理层多次出台股市去杠杆政策，直接对股市上涨的源动力——资金量能釜底抽薪；根据对称原理，杠杆是一轮一轮加上去，去杠杆同样需要一个大致对称的时间，去杠杆太急是引发股灾的主要原因之一。

"资金顶"信号1：天量之后见天价，2万亿元成交量

"盛者衰之始"，衰退隐藏在强盛的顶部；资金已经出现天量了，市场没有更多的资金量能把大盘点位推向更高价位。

"资金顶"信号2：去股市杠杆引发杠杆资金的连环踩踏

场外高杠杆资金的强制平仓、伞形信托账户的强制平仓、场内信用账户的爆仓，去股市杠杆引发杠杆资金的连环踩踏，股指连续深度调整，是导致发生股灾的直接原因。

"市场情绪顶"信号：所有人都进股市了，谁来接盘？

回顾2015年5—6月份的情景，我们都还记得：朋友们见面谈的都是股票，"跳广场舞的大妈都一个月赚30%了""连傻子都赚钱了"，业内人都看高到8000点，盲目乐观情绪蔓延；所有人都进股市了，谁来接盘？市场参与人数之众、情绪之疯狂，完全是大盘顶部的明显征兆和信号。

"三类顶部信号"齐齐出现，我预判历史大顶到了！因为这不是某一类信号或者某一类信号中的一两个信号。2015年5—6月，在中国股市最疯狂的时候，在股市顶部，我借助"趋势转折"解盘神器的威力，观察到了中国股市

第四章 跳出图形看懂大盘：判断大盘长线顶底与中线顶底

政策顶、资金顶、市场情绪顶这三种力量的上述诸多信号，才做出了股市大顶的预判，并对大部分账户在顶部进行了分批逃顶。

在大幅减仓、成功逃顶之后，6月19日当天暴跌6.42%告诉我们，市场深度调整大概率没有结束，于是在6月21日我做出了书面的市场趋势预判，并以QQ邮件的形式在当天晚上8点发给了业内同行（附后），这是作者成功预判2015年股灾最有说服力的证据，如图4-4所示。

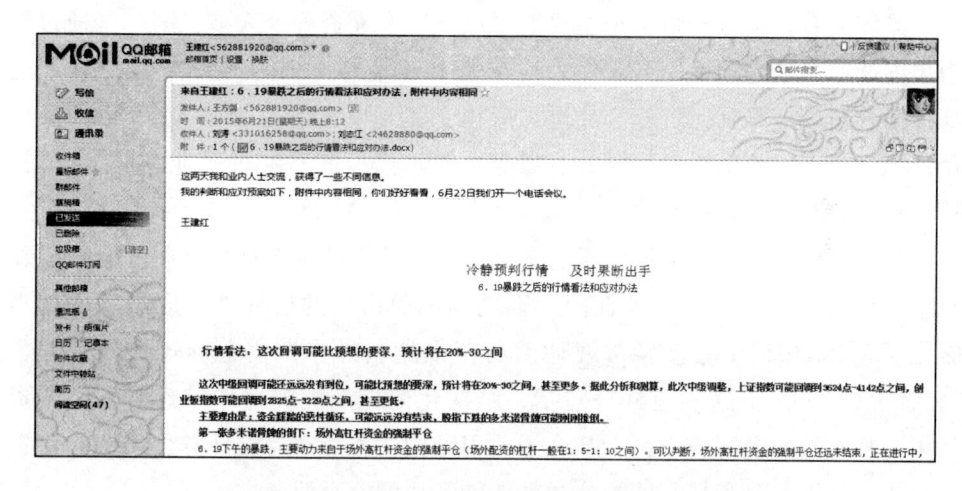

图4-4 2015年6月预判股灾时的原始邮件截图

现在回头看，当时我对股灾的预判，有以下两个成功之处：首先，基本预判了股灾深度调整的幅度，6月下旬当时预判上证指数将继续下跌20%～30%之间、甚至更低，随后上证指数跌幅基本应验。其次，把握住了这次股灾发生的核心逻辑：杠杆资金层层加码，引发大牛市出现，而杠杆资金的连环踩踏导致了大股灾的发生。

"大牛市、大股灾"：成也杠杆，败也杠杆

2014年7月，中国股市大牛行情开始启动，2015年5—6月，中国股市大牛市出现顶部，并且开始了连续三轮的大股灾。在一年里，中国股市演绎了"大牛市到大股灾"的顶底轮回。如果只说一个原因，实现股市顶底转折最重要的原因是哪一个？

重要的事情，原因大都很简单。

从大牛市到大股灾：一句话概括，可谓成也杠杆，败也杠杆。中国证券市

趋势转折的奥秘

场重量级人物、国家队舵手——中国证券金融股份有限公司董事长聂庆平先生分析，当2014年牛市迹象出现时，影子银行就从向实体经济放贷转而向股市放贷，各类伞形信托和配资平台在供需推动下迅速成长。在场外配资业务中，银行理财资金作为源头活水成为"优先级"资金的主要来源之一，通过各类结构化金融产品和创新工具等渠道分流，最终汇入股市大资金池并形成了风浪。

具体来看，银行理财资金主要通过以下三个配资渠道入市：第一，通过结构化信托产品进入股市，其规模大约在1.18万亿～1.33万亿元；第二，通过基金子公司或证券公司资管产品进入股市，其规模大约为5500亿元～6000亿元；第三，通过两融收益权转让、股票质押回购、收益凭证等业务间接入市，其规模大约有1.3万亿元左右。

不仅如此，如果将证券公司、基金公司等开发的带有杠杆性质的金融创新产品（不包括融资融券）算在内，则施加在股市中的场外杠杆形式就更加多样化了。在2015年股市异常波动前后存在的六种杠杆资金形式共同托起了"杠杆上的牛市"。这六道杠杆包括：结构化信托及配资运作模式、民间配资公司及互联网金融配资产品、基金子公司结构化资管产品、证券公司结构化资管产品、分级基金产品和证券公司其他创新型融资类业务。

事后再看，当时我成功预判股市大顶转折、预判股灾，的确很难得。坦诚地说，真正厉害的不是我个人，而是我历经两轮牛熊打造出的"趋势转折"智能解盘体系，这个解盘神器因为多次成功预判大顶大底而闻名，比如2015年中股灾大顶、2016年初熔断时股灾高点、2016年12月的中线高点3301点，以及2015年的2850点、2016年1月的2638点等中线低点，并多次成功逃顶、成功抄底。

这套"趋势转折"智能解盘体系有两个主要步骤：

第一步是测盘，由"测盘雷达"——"五元监测系统"全面覆盖关键信号，全天候监测全球宏观面、政策面、资金面、大盘技术面、市场情绪面五个单元的49个指标，确保了市场信号的科学性、全面性，为预判顶底转折提供了理性依据和量化数据。

第二步是解盘，运用"解盘宝箱"中的"十大解盘定律"对测盘雷达监测到的信号进行分析、判断，预判趋势转折，解盘工具的实盘性、逻辑性和艺术性确保了预判顶底的高胜率。

惊心动魄,已然走过。相信2015年的股灾会让很多人长期记忆,甚至终身难忘。

如果这场股灾能让你感悟到顶底转折的规律,并深深刻在你脑海中,时刻警醒着你顶部提前离场,底部大胆进场,那么股灾中的亏损将成为以后盈利的养分,你交的学费将以利润的形式慢慢地返回给你。

千金散尽还复来,世事有因果,只怕有心人。

[原始档案·2015年预判5178点大顶转折的投资决策文件]

冷静预判行情　及时果断出手
6.19暴跌之后的行情看法和应对办法

行情看法:这次回调可能比预想的要深,预计将在**20%~30%**之间

这次中线回调还远远没有到位,比预想的要深,预计将在20%~30%之间,甚至更多。据此分析和测算,此次中线调整,上证指数可能回调到3624~4142点之间,创业板指数可能回调到2825~3229点之间,甚至更低。

主要理由是:资金踩踏的恶性循环,可能远远没有结束,股指下跌的多米诺骨牌可能刚刚推倒。

第一张多米诺骨牌的倒下:场外高杠杆资金的强制平仓

6.19下午的暴跌,主要动力来自于场外高杠杆资金的强制平仓(场外配资的杠杆一般在1:5~1:10之间)。可以判断,场外高杠杆资金的强制平仓还远未结束,正在进行中,其1万亿~1.5万亿的量能规模带来的下跌杀伤力度可能超出我们的预期。

第二张多米诺骨牌的倒下:伞形信托账户的强制平仓

不同的杠杆倍数,是导致爆仓的主要因素之一。由于伞形信托账户的杠杆一般为1:2或1:3,场外高杠杆资金的强制平仓,带来个股价格下跌,引发伞形信托账户达到或逼近平仓线,将有相当一部分伞形信托账户被强制平仓,其

3000 亿元～5000 亿元的量能规模导致价格继续下跌。

第三张多米诺骨牌的倒下：场内信用账户的爆仓

在上面三张多米诺骨牌的倒下带来市场下跌的同时，同时会带来市场的恐慌性抛售，市场下跌的恶性循环雪上加霜。

出来混，迟早要还的。自杠杆牛市以来，投资者主要体会到了杠杆助涨的推动力；这一次回调，投资者将在杠杆牛市中第一次体会到杠杆助跌的巨大杀伤力。

应对办法：把账户内的剩余仓位及时清仓

鉴于此次深幅回调，是大概率事件。我们应该及时果断出手，对账户内的剩余仓位进行清仓处理，具体处理办法如下。

办法1：在周一，最好在周一上午，把账户内的剩余仓位清仓一半。

办法2：在周二，最好在周二上午，把账户内的剩余仓位的另一半清仓，全部清仓完毕。

下周二打新资金重新回到市场，尽管资金增加了，但敢于在下跌时买入的投资者，只是少部分人，连续几天收出大阳线，带来市场反转是极小概率事件。打新资金重新回到市场的当天或随后几天，市场可能会微弱反弹，将是一个较好的出货时机。

之所以选择在上午清仓，是为了赶在场外配资公司、伞形信托、场内配资公司清仓之前离场。（这些配资公司一般是在下午1点开始强制平仓）

（2015/6/21，晚8点）

第三节　预判大盘中线顶底的方法与案例复盘

当前，相当一部分长线投资者在考虑或者已经在实施"看长线、做中线"策略。20世纪90年代以来，随着信息科技进步以及电脑交易、程序交易的广泛渗透，同时由于融资融券业务在市场中助涨助跌的影响，市场中期趋势的波动程度已经明显加大，在市场活跃阶段一天内发生50～100点波动是很常见的行情。

综合以上因素，笔者认为：长线投资者"买进－持有"策略考虑兼顾中线操作，是策略精细化的体现。

对长线投资者来说，在中线回调走势中持有多头头寸，眼睁睁看着长期累积的利润逐渐消失，在浮盈下降中"坐电梯"，的确是一种无谓的浪费与折磨。当然，大多数情况下，原有的那些浮盈经过数个月或更长时间还会再度回来。然而"看长线、做中线"，这些损失很多时候是可以避免的。因此，我认为，对于证券市场的参与者而言，以中期趋势作为准则应该是另外一种务实的选择。当然，如果希望精确掌握中期趋势，你必须了解它与长期趋势之间的关系。

"看长线、做中线"的前提和关键，是判断中线顶底转折。

下面通过复盘实际案例，我们了解判断中线顶底转折的过程和方法。

[案例：预判中线底部]

成功预判2016年5月3016点中线底部，是如何做到的

2017年4月7日，上证指数在盘中触及3295高点，随后数日开始了一轮中线回调，如图4-5所示。

4月18日，上证指数收盘跌破3200点；

5月8日，上证指数收盘跌破3100点；

5月11日，上证指数盘中最低触及3016点。

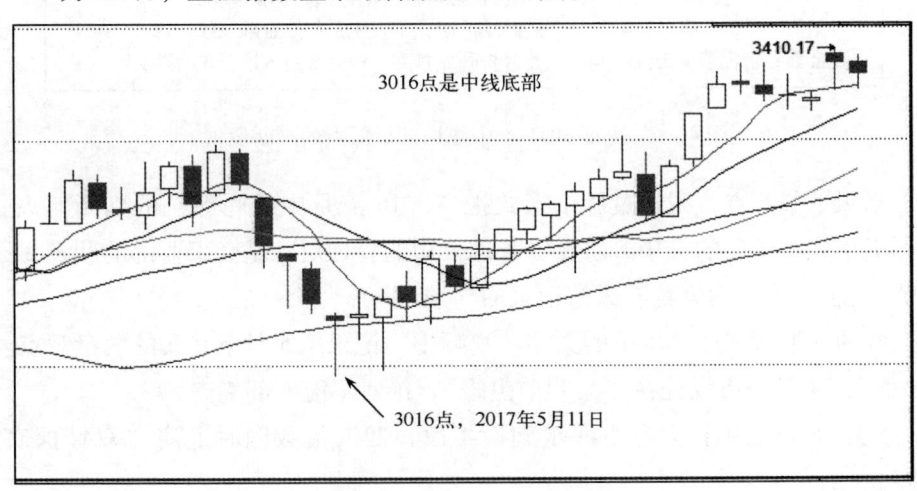

图4-5 上证指数周线图

大盘下跌中及时发声："3016 点是中线底部"

随着大盘的不断下跌，在 5 月 11 日大有跌破 3000 点关键点位时，当天市场已经极度悲观，很多人已经加入或者计划加入割肉队伍；而历经两轮牛熊洗礼的我，沉着、冷静应对，广泛搜集信息，根据我独家研发的"趋势转折"智能解盘体系预判出大盘寻底接近尾声，于是非常鲜明地亮出了自己的解盘观点和操作策略。

5 月 11 日：股市继续寻底，底部割肉不可取。

5 月 14 日：周日，我综合政策面、资金面等全方位关键信号，正式发声指出上证 3016 点大概率是本轮中线回调的最低点。

5 月 14 日当天我发出的观点和主要依据，如图 4-6 所示。

一、大盘底部判断：上证 3016 点大概率是本轮中级回调的最低点

全球宏观政经面：中美关系良好、升温；一带一路的政治意义；中国开始领导世界；

大盘技术面：大盘周线五连阴后，出现十字星，市场氛围缓和。

政策面：乐观者认为"利空出尽"，稳健者认为"监管高峰"已经过去；
——前段时期中央政治局金融安全工作会议，"金融稳，经济稳"；
——央行：5 月 12 日释放 4590 亿元 MLF 操作；
——银监会表态："不会因为处置风险而引发新的风险"，4-6 个月缓冲期
——央行货币政策报告：4 月份从"缩表"转为"扩表"
　　加强金融监管协调，有机衔接监管政策出台的时机和节奏；
　　"三个确保"中的一个关键点：确保不发生系统性金融风险；

资金面：沪港通资金连续净流入，外资开始抄底；场外资金入场迹象明显。

图 4-6　上证 3016 点中线回调最低点的判断逻辑

当天下午 5 点，我通过微信形式把"3016 点是中线底部"的判断与央企中国昊华集团所属的昊华海通投资管理公司的管理层、基金事业部的朋友做了交流。（上述交流内容都有微信记录的"物证"）

我的新浪博客或牛股王的文字、视频中，记录了 5 月下旬我的解盘观点。

5 月 24 日：市场处在"黎明前黑暗"，绝对不能底部割肉。

5 月 25 日上午：大盘筑底走到后半段，四大指数同时上演"双针探底"奇观。

5 月 25 日下午、收盘时：四大指数同时翻红，上证、深圳成指上涨可观。

第四章　跳出图形看懂大盘：判断大盘长线顶底与中线顶底

当时大盘底部判断：四个逻辑判断"中线底部在形成"

当时做出"3016点是中线底部"的判断，我依靠以下四个逻辑和关键信号。

逻辑1：全球宏观政经面总体良好，美股收高，无重大负面消息。

逻辑2：大盘技术面，四大指数同时上演"双针探底"奇观。

2017年5月25日，上证指数、深圳成指、创业板指数、中小板指数这四大指数周线，有三个明确的技术信号。

信号1：四大指数周线已经形成一个窄幅震荡的底部中枢，表明多空双方就目前底部位置基本达成一致。

信号2：伴随四大指数周线底部的窄幅震荡，量能萎缩，表明做空动能减弱。

信号3：四大指数周线同时上演"双针探底"奇观，这在中国股市实属少见，这表明空方已经两次测试大盘底部，且第二次低点没有低于前期低点，表明多方力量在增强。

逻辑3：政策面，当时监测到的三个关键政策信号。

政策信号1：新股发行已经开始放缓。

（当时）本周前三天，新股申购都是1只，今天原定5只，已经改为2只，本周总共5只，数量比最近的每周10只减半，已经有所表示。

政策信号2：近期证监会的购并重组政策似已调整或放宽。

发审委对购并重组项目恢复正常审核，与IPO同步安排。继上海电气、云赛智联复牌后，键桥通讯等重大重组和借壳上市相继获批，沙隆达又因重组委将开会审核而停牌，浙江东日公告重大重组被证监会通过接受审核。

政策信号3：证监会主席刘士余借经济学家韩志国发声"A股需要休养生息"，这很有可能是股市政策微调的姿态、信号和前奏。

刘士余自费请韩志国吃饭；韩当夜微博称："A股需要休养生息，共识已达成。"

刘士余的一顿饭，是股市政策微调的姿态、信号和前奏，表明市场强烈期盼的放缓新股发行节奏、出台限制大小非减持的新规、鼓励市场化购并重组等，假以时日，会逐步落实。

逻辑4：资金面，国家队等多路主力资金形成做多合力。

国家队：当天上证50指数暴力拉升近3%，创年内新高，护盘明显；

产业资本：更多上市公司、股东加入增持自家股票阵营；

沪港通资金：连续净流入，外资开始抄底，近一月深股通净流入125.40亿元，港股通净流入33.31亿元；

场外资金：场外资金入场，抄底迹象明显。

结论：我的观点很明确，现在大盘风险释放了很多，下跌空间非常有限，大盘筑底"至少已经走到后半段"，乐观地说"已经接近尾声"；现在是战略性看多、中线看多的时候，可以考虑开仓甚至加仓了，逢低吸纳更稳健。

在我的"趋势转折"解盘体系中，智能测盘雷达及其核心系统"五元监测系统"在全天候监测当时市场的关键信号。最终，我们对上证指数趋势转折的判断很明确：

中线底部在形成，千金难买牛回头，万金难买黄金坑。

（备注：以上文字、视频证据，可以到我的新浪博客或牛股王的文字、视频中去核实）

第四节 大盘长线和中线趋势转折，对个股趋势的不同影响

当前在国内外投资界流行的价值投资体系，其经典性在于体系中企业内在价值、折现现金流估值模型（DCF）、安全边际、能力圈等核心理念、方法经受了全世界，几十年至百年时间的检验，为业界和投资者所认可。长期观察国内外股市趋势转折发现，包括国内外一流公司在内的上市公司股价受中长期趋势尤其是长期趋势的影响非常大。但是，价值投资实践中如何应对市场趋势转折？价值投资体系的论述较少，至今尚未成为业界所认可的完整体系。

在继承价值投资优秀核心理念、方法的同时，高度重视趋势转折尤其是中长期趋势转折对证券资产的影响，是"价值投资2.0体系"区别于传统价值投资体系的鲜明特点。

"价值投资2.0体系"的核心理念是：价值投资+趋势转折。"价值投资2.0体系"是国内外流行的"价值投资体系"的全新升级版，由笔者本人历经两轮牛熊锤炼而成。

第四章　跳出图形看懂大盘：判断大盘长线顶底与中线顶底

"价值投资 2.0 体系"认为，在优选投资标的时，价值投资体系中的企业内在价值、折现现金流估值模型（DCF）、安全边际、能力圈等核心理念和方法，须要继续坚定遵守。

"价值投资 2.0 体系"同样认为，市场趋势转折时，买入持有的价值投资标的可以考虑采用"择时 + 对冲"策略应对，择时进出，对冲操作。

对于中长线投资者来说，市场趋势转折时的三种应对策略如下。

第 1 种：中期趋势转折时，考虑应对。

当证券市场发生中期趋势转折时，并不是所有的股票等投资标的都发生中期趋势转折，此时可以考虑对发生趋势转折的标的进行应对。

第 2 种：长期趋势转折时，必须应对。

当证券市场发生长期趋势转折时，所有的股票等投资标的都发生了长期趋势转折，此时必须对所有的投资标的进行应对。

第 3 种：短期趋势转折即走势波动时，不必应对。

当证券市场发生短期趋势转折即短期走势波动时，由于短期趋势波动的无规律性和随机性，此时不必应对，中长线投资者应该坚定遵守自己的中长线投资策略和交易纪律。

2017 年 4 月和 5 月份，上证指数发生了一次市场中期趋势转折，从 2017 年 4 月 7 日的最高点 3295 点经过一个多月的下跌至 2017 年 5 月 11 日的最低点 3016 点，如图 4 – 7 所示。

上证指数在这次中线回调过程中，很多个股尤其是绝大部分中小创个股受大盘中期趋势回调的影响纷纷下跌。但并不是所有个股全部跟随大盘中期趋势回调而下跌，贯穿 2007 年全年行情的白马股品种贵州茅台、格力电器等品种，不仅没有跟随大盘中期趋势回调而下跌，反而逆势上涨。

2017 年 4 月 7 日至 2017 年 5 月 11 日，上证指数这次市场中期回调的跌幅为 8.4%，但是，同期贵州茅台逆势上涨，涨幅为 6.4%（从 389.60 元涨至 414.70 元），在跌市中跑赢大盘 14.8%，如图 4 – 8 所示。

2017 年 4 月 7 日至 2017 年 5 月 11 日，上证指数这次市场中期回调的跌幅为 8.4%，但是，同期格力电器逆势上涨，涨幅为 3.6%（从 31.75 元涨至

趋势转折的奥秘

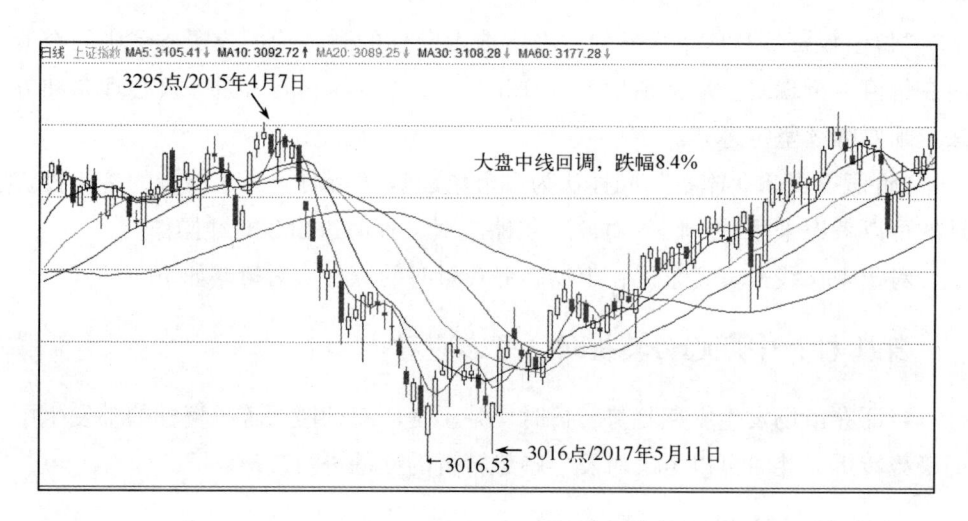

图 4-7 上证指数日线图

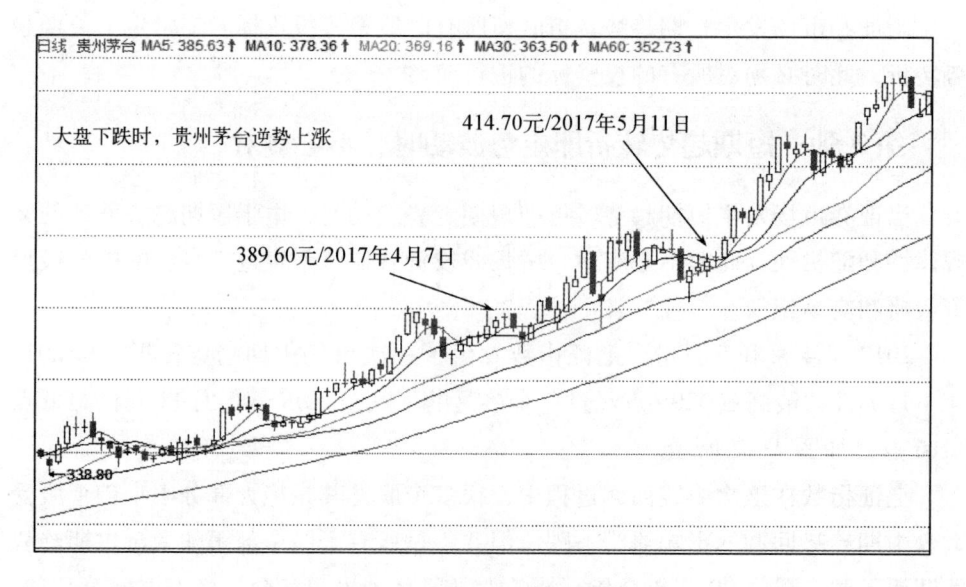

图 4-8 贵州茅台日线图

32.90 元），在跌市中跑赢大盘 12%，如图 4-9 所示。

实盘复盘可以看出，当证券市场发生中期趋势转折时，并不是所有的股票等投资标的都跟随大盘发生中期趋势转折，此时可以考虑对发生趋势转折的标的进行应对，你所投资的标的是否需要应对大盘趋势转折，则需要根据板块和个股行情，具体问题、具体分析。

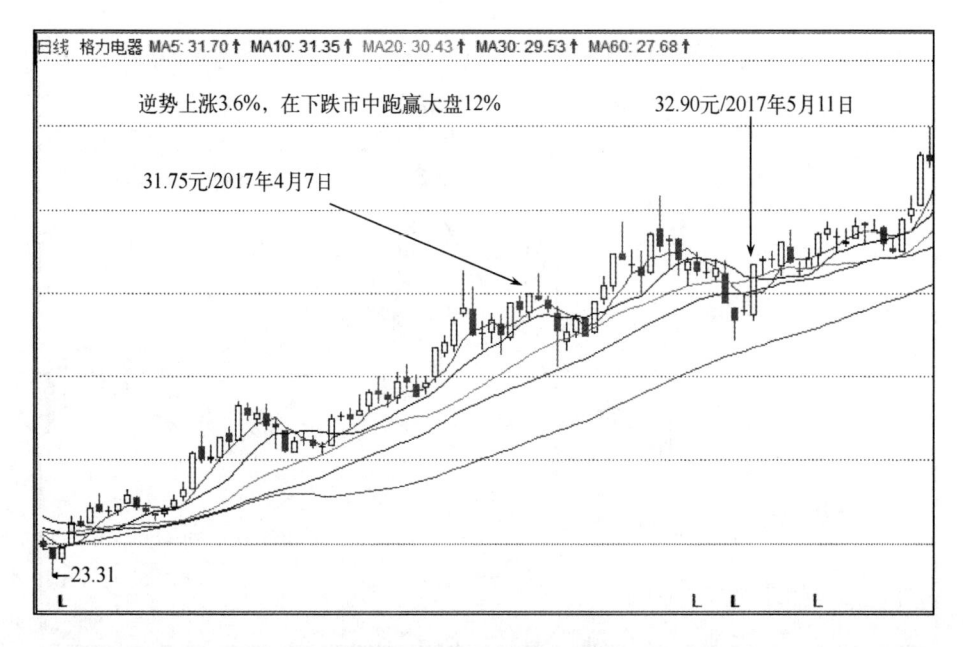

第四章 跳出图形看懂大盘：判断大盘长线顶底与中线顶底

图 4-9 格力电器日线图

当证券市场发生长期趋势转折时，所有的股票等投资标的都发生了长期趋势转折，此时必须对所有的投资标的进行应对。

2015 年，上证指数发生了一次长线趋势转折。上证指数从 2015 年 6 月的长线历史高点 5178 点，经过三个多月的下跌，跌至 2015 年 8 月的历史低点 2850 点，跌幅高达 44.95%，如图 4-10 所示。

同期，贵州茅台、恒瑞医药、招商银行、万科等中国最优秀的上市公司受市场长线趋势转折的拖累，同步下跌，跌幅高达 22.9%～49.3%。

贵州茅台，从 290 元（2015 年 5 月）跌至 166.20 元（2015 年 8 月），跌幅高达 42.6%，如图 4-11 所示。

恒瑞医药，从 68.08 元（2015 年 5 月）跌至 34.47 元（2015 年 7 月），跌幅高达 49.3%，如图 4-12 所示。

招商银行，从 21.7 元（2015 年 6 月）跌至 14.01 元（2015 年 8 月），跌幅高达 35.4%，如图 4-13 所示。

万科，从 16.25 元（2015 年 6 月）跌至 12.52 元（2015 年 9 月），跌幅高达 22.9%，如图 4-14 所示。

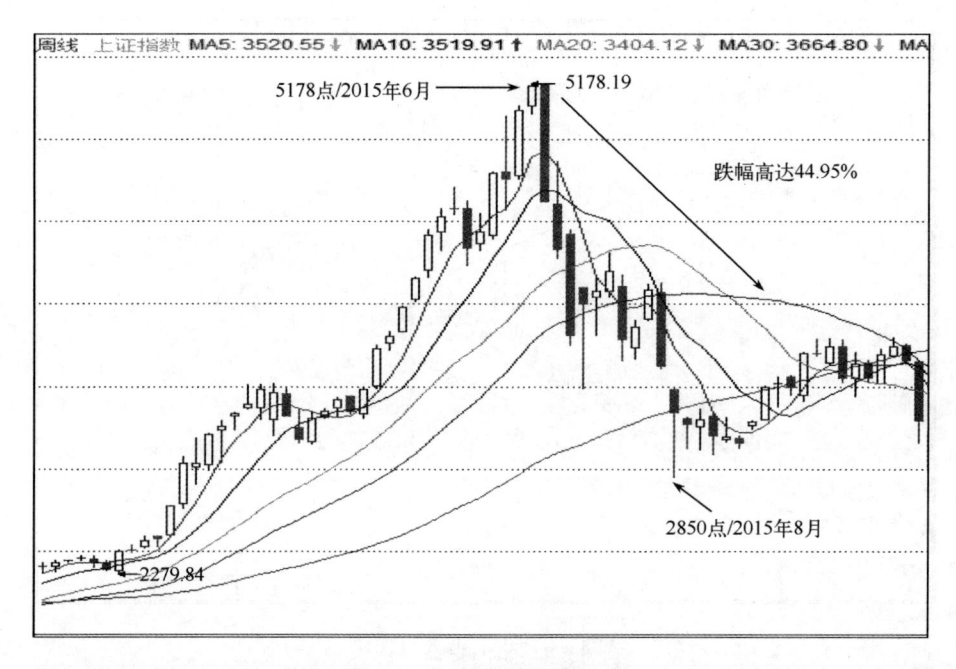

图 4-10　上证指数周线图

图 4-11　贵州茅台周线图

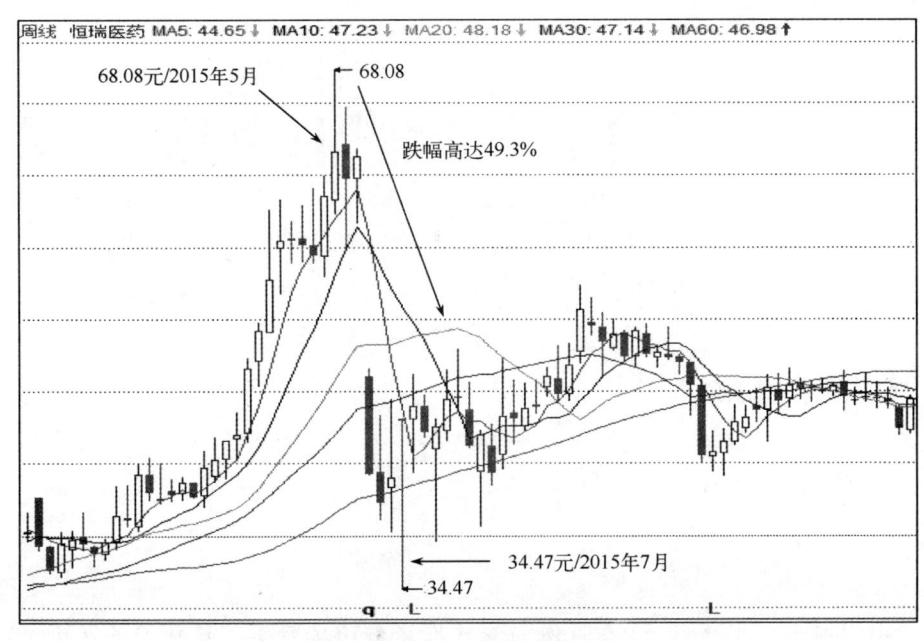

第四章 跳出图形看懂大盘：判断大盘长线顶底与中线顶底

图 4-12 恒瑞医药周线图

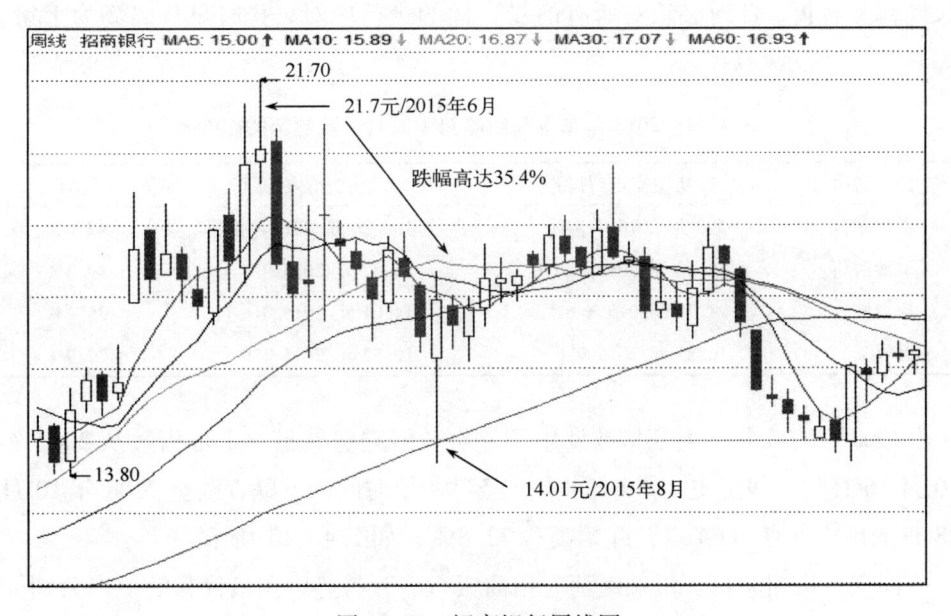

图 4-13 招商银行周线图

趋势转折的奥秘

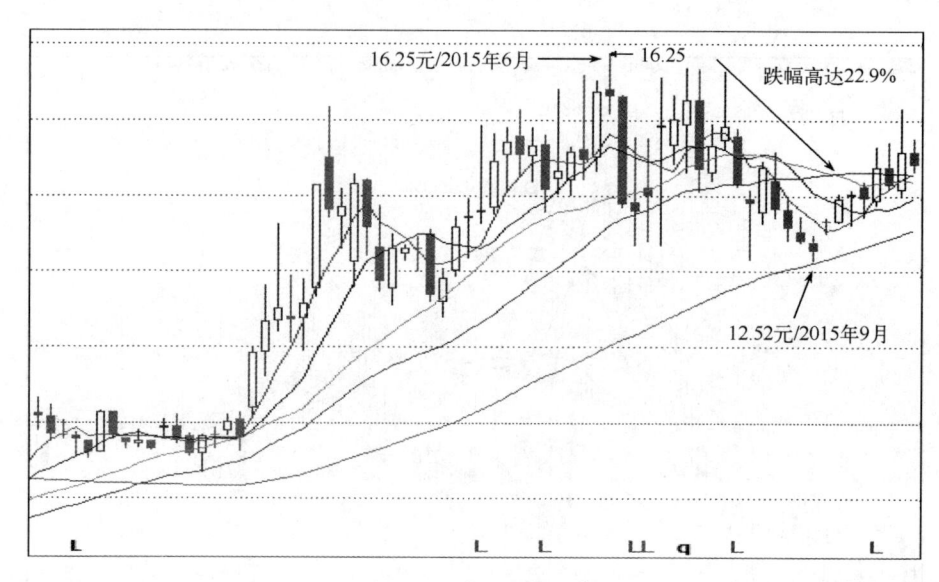

图 4-14 万科 A 周线图

可以看出，2015年5、6月份中国A股证券市场发生了长期趋势转折，市场出现了系统性风险，包括中国一流公司在内所有的股票等投资标的都发生了长期趋势转折，此时必须对所有的投资标的进行应对，择时早日离场为上策，如表4-1所示。

表 4-1　2015 年市场长线趋势下跌对个股趋势的影响

公司名称	历史高点/月份	历史低点/月份	跌幅
贵州茅台	290 元/2015 年 5 月	166.20 元/2015 年 8 月	42.6%
恒瑞医药	68.08 元/2015 年 5 月	34.47 元/2015 年 7 月	49.3%
招商银行	21.7 元/2015 年 6 月	14.01 元/2015 年 8 月	35.4%
万科 A	16.25 元/2015 年 6 月	12.52 元/2015 年 9 月	22.9%

2007—2008年，上证指数发生了一次长线趋势转折。上证指数从2007年10月16日的长线历史高点6124点，经过一年时间的下跌，跌至2008年10月28日的历史低点1664点，跌幅高达72.8%，如图4-15所示。

同期，贵州茅台、恒瑞医药、招商银行、万科等中国最优秀的上市公司受市场长线趋势转折的拖累，同步下跌，跌幅高达50%～88%。

可以看出，2007年、2008年中国A股证券市场发生了长期趋势转折，市

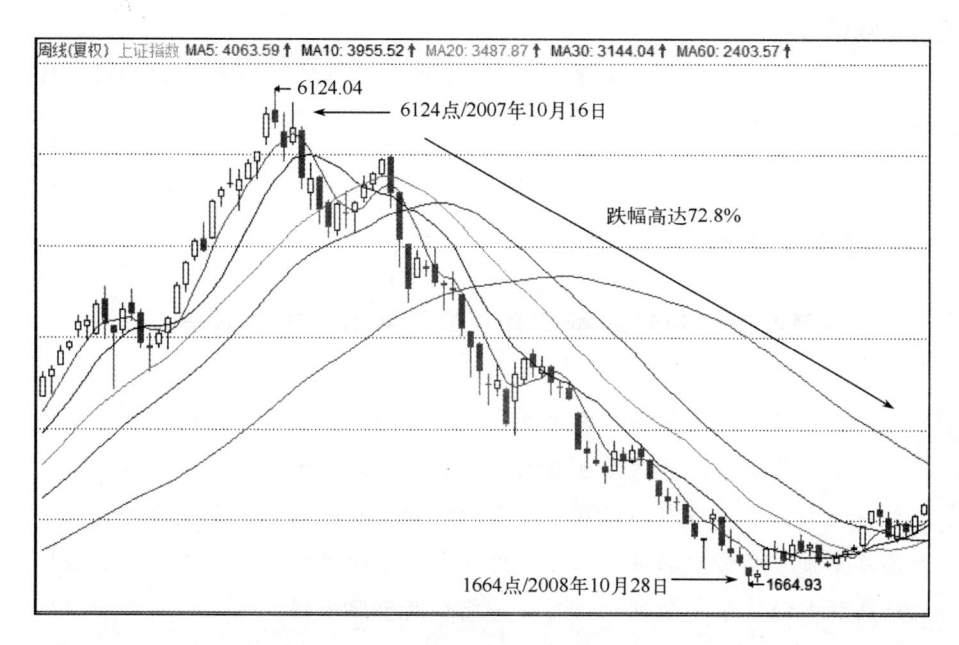

图 4-15　上证指数周线图

场出现了系统性风险,包括中国一流公司在内的所有股票等投资标的都发生了长期趋势转折,此时必须对所有的投资标的进行应对,择时早日离场为上策,如表 4-2 所示。

表 4-2　2007、2008 年市场长线趋势下跌对个股趋势的影响

公司名称	历史高点/月份	历史低点/月份	跌幅
贵州茅台	230.55 元/2008 年 1 月	84.20 元/2008 年 11 月	63.50%
恒瑞医药	60.51 元/2008 年 1 月	30.01 元/2008 年 10 月	50.40%
招商银行	46.33 元/2007 年 10 月	11.11 元/2008 年 11 月	76.02%
万科 A	40.78 元/2007 年 11 月	4.8 元/2008 年 9 月	88.20%

对于中长线投资者来说,当证券市场发生短期趋势转折,即短期走势波动时,由于短期趋势波动的无规律性和随机性,此时不必应对。

证券市场发生的短期趋势转折,给投资者持有的品种带来的资产波动不大。投资者应对市场趋势转折的难点,在于当时判断市场发生的趋势转折是中期趋势转折,还是长期趋势转折?这就需要重点分析市场在顶底转折时发出的

趋势转折的奥秘

关键市场信号。

后面章节和作者的"趋势转折"解盘体系,会对这个关键问题进行深入探讨。

实盘经验

理性使用趋势转折信号:信号并不等于交易指令

长期做实盘交易的人都会明白,趋势转折的技术、市场等信号并不等于交易指令,这些信号在实盘中更多的是以概率形式出现的,胜率再高的信号都难以确保百分之百的准确;反过来,证券投资操作也不须要百分之百的准确,信号达到八成左右的胜率就基本够用了,如此高胜率的信号完全可以作为交易指令的重要依据。

第五章　左右顶底转折的神秘力量

2000年前中国古人就有了依靠多个维度判断战争输赢的智慧。《孙子兵法》在开篇"始计篇"中明确提出了'观五事而知胜负'的思想。对应到证券投资上，那些依靠单个因素，而没有依靠多个因素综合分析的投资体系，比如仅仅看技术图形，其胜率都是不高的。

跳出图形才能看懂趋势，把图形放在市场中多因素综合分析，才能看懂顶底转折和市场趋势。

第一节　判断大盘顶底的三个标准：
资金顶、政策顶、大盘技术顶

底和顶，是证券市场中投资者永远的痛点。

底部进场、顶部离场——谁都知道这是股市投资的大道理。关键问题是：你知道啥时候是底，啥时候是顶吗？

现实中，大多数投资人都是错误的，比如在股市大底时极度悲观，不看好股市，不愿进场、不敢进场，而在股市大顶时却盲目乐观，看好股市；股市大底时大多数人的悲观情绪，以及股市大顶时大多数人的乐观情绪，就是多数投资人错误的明证。实战中对于专业投资者来说，考验还要更加深入——所管资产的时限性须要制定阶段性策略——所以还须要知道哪里是股市中线、长线的底部、顶部？

最难的问题是"知行合一"。即使你"知道"，你又能"做到"底部进场，顶部离场吗？当市场在一片疯狂抛售的极度恐慌氛围中，你敢于在此时的底部出手抄底吗？当中线和长线顶部征兆悄然出现，你能管住自己，毅然决然做到大幅减仓或清仓吗？

股市的顶底转折，经常在几天或几周内发生，但是全球或一国的宏观经济形势很少在几天或几周内发生质变。因此，在实盘中判断顶底转折时常用的是资金面、政策面、大盘技术面、市场情绪面"四元监测系统"。

投资者要想做到"底部进场、顶部离场"，就需要有明确的顶底判断标准。在我的实盘经验中，预判大盘顶底有三个常用标准：资金顶、政策顶、大盘技术顶。当然，如果再加上当时的市场情绪进行综合判断，会更真实、更丰富。

大盘顶底的判断标准1：资金顶底

【复盘·案例】2015年6月中国股市牛市顶部的量价特征。

信号1：高量之后见高价（天量之后见天价，2万亿元成交量）。

信号2：去股市杠杆引发杠杆资金的连环踩踏，股指深度调整，导致发生股灾。

打开2015年6月牛市顶部中国上证指数图，我们详细研判大盘顶部区域的量价关系。

如图5-1所示，上证指数在2015年6月8日当天成交金额突破1.3万亿（当天沪深两市成交金额突破2万亿元），成交金额天量之后股价再创新高，2015年6月12日当天创出5178点新高，这就是"天量之后见天价"。

随后，6月8日当天成交金额突破1.3万亿之后量能开始缩量，预示着没有更高的天量资金把大盘推到更高点。大盘的顶部，已经蕴藏在缩量之前的高点中了。

大盘顶底的判断标准2：政策顶底

【复盘·案例】2016年12月中国股市3301点的政策动向。

第五章 左右顶底转折的神秘力量

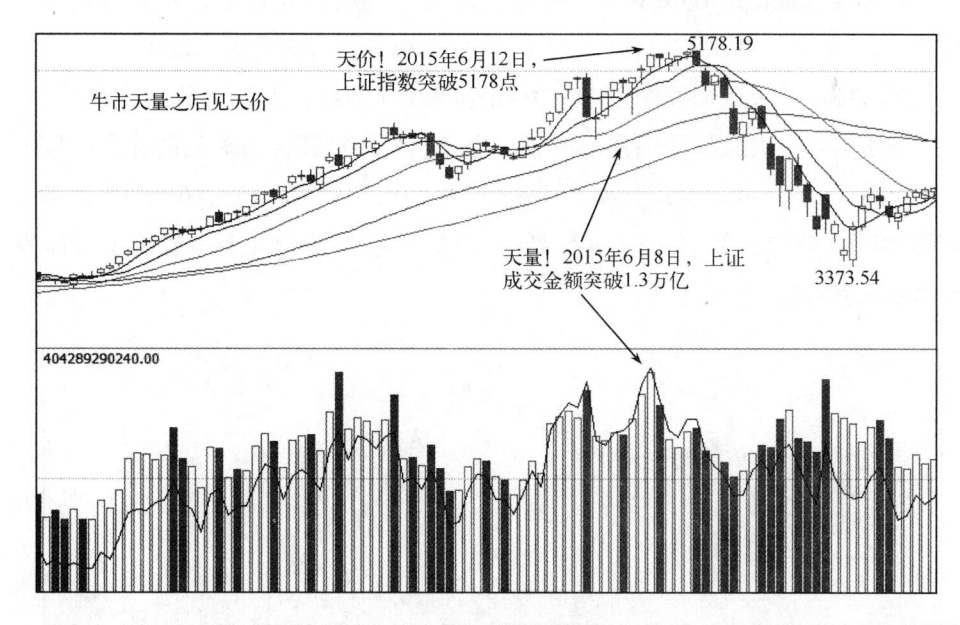

图 5-1 上证指数日线图

信号1：货币政策收紧，中国央行的货币政策向收紧的方向转变。

信号2：政策顶出现，证监会、保监会等部委打压险资。

【复盘·案例】2015年6月中国牛市顶部的政策动向。

信号1：去杠杆政策打压，管理层多次出台去股市杠杆政策，对资金量能釜底抽薪。

信号2：政策顶出现"国家队"中央汇金高位减持银行股，是股市"政策顶"的一个明确信号。

复盘大盘顶底与国家政策的关系发现：中国A股市场在慢牛、长牛的政策诉求下，很多时候国家政策、监管部门的政策与股市的波动周期，存在着"逆周期""反着走"的现象，当股市低迷时，国家会出政策或用政策导向来"托底"或救市，鼓励带动更多资金入场，此谓"政策底"；而当股市高涨时，国家会在股市高位时出政策或用政策导向来"降温"，让股市走得慢一些，此所谓"政策顶"。

大盘顶底的判断标准3：大盘技术顶底

在股市技术分析方法的众多指标中，MACD指标一直有着"趋势指标之

趋势转折的奥秘

王"的称号和地位。在 MACD 指标中，DIFF（快线）是核心，日线级别以上图形 DIFF 金叉、死叉相对比较少，一旦发生交叉，可能有大事发生。

图形特征：大盘周线图上 MACD 指标快线（快线）死叉慢线（慢线）。

市场信号：大盘周线图顶部形成，是大盘阶段性顶部形成的高胜率信号。

如图 5-2 所示，上证大盘日线图上 MACD 指标在 2015 年 6 月 15 日当天出现 DIFF（快线）死叉 DEA（慢线），MACD 指标在日线图上发出了可能发生趋势转折的信号。

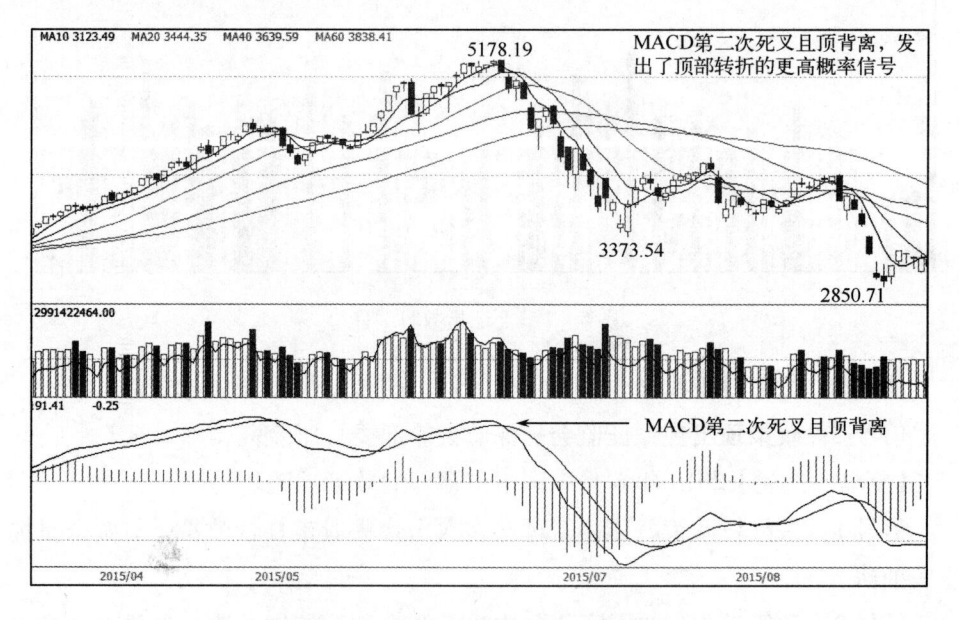

图 5-2　上证 2015 年股灾 – 日线图

如图 5-3 所示，上证大盘周线图上 MACD 指标在 2015 年 6 月 26 日当周出现 DIFF（快线）死叉 DEA（慢线），MACD 指标在周线图上再次以周线级别的大周期图形发出了趋势转折的稳定信号；其实，上证大盘周线图上 MACD 指标在 2015 年 6 月 19 日当周出现 DIFF（快线）明显下倾（俗称"勾头"）信号，这同样发出了阶段性顶部的趋势转折信号。

除了 MACD 信号之外，大盘技术顶的信号还有均线、量价等。

第五章　左右顶底转折的神秘力量

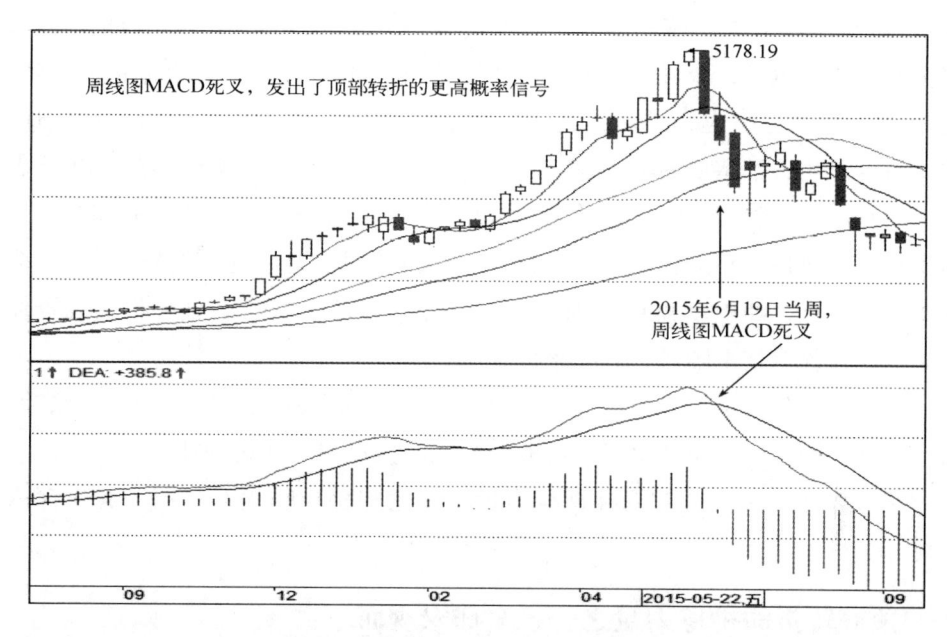

图 5-3　上证 2015 年股灾 - 周线图

第二节　左右中国股市顶底转折的五种神秘力量

波动是股市的常态，这与海浪相似。大道相通，海浪波动有规律，其实股市波动同样有规律。在股市看似涨跌无序的背后，大盘顶底转折的神秘力量究竟有哪些？

前面我们实盘验证了"MACD + RSI 信号组合"在发出大盘顶底转折信号时的有效性，那么是否仅仅依靠图形就可以预判大盘顶底转折呢？

答案很明确：不是的，跳出图形才能看懂趋势、把图形放在市场中多因素综合分析、才能看懂趋势转折——我的实盘经验和解盘逻辑是：全球宏观面、资金面、政策面、大盘技术面、市场情绪面，是影响大盘顶底转折的五种神秘力量，这是我复盘国内外股市发现的规律。在大盘出现顶底转折迹象时，综合研判这五个方面后得出的结论，成功概率更高。

两千年前中国古人就有了依靠多个维度判断战争输赢的智慧。《孙子兵法》在开篇《始计篇》中明确提出了"观五事而知胜负"的思想，认为"道、天、地、将、法"这五个方面是决定双方胜负的关键因素。《孙子兵法》原文

趋势转折的奥秘

说:"故经之以五事,校之以计,而索其情:一曰道,二曰天,三曰地,四曰将,五曰法。道者,令民于上同意,可与之死,可与之生,而不危也;天者,阴阳、寒暑、时制也;地者,远近、险易、广狭、死生也;将者,智、信、仁、勇、严也;法者,曲制、官道、主用也。凡此五者,将莫不闻,知之者胜,不知之者不胜。故校之以计,而索其情,曰:主孰有道?将孰有能?天地孰得?法令孰行?兵众孰强?士卒孰练?赏罚孰明?吾以此知胜负矣"。对应证券投资上来,那些依靠单个因素、而没有依靠多个因素综合分析的投资体系,比如仅仅看技术图形,其胜率都是不高的。

大道至简,决定大盘顶底转折的常规力量,就是这两点:一个是,政策;另一个是,资金。这是我复盘国内股市发现的大盘顶底转折规律。

左右大盘顶底转折的五种神秘力量,究竟神秘在哪里?我们一起来深入探讨。

顶底转折的神秘力量之一:全球宏观面

长周期来看,一个国家股市的长期趋势转折是与全球宏观面或该国宏观经济相匹配的。同样,全球宏观面或该国宏观经济的重大事件,将大概率影响该国股市的中长期趋势和顶底转折。

比如,美国1930年代的经济危机,发生大萧条,股市持续暴跌87%;又比如,2008年中国举办奥运会,各行业蒸蒸日上,中国股市是可能继续有所作为的。然而,当年下半年的全球经济危机冲击中国经济,导致上证指数在10月跌至1664点,如表5-1所示。

表5-1 全球宏观面事件对大盘顶底转折的影响

时间	指数点位	影响指数点位的宏观事件
2008年10月	上证指数1664点,历史大底	事件1:美国金融危机引发全球经济危机;事件2:全球经济危机冲击中国经济
1998年6月	上证1422点,中线高点开始下跌至千点附近	事件:亚洲金融危机重创东南亚各国经济和股市,中国也受到影响
2000年3月—2002年10月	纳斯达克综合指数从5133点跌至1108点,跌幅近5倍	事件:美国2000年互联网产业泡沫破灭
1930年代	美国道琼斯指数大跌87%,历史大底	事件:美国1930年代的经济危机

第五章　左右顶底转折的神秘力量

全球或该国遭遇了经济危机，宏观面发生了重大事件，很少有该国股市独善其身的。

笔者复盘过去100年美股历史上的十次股市崩盘，发现八次缘于宏观经济出了问题，可谓"十次熊市，八次缘于经济衰退"，大多数熊市还是由于宏观面的经济危机或政治动荡等造成的。

第一次美股崩盘：100年前的绞肉机

起止日：1901年6月17日—1903年11月9日

熊市历经：875天左右（29个月）

道琼斯指数终极顶点：57

道琼斯指数终极低点：31

跌幅：46%

第二次美股崩盘：1907大恐慌，旧金山地震成导火索

起止日：1906年1月19日—1907年11月15日

熊市历经：665天左右（23个月）

道琼斯指数终极顶点：76

道琼斯指数终极低点：39

跌幅：49%

第三次美股崩盘：一战结束前夕

起止日：1916年11月21日—1917年12月19日

熊市历经：393天左右（13个月）

道琼斯指数终极顶点：110

道琼斯指数终极低点：66

跌幅：40%

第四次美股崩盘：一战后的大熊市，美国迈入超级大国的前夜

起止日：1919年11月3日—1921年8月24日

熊市历经：660天左右（23个月）

道琼斯指数终极顶点：120

道琼斯指数终极低点：64

跌幅：47%

第五次美股崩盘：1929年大萧条开始

起止日：1929年9月3日—1929年11月13日

75

趋势转折的奥秘

熊市历经：71 天左右（2.5 个月）

道琼斯指数终极顶点：381

道琼斯指数终极低点：199

跌幅：47%

第六次美股崩盘：杠杆过度，非理性繁荣

起止日：1930 年 4 月 17 日—1932 年 7 月 8 日

熊市历经：813 天左右（27 个月）

道琼斯指数终极顶点：294

道琼斯指数终极低点：41

跌幅：86%

第七次美股崩盘：珍珠港事件，持续时间最长的连环熊市

起止日：1937 年 3 月 10 日—1942 年 4 月 28 日

熊市历经：1875 天左右（61 个月）

道琼斯指数终极顶点：196

道琼斯指数终极低点：93

跌幅：53%

第八次美股崩盘：OPEC 石油禁令，石油危机和越战下的大崩盘

起止日：1973 年 1 月 11 日—1974 年 12 月 06 日

熊市历经：694 天左右（23 个月）

道琼斯指数终极顶点：1052

道琼斯指数终极低点：578

跌幅：45%

第九次美股崩盘：互联网科技泡沫，大多数科技股估值过高

起止日：2000 年 3 月 7 日—2002 年 10 月 8 日

熊市历经：950 天左右（31 个月）

纳斯达克指数终极顶点：5133

纳斯达克指数终极低点：1108

跌幅：78%

第十次美股崩盘：全球金融危机，房地产次贷危机，雷曼兄弟破产倒闭

起止日：2007 年 10 月—2009 年 3 月

熊市历经：510 天左右（17 个月）

第五章 左右顶底转折的神秘力量

道琼斯指数顶点：14279

道琼斯指数低点：6800

跌幅：52%

在上面复盘的美股过去十次熊市中，有八次伴随着经济衰退。此外，美联储紧缩政策、商品价格飙升、战争以及估值泡沫的出现都是导致股市崩盘的重要因素。

顶底转折的神秘力量之二：政策面

中国股市是一个新兴的市场，政策调控将直接影响股市，使政策成为影响股市趋势和顶底转折的神秘力量。2015—2017年中国国家政策对大盘顶底转折的影响，大家都有印象，如表5-2所示。

表5-2　2015—2017年中国国家政策对大盘顶底转折的影响

时间	指数点位	影响顶底转折的政策
2017年5月	上证3016点，中线低点	政策信号1："一行三会"去杠杆政策缓和； 政策信号2：减持新政等利好监管新政出台
2016年12月	上证3301点，中线高点	政策信号1：货币政策收紧中国央行货币政策向收紧方向转变； 政策信号2：政策顶出现 证监会、保监会等部委打压险资，直接影响主力资金
2016年1月	上证2638点，中线低点	政策信号：熔断政策扼杀市场流动性 市场陷入流动性恐慌，从3600点高位跌至新的低点
2015年6月	上证5178点，长线高点	政策信号1：去杠杆政策打压　证监会等管理层多次出台去股市杠杆政策，对资金量能釜底抽薪； 政策信号2：政策顶出现 中央汇金高位减持银行股，是股市"政策顶"的一个明确信号

中国的政策调控直接影响股市，在历史的走势中可以看到许多市场顶部是由政策调控造成的。比如，1995年停止国债、期货交易，造成5.18行情的大幅上涨；数日后公布新股上市额度，股指形成头部，大幅下跌。1996年12月中旬，深沪股市连续上涨，上证指数已涨到1258点，随后数日人民日报发表社论，认为股市市盈率太高，泡沫过多，结果造成股市大跌，形成阶段性头部。

趋势转折的奥秘

1997年5月中旬的股市大顶部，也是由政策直接调控造成的。5月9日证券印花税率由3‰调为5‰，紧跟着公布了300个亿的新股上市额度；1997年5月22日又出台严禁国企和上市公司炒股的规定，连续的政策调控使股指形成一个大头部，接下来是一轮大幅下跌。

复盘中国股市的顶和底，都有政策的直接"推手"或"影子"，细思极恐。

顶底转折的神秘力量之三：资金面

大盘指数上涨，直接原因是用钱"堆"出来的。

根据我的十大解盘规律之一——量价转换定律，指数的持续攀升背后，一定是量能的相应攀升；或者说是量能的持续攀升，才推动、转化为大盘指数的攀升。

如图5-4所示，上证大盘2014—2015年这波牛市，在周线图上清晰的划分为三个阶段，在大盘指数一浪高过一浪的三浪结构背后是量能的持续急剧攀升。

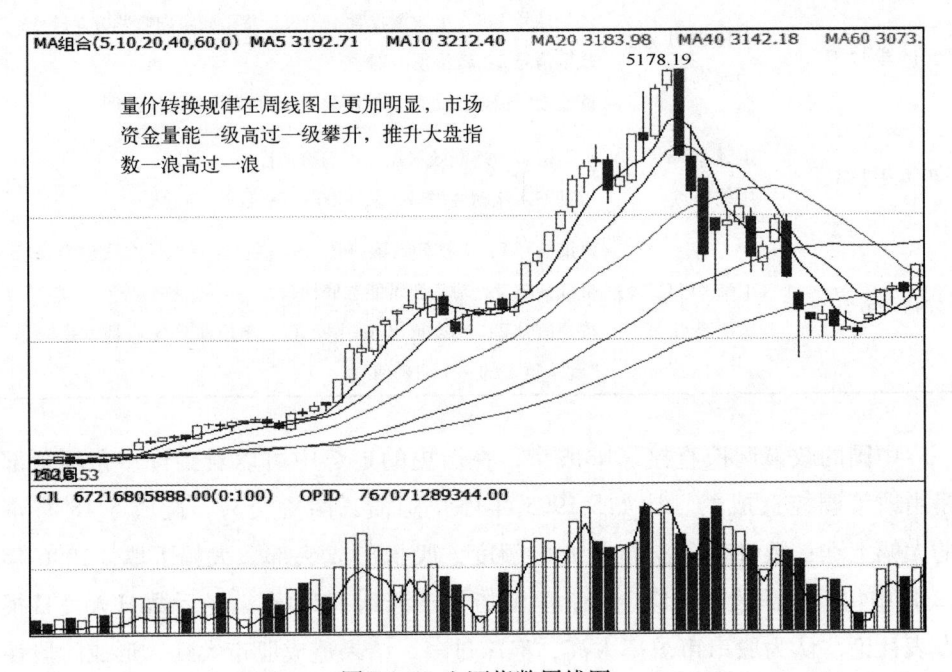

图5-4　上证指数周线图

2014年7月底至10月底，为第一浪，周成交金额核心区间5000亿元至1万亿元的量能，把大盘从2000点推升至2400点，涨幅为20%。

2014年10月底至2015年2月底，为第二浪，周成交金额核心区间1万亿元至2.8万亿元的量能，把大盘从2400点推升至3400点，新增涨幅超过40%。

2015年2月底至2015年6月中旬，为第三浪，周成交金额的核心量能区间3万亿元至5.5万亿元的量能，把大盘从3400点推升至5178点，新增涨幅超过50%。

至此，上证指数在短短的11个月内，从2000点暴涨至5178点，涨幅超150%。

行情是"钱"推出来、堆出来的。仔细研究可以发现，大盘的量价转换规律在周线图上更加明显，市场资金量能一级高过一级攀升，推升大盘指数一浪高过一浪，如表5-3所示。

表5-3 上证指数牛市背后的量价转换规律

时间阶段	大盘周成交金额	大盘上涨点位	大盘涨幅
2014年7月底至2014年10月底	核心区间5000亿元～1万亿元	2000点→2400点（第一浪）	20%
2014年10月底至2015年2月底	核心区间1万亿元～2.8万亿元	2400点→3400点（第二浪）	40%
2015年2月底至2015年6月中旬	核心区间3万亿元～5.5万亿元	3400点→5178点（第三浪）	超过50%

可以说，没有大盘资金量能一级高过一级的的持续急剧攀升，就不会有大盘价格相应地一浪高过一浪的持续急剧攀升。同样，上证指数的下跌，同样伴随着资金成交量的萎缩，随着资金离场、量能缩量，导致大盘指数下跌。

正所谓"量在价先"，在大盘趋势和顶底转折的背后，资金面是一个最敏感的指标，同时是投资者值得关注的一个核心指标。

顶底转折的神秘力量之四：大盘技术面

根据笔者多年的解盘、实盘经验，发出大盘顶底转折信号的主要是下面这些大盘的技术分析工具：

（1）大盘日线级别（含）及以上"MACD+RSI信号组合"的走势。

（2）大盘日线级别（含）及以上的均线走势。

（3）大盘日线级别（含）及以上的量价信号。

（4）大盘日线级别（含）及以上的多周期图（周线、月线、季线图等）。

（5）大盘日线级别（含）及以上的成分指数走势（上证50、沪深300等）。

（6）大盘日线级别（含）及以上的大盘底背离或大盘顶背离信号。

大盘MACD技术发出的顶底转折信号，如图5-5所示。上证大盘日线图上MACD指标在2015年6月15日当天出现快线（DIFF）死叉慢线（DEA），MACD指标在日线图上发出了至少是短期趋势转折的信号。

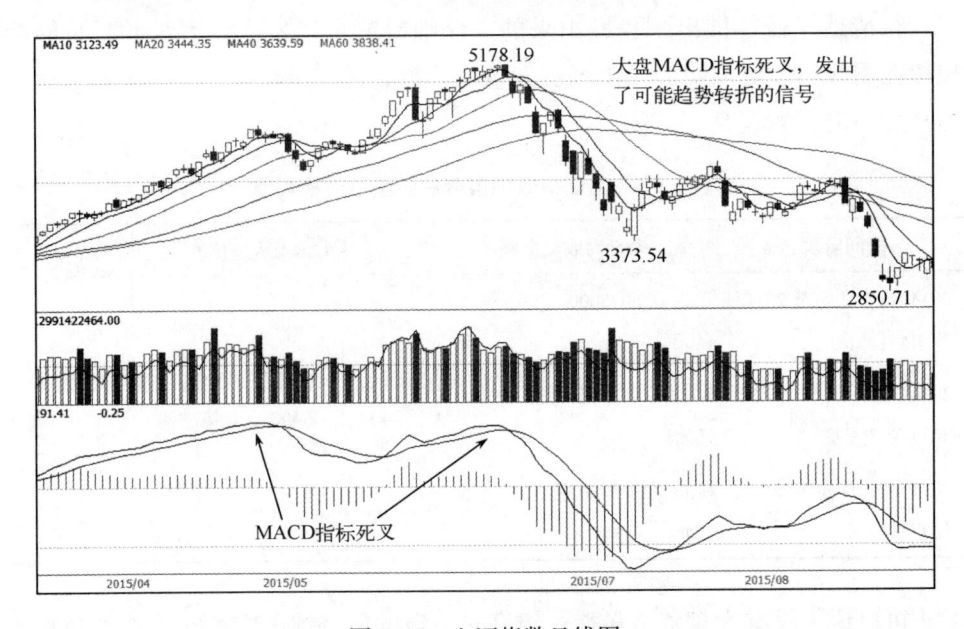

图5-5 上证指数日线图

大盘均线技术发出的中线顶底转折信号，5周线与10周线的交叉，是中线行情顶底转折稳定性较高的一个技术信号，如图5-6所示。

大盘周线级别以上图形，能给大盘中线、长线顶底转折提供更稳定的信号。比如，当大盘周线图连续下跌结束，在形成窄幅震荡底部的过程中，才是可以考虑抄底的时间窗口。如果大盘的5周线即使靠近，但没有金叉10周线，那表明市场给你的是一个短线行情，而不是中线行情，因为你的操作周期是建立在市场环境基础上的。

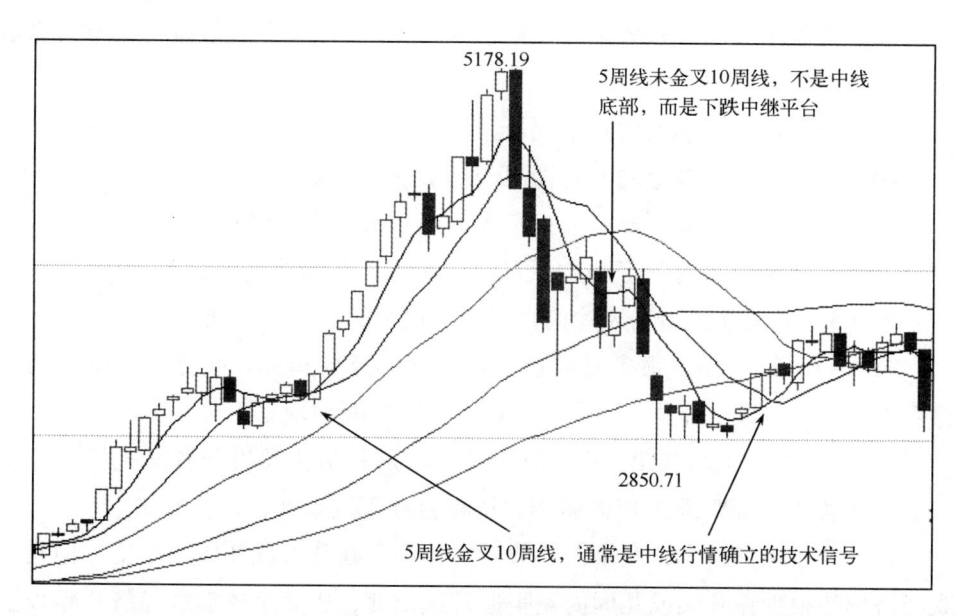

图 5-6　上证指数周线图

证券市场趋势与市场技术面的关系，是作用与反作用关系。证券市场博弈形成市场技术面，而市场技术面又反作用于证券市场。

有人会说大盘技术面没有多大用，其实大盘技术面作用非常大，而且对大盘的反作用同样大，这是因为：第一，资金操纵个股容易，操纵大盘极难，即使是手握几万亿资金的国家队，只能短期影响趋势或适应趋势，而无法改变市场长期趋势。第二，大盘技术面本身就是证券市场的重要组成部分，当我们说市场的时候，一定是打开大盘技术面开始说的。

顶底转折的神秘力量之五：市场情绪面

生动的市场情绪，往往是市场力量的直观和定性反映。

在或贪婪或恐惧的市场情绪面前，大盘技术面、公司基本面脆弱得不值一提，所以必须高度重视市场情绪面发出的信号。

市场情绪同样也在发出大盘顶底转折信号，我的实盘经验是重点关注这些市场情绪指标：

（1）近期个股涨停板数量与比重、涨幅在5%以上个股数量与比重等个股表现；

（2）近期个股跌停板数量与比重、跌幅在 5% 以上个股数量与比重等个股表现；

（3）近期两融余额的增减情况及其与历史高位、低位的比较；

（4）近期股票型基金的发行情况与历史高位、低位的比较；

（5）近期社会大众、非专业投资人的市场参与程度以及市场氛围。

上面，第（1）、（2）条直接反映了资金操作的情绪高低。

第（3）条反映了市场风险偏好程度、情绪的提升或降低。

第（4）、（5）条，很多时候是市场顶底的反向指标，基金发行圈内历来存在着基金"好发、难做""难发、好做"的怪圈和现象。

第（5）条的逻辑与第（4）条相同，区别只是普通投资者是把钱交给了专业投资者（基金管理人）去运作，还是自己直接入市，自己操作。

在证券市场实战中，股市的趋势转折，经常在几天或几周内发生，但是宏观经济形势很少在几天或几周内发生逆转或质变，毕竟全球宏观经济 8 年以上一个周期、黑天鹅事件也不常有。在实盘中判断趋势转折时，全球宏观面常态情形下，"五元监测系统"经常关注的是政策面、资金面、市场技术面、市场情绪面"四个核心单元"；而市场技术面、市场情绪面，可以看成是资金博弈的结果；由此，大道至简，决定趋势转折的两种常规力量，一种是：政策，另一种是：资金。

把证券市场这个事情说得深入了，显得有些复杂；不过大道至简，在通常情况下决定股市大盘趋势和顶底转折的关键要素，主要就是政策和资金这两种神秘力量。

第六章　判断板块顶底：
借助"四大推手"，
用好"MACD + RSI 组合"

板块热点或热门个股，是市场内部趋势的轮动，是赚钱的突破口。如果你没有抓住板块热点或热门个股，那么你可能无法盈利或者无法拿到丰厚利润。

当然，特别要警示的是，抓住板块热点或热门个股的稳健方法，绝对不是追高买入，而是提前埋伏，伏击主升浪。

《以交易为生》的作者亚历山大·埃尔德说过：了解汽车的结构，绝对有助于你的驾驶。

比尔·威廉斯说过：只有当你个人的根本结构与市场的根本结构完全契合时，盈利才会变成阻力最小的途径。

市场的根本结构决定着行情走势，是不以某个人意志为转移的。想要与市场共舞，唯一的办法就是有序调整自己的持仓结构，使之更好地与市场结构契合。

证券市场的内部结构，主要是板块组成以及板块轮动形成的板块热点，是市场的内部趋势，这就是我们经常说的"做股票要抓住板块热点"。

由于目前中国 A 股有 300 个数量级板块（各个软件编制的板块数量不同，板块数量有差别），市场综合指数（大盘）把 300 个板块的不同涨跌给"平均""对冲"掉了。当上证综合指数（大盘）横盘整理、窄幅震荡时，其中可能有 10 个左右板块涨幅在 1% 以上，多个板块涨幅在 2% 以上，其中每天的涨停个股多达 30 只，甚至 50 只；即使当综合指数（大盘）收盘小幅下跌时，其中可能有多个板块在上涨，当天的涨停个股也可能会有 10 多只、20 多只。

可能有部分投资者很少使用"板块热点"这个功能，两个简单步骤即可使用这个功能：

第一步，打开行情软件，敲击阿拉伯数字"94"；

第二步，看到"94 板块热点"字样后，把光标放上去，双击即可；或者看到"94 板块热点"字样后，直接按 Enter 键，即可使用这个功能。

在实盘中，既要看大盘指数涨跌，更要看懂板块轮动，抓住热点板块中的活跃个股，才能赚到钱；只有看懂板块轮动了，才叫看懂盘面、看懂市场了。

第一节 决定板块轮动的"四大推手"

在单边上涨的牛市行情中，资金蜂拥进入股市，市场在多数时候表现为板块普涨和个股普涨格局，个股涨多跌少，板块轮动效应相对并不明显。

而在震荡市或下跌市中，资金相对谨慎，与股票相比资金相对短缺，说穿了，钱不够，资金只有选择推动有限的板块，通过突破部分板块实现赚钱效应。于是，这些有限的板块便会在盘面上表现为板块热点，资金在把这些板块推到一定高度之后，资金部分或全部从当前的板块热点中撤出，再去选择推动另外的板块，于是便形成了新的板块热点，这样板块热点的此起彼伏、此消彼长，便在盘面上形成了板块轮动。

板块热点或热门个股，是市场内部趋势的轮动，同时是赚钱的突破口。如果你没有抓住板块热点或热门个股，那么你可能无法盈利或者拿到丰厚利润。当然，特别要警示的是，抓住板块热点或热门个股的稳健方法，绝对不是追高买入，而是提前埋伏，伏击主升浪。

决定板块轮动的第一个推手：政策

案例：人工智能板块。

在中国，政策对股市的影响非常大，政策对板块轮动的作用同样巨大，甚至可以看作是板块轮动的"第一推手"。即使当前的政策利好不能让板块内企业业绩及时受益，同样能催化板块上涨。

2017 年 3 月两会期间，国家第一次把人工智能写进了政府工作报告，人

第六章　判断板块顶底：借助"四大推手"，用好"MACD+RSI组合"

工智能板块应声上涨，从 2017 年 2 月下旬的 750 点涨至 3 月中旬的 830 点，涨幅为 10%，如图 6-1 所示。

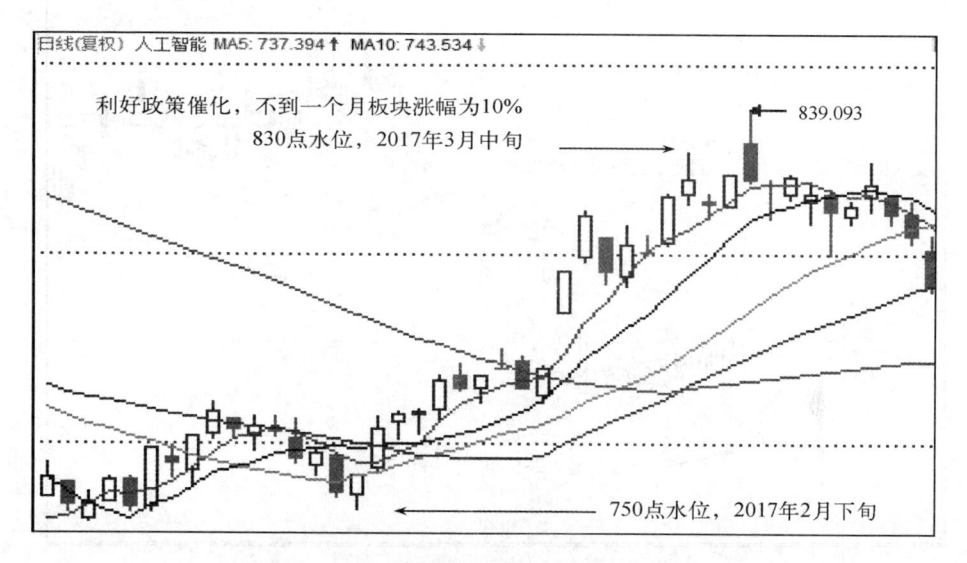

图 6-1　2017 年 3 月人工智能板块涨幅

2017 年下半年，国家再次把人工智能提高到国家战略的高度，决定抢占世界人工智能产业的制高点，并逐步在学校课程中增设人工智能内容。由于此次人工智能的定位高过上次，人工智能板块随后应声大涨，从 2017 年 7 月下旬的 660 点涨至 9 月上旬的 800 点，涨幅为 20%，如图 6-2 所示。

当然，政策对板块轮动的作用同样是两面性的，利好政策推动板块上涨，利空政策则压制板块上涨或者引发板块下跌。

决定板块轮动的第二种力量：题材或事件

案例：芯片替代板块。

2017 年 9 月中旬前后，一则华为新手机将在 10 月份上市的消息在大众朋友圈刷屏了，其中最大亮点是芯片麒麟 970 的关键部件 NPU 采用了来自中科院系人工智能公司寒武纪的 IP 指令集，这个事件或题材拉开了国产芯片替代进口芯片的产业序幕。

对应到二级市场上，芯片替代板块开始从 2017 年 9 月 18 日快速领涨，其风头压过了此前的热点板块人工智能，板块指数点位在短短 4 个交易日内从 1220 点上涨到 1330 点，如图 6-3 所示。

趋势转折的奥秘

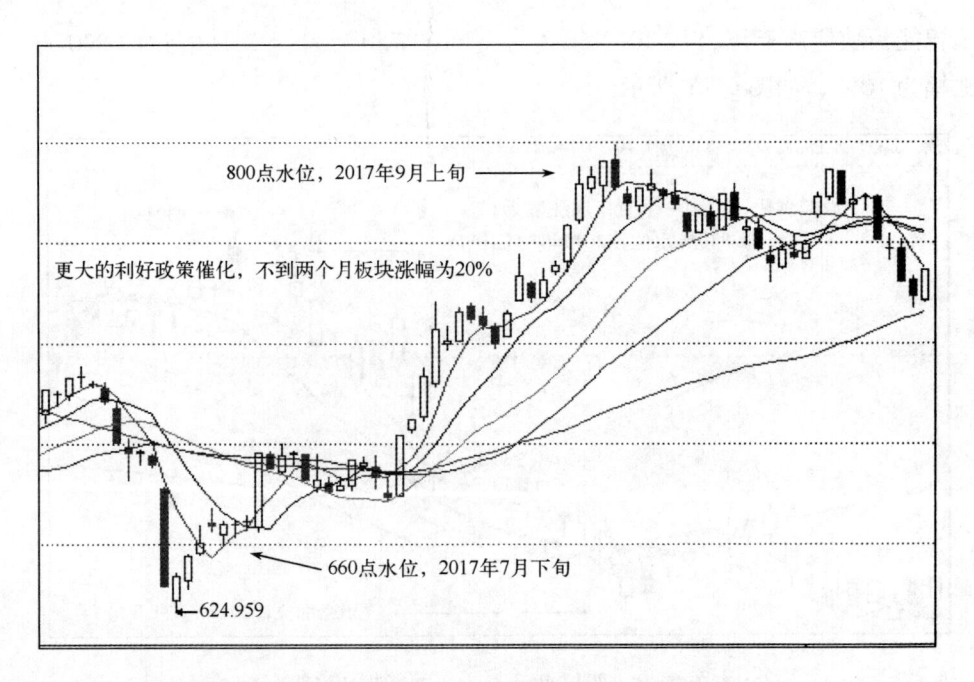

图 6-2 2017 年 7—9 月人工智能板块涨幅

图 6-3 芯片替代板块上涨

第六章 判断板块顶底：借助"四大推手"，用好"MACD+RSI组合"

其实，作为一个新生板块，芯片替代板块诞生在2017年7月中旬，尽管它一直在持续上涨，即使是业内人士也没有多少人重点关注这个板块。直到上面事件或题材的出现，芯片替代板块才既为专业人士所重视，又被广大投资者所知晓。

决定板块轮动的第三种力量：业绩

案例：钢铁板块受益于供给侧改革，带来业绩的质变。

2017年国家在钢铁、煤炭等行业大力推行的供给侧改革和环保督查，引发钢铁等行业和行业内的企业业绩发生了质变，有些企业不仅扭亏为盈，而且业绩预增十倍、百倍和千倍计；在业绩为王的今天，业绩的改善或暴增成为板块、个股指数上涨的催化剂。

图6-4为钢铁板块的走势图，2017年6月下旬当市场得知钢铁行业业绩明显改善时，钢铁板块指数开始缓慢上涨。7月份之后，业绩改善得到财报确认后，钢铁板块开始快速上涨，从2017年6月下旬的1120点涨至9月上旬的1620点，短短两个多月板块涨幅超过40%。

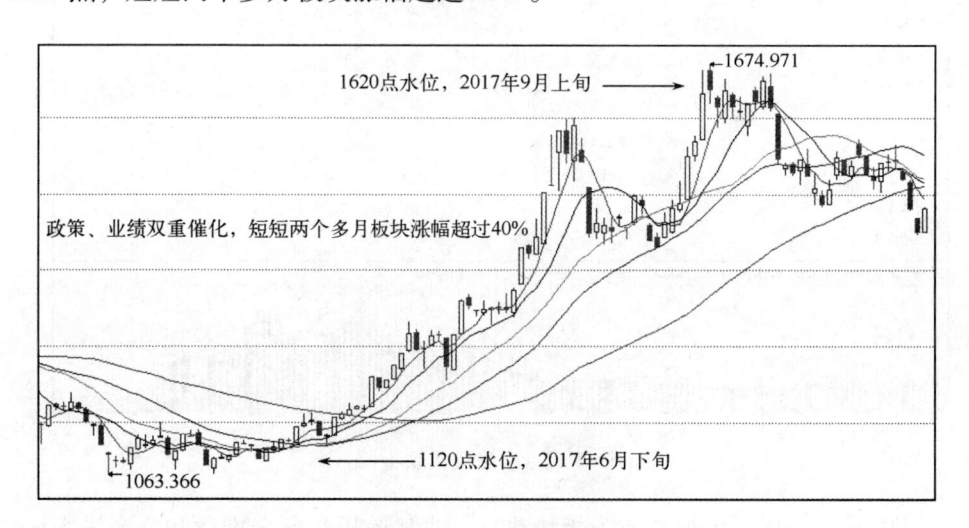

图6-4 钢铁板块涨幅

决定板块轮动的第四种力量：资金

案例：芯片替代板块。

某一个板块指数价格节节攀升的背后，对应的是资金的节节攀升。

图6-5是芯片替代板块的走势图。由于芯片替代是2017年下半年新出现的超级热点题材，很容易被轮动炒作，该板块休整几个交易日后又进入了轮动热点。

板块指数从8月11日的1020点水位涨至8月21日的1060点水位，这一波上涨的5日成交均量核心区间在27亿元~44亿元。

板块指数从8月25日的1060点水位涨至9月7日的1200点水位，这一波上涨的5日成交均量核心区间在38亿元~95亿元。

板块指数从9月15日的1200点水位涨至9月21日的1330点水位，这一波上涨的5日成交均量核心区间在85亿元~135亿元。

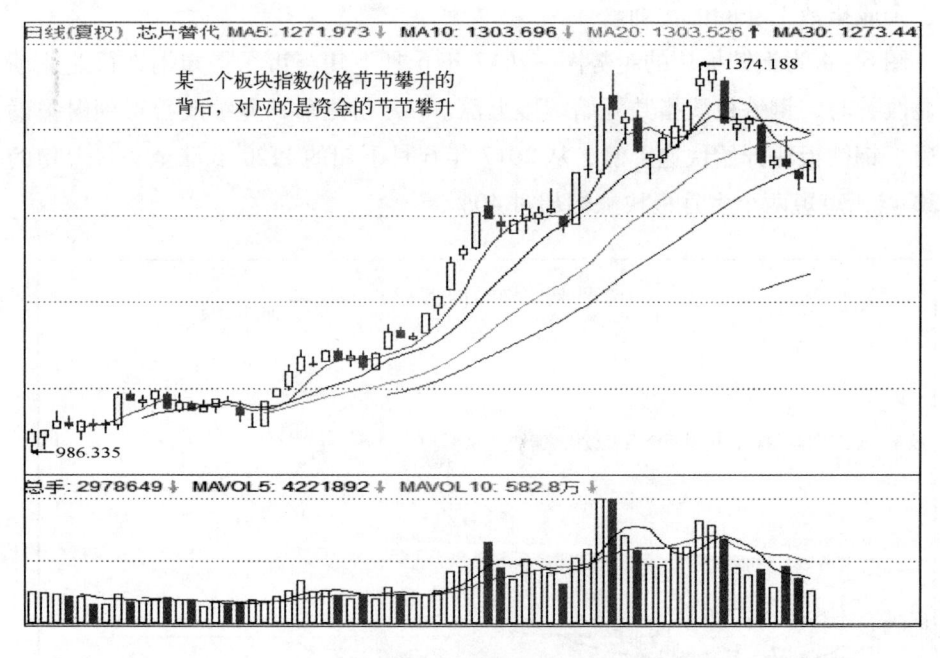

图6-5 芯片替代板块上涨

可以看出，某一个板块成为板块热点，直接前提是资金推动和资金进入该板块。如果某一个板块要想持续成为轮动的板块热点，板块指数一浪高过一浪，在高位持续成为板块热点，最直接的前提是更高量级的资金分批进入该板块，比如上面持续成为板块热点的芯片替代板块。

第二节 板块顶底的技术信号："MACD + RSI 信号组合"

作为技术信号,"MACD + RSI 信号组合"同样适用于判断板块顶底。

图 6-6 和图 6-7 是白酒板块走势图,首先看"MACD + RSI 信号组合"对于板块底部的指引作用。2017 年 5 月 17 日,白酒板块的 MACD 快线 DIFF 金叉慢线 DEA,发出了底部买入信号,此时如果观察白酒板块的 RSI 指标会发现,MACD 指标金叉之前的 5 月 11 日和 12 日 RSI 指标数值在 20 附近,是更低的买点(随后 RSI 指标有可能继续走低,5 月 11 日和 12 日是更低的买点但风险更大)。

此时使用"MACD + RSI 信号组合"在板块底部介入的稳健做法是:在 RSI 指标进入超卖区后可以考虑开设观察仓,先关注目标品种,随着 RSI 超卖指标的继续走低可以考虑加仓(当 RSI 超卖指标为个位数时,风险更小),然后在 MACD 指标金叉之后逢低重仓,追求高胜率。

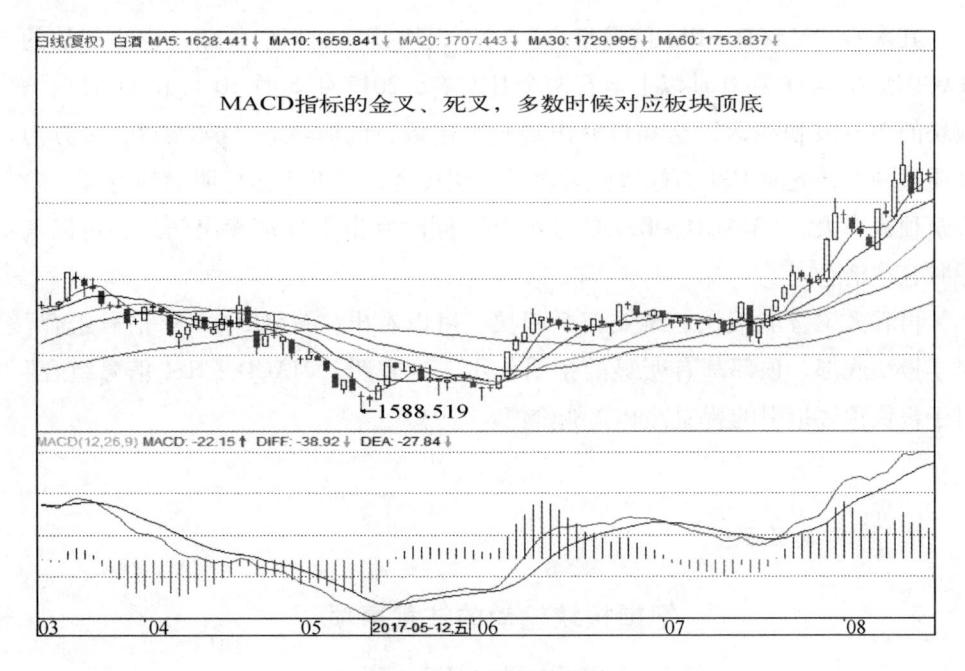

图 6-6 白酒板块指数

趋势转折的奥秘

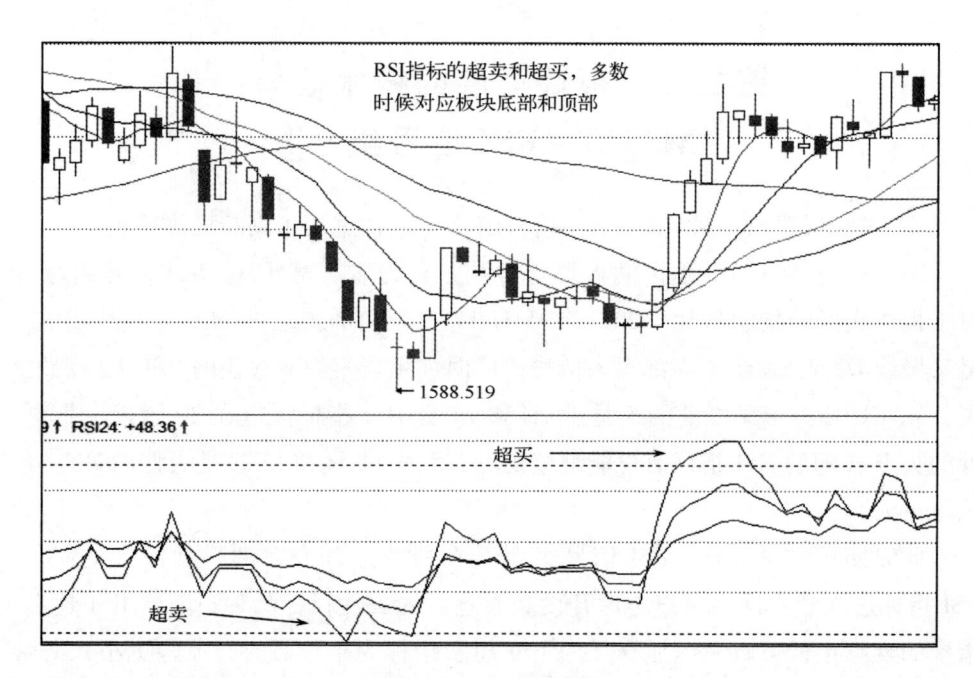

图中标注：
- RSI指标的超卖和超买，多数时候对应板块底部和顶部
- 1588.519
- RSI24: +48.36
- 超买
- 超卖

图 6-7　白酒板块指数

其次看"MACD + RSI 信号组合"对于板块顶部的指引作用：白酒板块的 MACD 快线 DIFF 在 0 轴以上运行两个月左右，2017 年 8 月 10 日和 11 日白酒板块的 MACD 快线运行至高位后出现走平迹象，同时红柱再次缩短，多方力量明显减弱，此时 RSI 指标数值多次进入超买区，且 RSI 指标明显顶背离，阶段筑顶概率大。"MACD + RSI 信号组合"同时发出了顶部卖出信号，可以考虑减仓或清仓。

再看人工智能板块、雄安新区板块，可以看出"MACD + RSI 信号组合"对于板块底部、顶部都有明显的指引作用。这表明"MACD + RSI 信号组合"对于板块顶底指引的普遍性和实战价值。

实盘经验

把握板块轮动的注意事项

板块顶底的判断，有助于把握板块热点和板块中个股的轮动效应。值得注意的是，对于流通盘比较小的板块，"MACD+RSI 信号组合"对于板块顶底指引的胜算概率可能要比判断大盘顶底的概率低，或者说低很多，其背后主要原因是板块与大盘相比，小板块更容易被大资金、主力资金合力操控。

第三节 把握板块轮动的三个实战经验

实战经验 1：埋伏等待为上，到低涨幅行列中布局潜力板块

提前埋伏、底部吸筹，是大资金的主流进场模式。

大资金提前布局的板块，一般会首选行业稳定增长的低涨幅板块，比如在线旅游板块。

如图 6-8 所示，笔者 2017 年 9 月中旬统计的低涨幅板块，统计数据告诉我们，在线旅游板块 2017 年涨幅仅为 0.61%，2638 点至今涨幅为 -5.17%，但在线旅游属于稳定增长的旅游行业中的快速增长板块，属于典型的行业稳定增长的低涨幅板块，于是成为大资金提前埋伏的板块。

板块名称	17年涨幅	2638点至今
11 通信服务	-19.05%	-10.85%
12 金融IC	-13.97%	-10.52%
13 传媒	-14.18%	-8.96%
14 足球概念	-16.01%	-8.59%
15 计算机应用	-13.08%	-8.27%
16 互联网彩票	-20.27%	-7.70%
17 云计算	-9.63%	-7.27%
18 二维码识别	-7.92%	-7.26%
19 在线旅游	+0.61%	-6.54%
20 债转股	-3.88%	-5.17%

图 6-8　2017 年 9 月中旬的部分低涨幅板块

大资金底部布局、底部吸筹结束之后，剩下就等着催化剂出现后的适时拉升了。

众所周知，"金九银十"是旅游业的当然旺季。从图 6-9 中可以看出，大资金从 5 月 26 日当周至 8 月 11 日当周近 3 个月的时间内埋伏在线旅游板

块，并在"金九银十"来临之前的 8 月 18 日当周突破底部吸筹箱体，正式向上大幅拉升、突破。

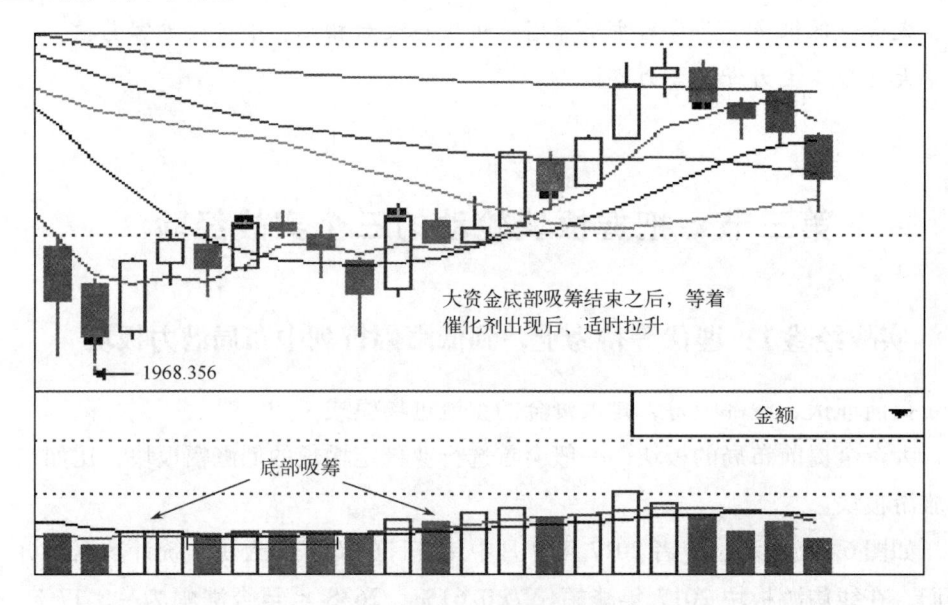

图 6-9 在线旅游板块

在线旅游板块中，中国国旅、凯撒旅游等已经被大资金提前布局，于是成为涨幅较高的领涨品种。

大资金提前布局的板块，还可以是政策即将催化，即将打开市场想象空间的板块，比如 5G 通信板块，等等。

实战经验 2：寻找扩散主线，根据辐射效应挖掘潜力板块

（1）扩散主线之一：内部扩散，在同一个产业链上下游之间扩散。

案例：板块热点从人工智能向芯片替代的辐射。

2017 年中国股市最热的一个板块无疑是人工智能，在人工智能板块涨幅过大时，新上市华为手机芯片麒麟 970 的关键部件 NPU 采用了来自中科院系人工智能公司寒武纪的 IP 指令集，这拉开了国产芯片替代进口芯片的产业序幕。对应到二级市场上，场内资金的追捧品种随即亦从人工智能板块顺着同一个产业链向上游延伸至芯片替代板块。

2017 年 9 月 7—14 日，人工智能板块见到阶段高点后，开始筑顶，如图 6-10 所示。

第六章 判断板块顶底：借助"四大推手"，用好"MACD+RSI组合"

[图表：人工智能板块指数K线图，标注"624.959"及"2017年9月7—14日，人工智能板块开始筑顶"]

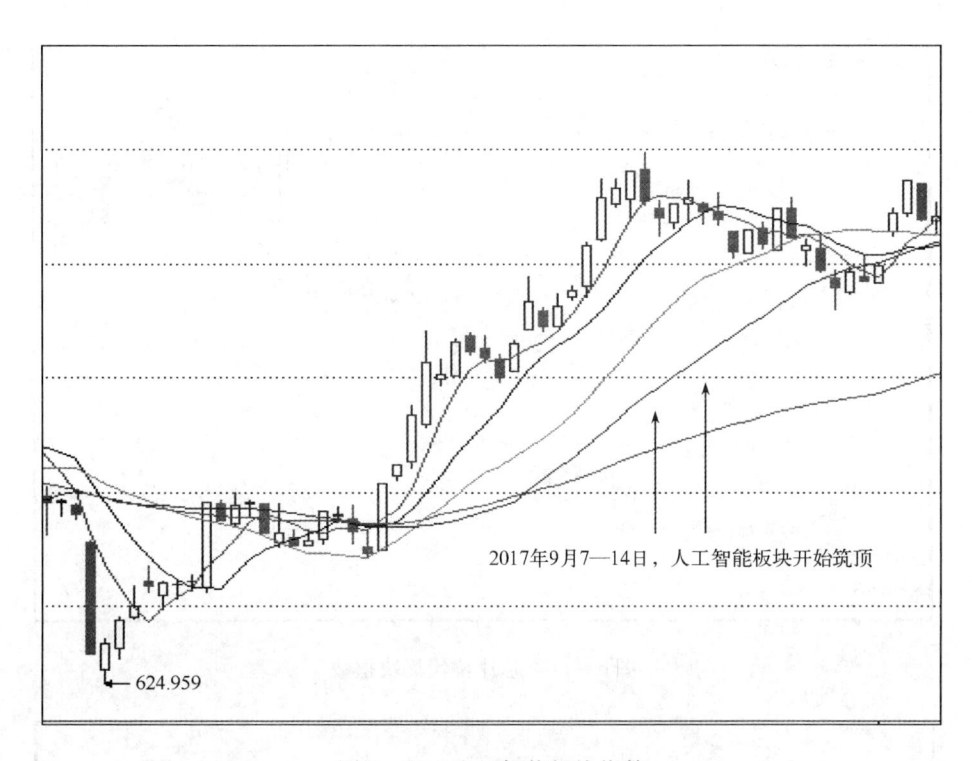

图 6-10 人工智能板块指数

芯片替代板块在构筑一个短暂的阶段顶部后，板块热点在同一个产业链内部由人工智能板块向上游延伸至芯片替代板块，2017年9月18日芯片替代板块开始快速领涨，如图 6-11 所示。

（2）扩散主线之二：外部扩散，向行业之外具有相同产业属性的板块扩散。

案例：科技股的热点效应，从人工智能板块向 5G 通信板块扩散。

2017 年，科技股是中小创中贯穿全年的最热的一个投资主线。当科技股的板块龙头人工智能板块炒到高位后，大资金把目光锁定在人工智能行业之外的一个同样具有科技属性的板块：5G 通信板块。

如图 6-12 所示，大资金从 7 月 17 日前后至 8 月 24 日 3 个多月的时间内埋伏 5G 通信板块，并在 9 月 20 日当天突破底部吸筹箱体，正式向上大幅拉升、突破。

当然，大资金选中 5G 通信板块，是因为 5G 通信板块是"科技股＋政策持续催化＋产业变革预期＋低位滞涨"四个主线叠加的稀缺板块。

趋势转折的奥秘

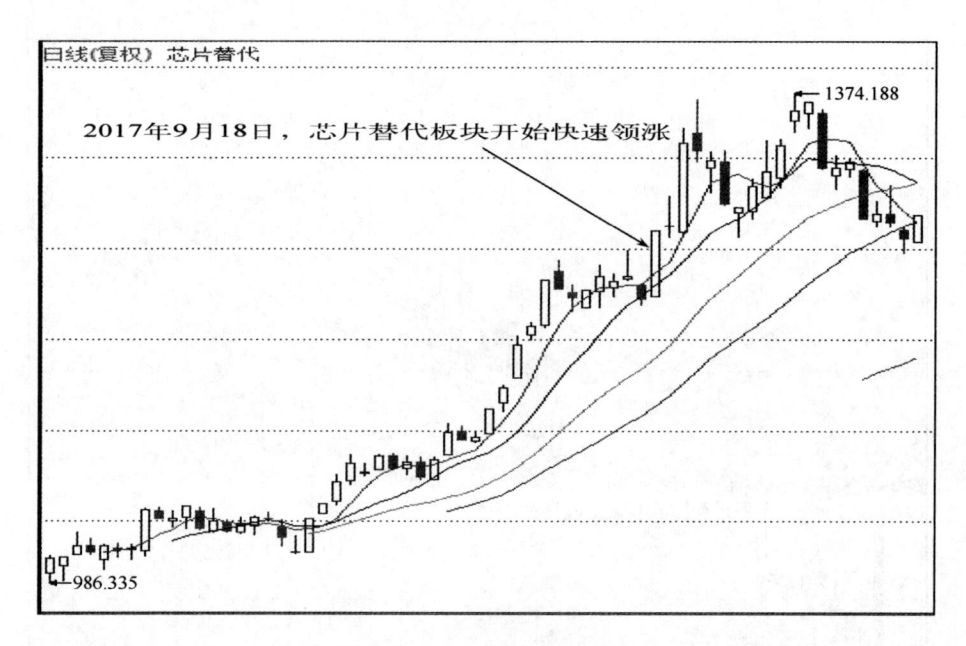

图 6－11　芯片替代板块指数

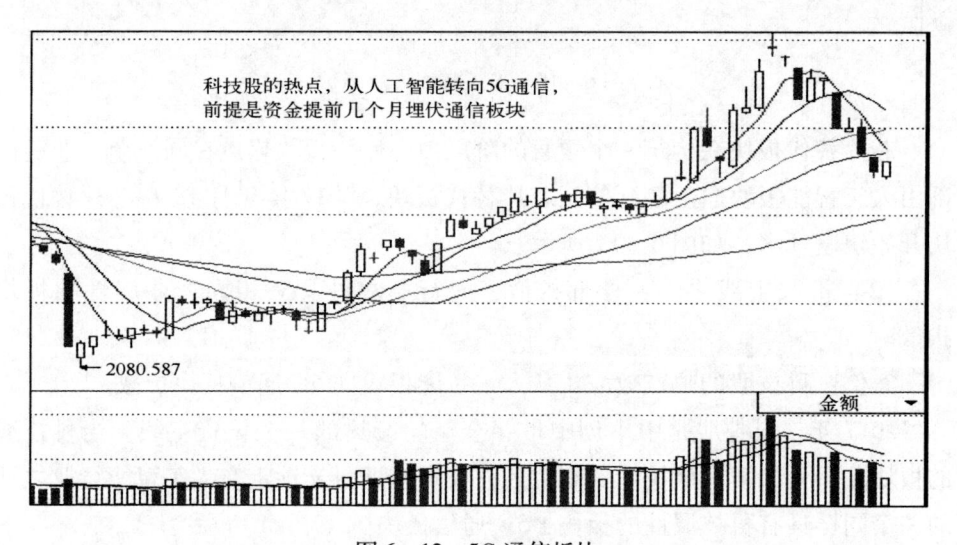

图 6－12　5G 通信板块

在 2017 年 9 月中旬统计的低涨幅板块的统计数据可以得出：5G 通信板块 2017 年涨幅为 －14.34%，2638 点至今涨幅为 1.19%，板块滞涨同时意味着未来板块补涨、上涨的空间更大，如图 6－13 所示。

笔者认为，5G 通信板块是至少未来 5 年存在着政策持续催化空间的科技

第六章 判断板块顶底：借助"四大推手"，用好"MACD+RSI组合"

	板块名称		17年涨幅2638点至今
31	基因测序		-10.60%	-1.26%
32	王者荣耀		-1.25%	-1.25%
33	网络游戏		-11.38%	-1.08%
34	公交		-27.10%	-0.57%
35	职业教育		-16.07%	-0.51%
36	马云概念		-4.27%	+0.18%
37	物联网		-8.13%	+0.72%
38	车联网		-4.40%	+0.83%
39	4G5G		-14.34%	+1.19%
40	股权转让		-14.36%	+1.77%

图 6-13　5G 通信板块滞涨

板块。当然，大资金把 5G 通信板块推至和芯片替代同样热度的位置，同样是因为 5G 通信板块是滞涨、低位板块。

实战经验 3：埋伏滞涨品种，把握强势板块内部轮动机会

即使同为一个板块，既有领涨品种，也有滞涨品种；而滞涨品种中还有不少是优质公司。

比如，白酒板块是每年三、四季度经典的强势板块，一般都会有不错的涨幅。白酒板块中的一线品种五粮液、泸州老窖等，在前段上涨时率先上涨，在 2017 年 8 月 10 日触及阶段高点后，一直在高位盘整，到 2017 年 9 月底一直没有突破 8 月 10 日的前期高点，如图 6-14 所示。

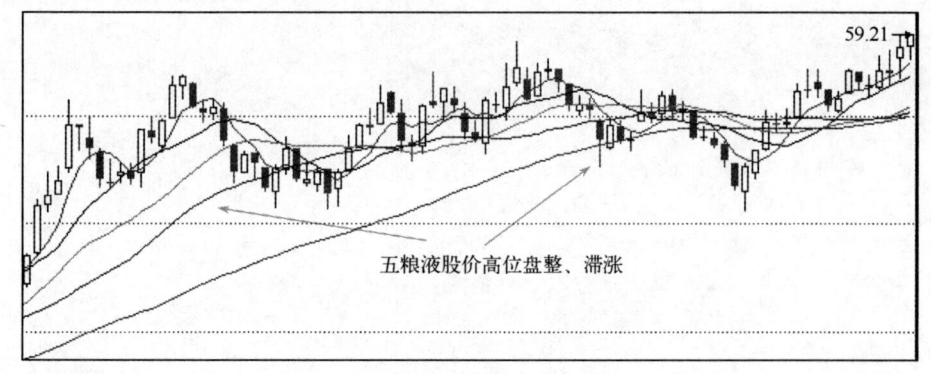

图 6-14　五粮液日线图

95

趋势转折的奥秘

而白酒中的二线品种山西汾酒,是众所周知的优质公司,其股价与一线品种的走势不尽相同。当五粮液、泸州老窖这些品种在 2017 年 8 月 10 日至 9 月底一个多月高位盘整时,汾酒股价却从 2017 年 8 月 10 日的收盘价 46.93 元,涨至 2017 年 9 月底的 56.42 元,涨幅为 20%,如图 6-15 所示。

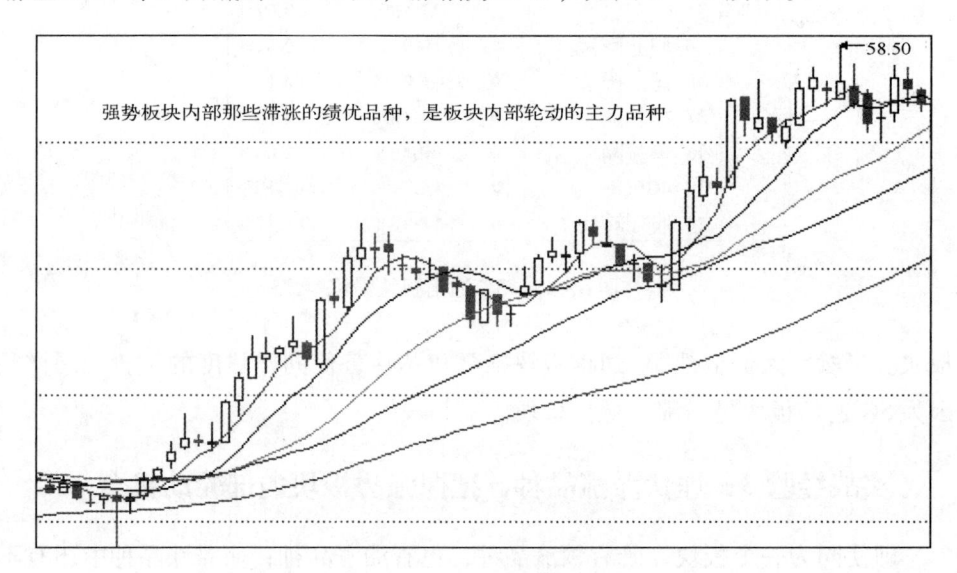

图 6-15 山西汾酒日线图

在一个强势板块内部挖掘那些滞涨的绩优品种,是一个比较稳健的选股思路。

个股篇

个股趋势转折

【看懂个股顶底，三大战法吃定主升浪】

现金是资产配置权，而证券是价格波动权，投资者只有经过市场锤炼之后认识到自己在投资中的长处和不足（"知己"），同时懂得了证券市场的基本规律（"知彼"），才能在股市主升浪中完成"现金→证券→现金"的"惊险跳跃"，持续实现财富保值增值。

第七章　解套战法：夺回投资主动权

被套是果，买点是因。如果你的账户内出现了浮亏20%以上的股票，那表明你在两方面存在严重问题：你的买点，存在严重问题；你的止损，同样存在严重问题。

只有当你不被套时，你才掌握了投资的主动权，才真正迈开了财富稳健增长的第一步。

第一节　被套众生相：三类被套者，你是哪一类

笔者在与投资者互动过程中发现，被套者按照浮亏程度可以分为浅度被套者、中度被套者和深度被套者三类。

第一类人：浅度被套者

被套程度：较浅，10%以内

被套时间：几天或几周

可能的解套时间：几天或几周

第二类人：中度被套者

被套程度：10%～30%

被套时间：几周或几个月

可能的解套时间：几周或几个月

第三类人：深度被套者

被套程度：非常深，30%以上
被套时间：几个月或几个季度
可能的解套时间：几个月或几个季度

第二节　被套的六大后果

被套后果很严重，弱小散户伤不起，机构投资者更伤不起。

被套后果1：浮亏

【资金产生了浮亏，丧失了投资的主动权】
浮亏后的两难选择：
如果选择割肉：很多人下不了手，且不会止损；
如果选择不割肉：资金动不了，投资者失去了投资的主动权。

被套后果2：赔钱

【割肉后亏损变成了现实，给收回本金和资产增长加大了难度】

被套后果3：被套程度从浅套变为深套

【如果买点高则很容易从浅套变成深套，不断滑向深渊】
主动型深套：散户浮亏后主动"不管它了"。身边发生的真实案例：资产100万不断缩水，一搁一年、甚至几年；账户内资产市值：100万→90万→70万→50万→30万。
被动型深套：一直想解套，犹犹豫豫，总难解套。

被套后果4：解套很难

【解套时欲望和解套目标不断加码，导致难以解套或者坐过山车】
解套时欲望不断加码：如果浮亏50%，解套目标从浮亏20%上升到浮亏10%，上升到收回本金，再上升到盈利10%，但是个股上涨不一定给你不断加码的机会，导致解套很难。

被套后果5：赔了时间

【赔了时间，即相当于赔钱，降低了资金效率，失去了在其他股票上赚钱的机会】

被套后果6：赔了信心

【打击了自己的信心：我是否适合做股票？我的交易体系是否值得依靠？当然同时赔了心情，股票被套后、心情很难好起来】

> **实盘经验**
>
> ## 告别被套，须牢记四条金句
>
> 被套后果很严重；告别被套，笔者总结了四条实盘金句，请牢记：
>
> 实盘金句1：股票一旦被套，就丧失了投资的主动权。
>
> 实盘金句2：宁可踏空，不能被套；宁可错过，不能做错。
>
> 踏空了、错过了，还有下一只、下两只，而一旦被套了，则面临着以上六种严重后果。
>
> 实盘金句3：与其在浮亏中等待，不如拿着现金等合适买点。
>
> 实盘金句4：买点是等来的，不是追来的，等待是投资的最高境界。

第三节　被套原因查明！买股须杜绝这6种冒险姿势

冒险姿势1："珠穆朗玛峰"上买股

冒险定性：最恐怖的冒险姿势。

冒险后果：可能深度被套，被套时间可能长达半年、甚至一年以上。

有朋友在 2016 年 12 月 21 日问我：想买四川双马，多少价位买？

我看了一下，12 月 21 日时四川双马股价在 32～34 元之间，在该价位买入该股、不排除能挣点钱的概率，但风险远远大于收益。

四川双马已经从底部横盘时的 6 元涨到了最高的 42 元，这位朋友要买入的不是涨了 30%、50% 的股票，而是要买入一只短期内涨了 600% 以上的妖股，如图 7-1 所示。

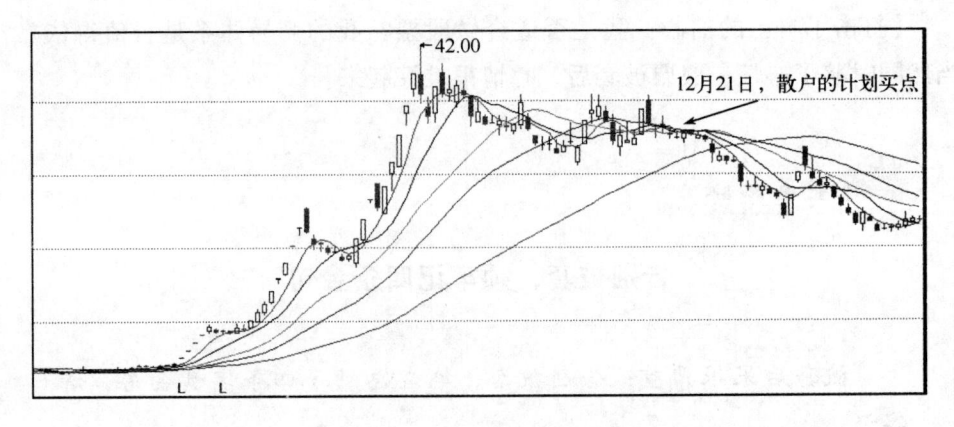

图 7-1 四川双马日线图

这已经不是"在高山上"买股了，而是在"珠穆朗玛峰"上买股了，太恐怖了。

随后，四川双马股价逐级下跌，至 2017 年 10 月 20 日的 21.65 元，比 12 月 21 日的价位跌了 30% 左右。

冒险姿势 2："高山上"买股

冒险定性：极其恐怖的冒险姿势。

冒险后果：可能深度被套，被套时间可能长达几个月、甚至半年以上。

有朋友问我：想买中国建筑，股价从 11 块多回调到 9 块多了，多少价位买？

我说，"别买，风险大"，随后没有几天，中国建筑股价又回调到了 8 块多。

中国建筑股价，已经从底部的 5 元钱，最高涨到了 11.45 元，短短半年时间翻了一倍多，可以说股价已经涨到了"高山上"，如图 7-2 所示。

此时，"高山上"买股，短、中长线趋势都不确定，风险极大。

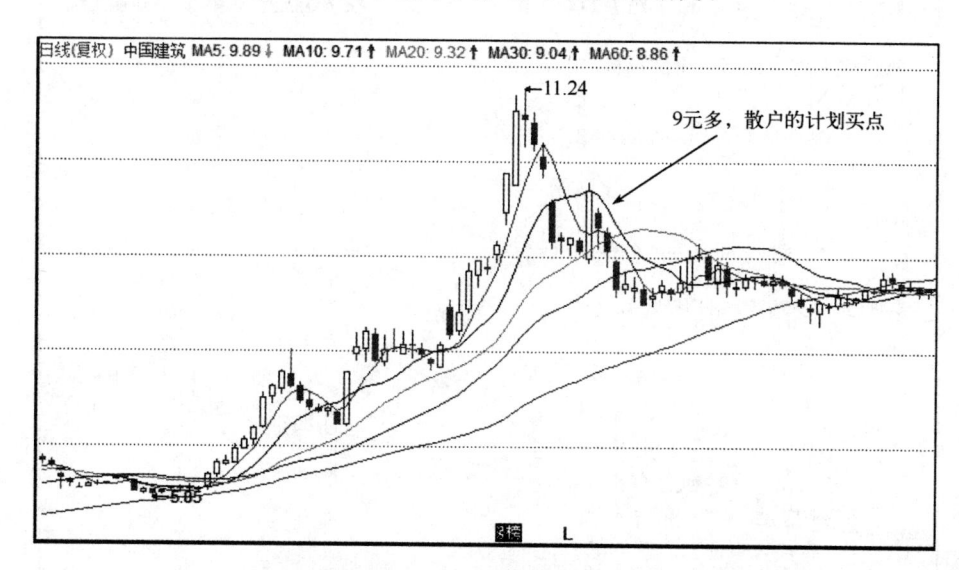

"高山上"买股，深度套牢概率大，你不站岗谁站岗？

图7-2 中国建筑日线图

冒险姿势3："半山腰上"买股

冒险定性：非常恐怖的冒险姿势。

冒险后果：可能深度被套，被套时间可能长达几个月。

有朋友告诉我："九块多（2016年12月12日）买的蓝光发展"。

我看了看，这位粉丝基本是在第二个涨停板位置买入的，可以说是在"半山腰上"买股，如图7-3所示。

"半山腰上"买股，事后看有些股票涨上去了，但是相当一大部分股票是跌下去了。

我经常说一句话："把K线图的右边挡住，你不知道右边的K线会向上还是向下，不要一厢情愿地总认为K线图的右边是馅饼，而要保守地想到右边可能是陷阱，这样被套的机会就会很少"。

冒险姿势4："涨停板上"买股

冒险定性：非常可怕的冒险姿势。

冒险后果：可能深度被套，被套时间可能长达几个月。

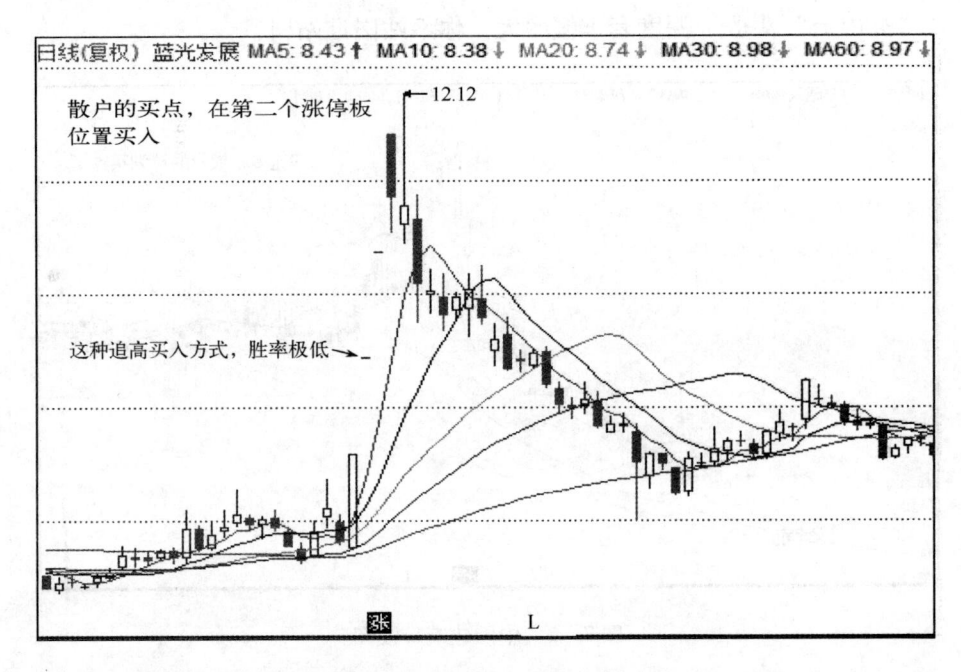

图 7-3 蓝光发展日线图

上面那位买入蓝光发展的粉丝,是在第二个涨停板位置买入的,直到今天,在第一个涨停板位置追涨买入的,还大有人在。

中基健康在 2016 年 8 月 16 日拉出底部的第一个涨停板,随后把股价打下来,底部继续震荡两个月,直到 10 月 26 日才开启主升浪,如图 7-4 所示。

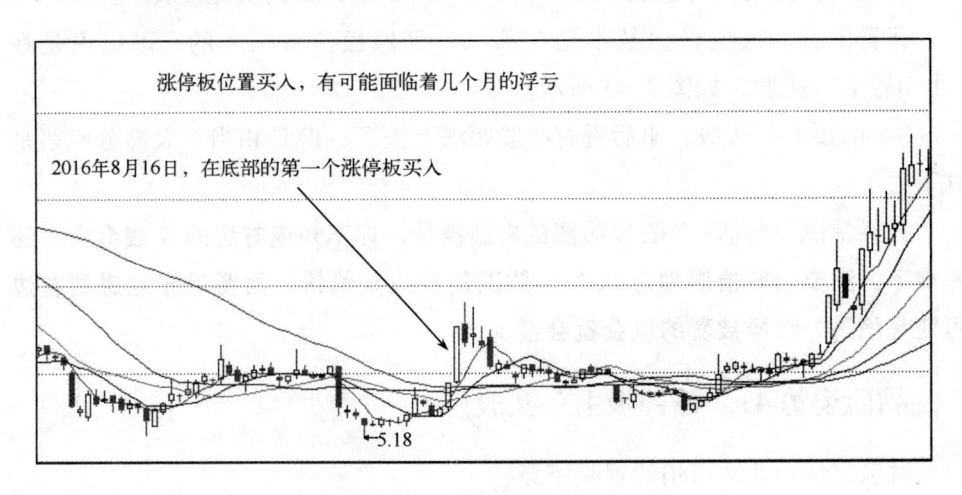

图 7-4 中基健康日线图

请问，当散户的股票浮亏时，有多少人会等待两个月甚至更长时间呢？大部分散户会在短期内选择割肉离场。当你割肉离场之后没有多长时间，主力开始启动主升浪了。

传统的抓涨停板战法认为：当个股在底部长期横盘时，第一个涨停板大多数时候是个股主升浪的开始。但是现在主力操盘的手法越来越老练了，他们吃透了散户的心理，知道很多散户会在第一个涨停板上追涨买入，于是变换了手法。第一个涨停板很多数时候不是个股主升浪的开始，而是试盘，然后再把股价打下来，让追涨停板买入者浮亏一、两个月，甚至更长时间。

冒险姿势5："追涨"买股

冒险定性：非常不合算的冒险姿势。

冒险后果：可能被套，被套时间可能达几周、甚至一两个月。

"追涨"买股的风险和追涨停板买股的风险一样，只是追涨买入的涨幅不同，"追涨"买股的幅度在3%～10%之间。在笔者的交易纪律中，涨幅3个点以上原则上就不能再追了。

有的投资者会问：涨幅3个点，为啥就不能追了？后来还涨那么高呢。错了，后来涨那么高的股票，只是少数；后来涨高了，那是后来，如果后来跌下去了呢？

有些散户可能不在乎追涨6、7个点买入，但实盘经验多的人知道，很多底部横盘个股，在底部时每天1、2个点的窄幅震荡、持续几个月是常有的事情，浮亏6、7个点，被套几个月，你受得了吗？

"追涨"买股的冒险后果：可能被套，被套时间可能达几周、甚至一两个月。

冒险姿势6："强势股回调"买股

冒险定性：非常不靠谱的冒险姿势。

冒险后果：可能深度被套或浅套，被套时间可能较短，也可能较长。

当前证券投资这个行业里仍然流行一种"强势股回调"买入法，认为强势股回调到20日均线或30日均线就不往下打了。

这同样是非常不靠谱的冒险姿势，原因是：

第一，所谓的"强势股回调"，在它后来回到强势上涨通道之后，才能称为"强势股",很多个股回调之后没有回到上涨通道。

第二,所谓的"回调位置",有些的确是回调到 20 日或 30 日均线,但有些回调到 60 日均线,甚至更深。而且一旦你上规模的资金介入了"强势股回调",且买入手法不专业,计划搭主力的车,主力发现之后改变了操盘计划,开始往下砸了,大概率继续回到底部横盘震荡几个月。

广大投资者朋友,对照以上 6 种冒险姿势,看看你中招了没有?

当你被套,尤其是被深套时再来问我,那就太被动了。

我愿意帮助朋友们解套,但我更希望朋友们不被套、尤其是不被深套。

这 6 种常见的被套原因已经查明,希望朋友们在买股前一定要牢记,坚决杜绝这 6 种冒险的买股姿势。

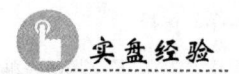

实盘经验

追高买股的三条实盘感悟

感悟1:追高买股是技术含量很高的活儿,能持续实现高胜率的人是极少数。

要站在概率的高度来看待追高买股,追高买股一两次赚到钱,没有多大意义;如果你追高买股 10 次,能实现 7、8 次以上的胜率,才有较大意义。交易的核心是胜率,没有高胜率,追高交易是没有意义的。

感悟2:追高买股方法不适合大资金,不是大资金的主流进场方式。

当大资金在高位追高买入后,很容易成为主力资金的对手盘,短期内向下砸股价是大概率事件。

感悟3:追高买股适合有较大盈利底仓的投资者使用,但一定要限制追高买入的仓位。

比如,某位投资者在底部重仓某股,当该股盈利 10% 左右时,可以在高位回调时加仓,但加仓仓位最高以不超过原有仓位为宜;加仓之后,该投资者还实现盈利 5% 以上,这叫盈利增仓法。

第四节 给三类被套者量身打造的解套方案

第一类人：给浅度被套者的解套方案。

被套程度：较浅，10%以内的解套方案，如表7-1所示。

表7-1 给浅度被套者的解套方案

买点位置	买点性质	解套策略建议
个股历史性底部 横盘附近	底部位置	多数时候属于短期浮亏，坚定持有，无须解套
个股最近一个主升浪的"半山腰"位置	中部位置	成本价附近或逢高在10%浮亏缩小时，坚决止损；换阶段底部股票，换股解套
个股最近一个主升浪的"山顶上"位置	高位	不苛求在成本价附近解套，逢高在10%浮亏缩小时，坚决止损；换阶段底部股票，换股解套

第二类人：给中度被套者的解套方案。

被套程度：10%～30%。

第三类人：给深度被套者的解套方案。

被套程度：30%以上。

给中度和深度被套者的解套方案，如表7-2所示。

表7-2 给中度和深度被套者的解套方案

个股现在位置	解套策略建议
个股处于下跌后半段	如果有反弹，反弹至前一个平台压力位、坚决止损；换底部筑底至后半段的股票，换股解套
个股处于下跌中途	如果有反弹，反弹至均线或压力位、坚决止损；换底部筑底至后半段的股票，换股解套
个股从顶部高位开始下跌	如果有反弹，反弹至前期高点压力位附近、坚决止损；换底部筑底至后半段的股票，换股解套

如果你的账户内出现了浮亏20%以上的股票，那表明你在两方面存在严重问题：

你的买点，存在严重问题；

你的止损，存在严重问题。

第五节　换股解套的 6 个实盘经验

解套逻辑 1：被套是果，买点是因。

解套逻辑 2：优先换上低位且"在买点"的股票，换掉"不在买点"的股票。

这是因为：没有不好的股票，只有不好的买点；即使是绩差股甚至是 ST 股，都有好买点。

我的一个主要解套思路是：换股解套，换上那些买点更好，盈亏比更高的股票。

在实战中，笔者积累了以下 6 个实盘经验。

经验 1：留住低位股，换下高位股

低价股一般容易被市场忽视，投资价值往往被市场低估，而且低价股由于绝对位低，进一步下跌空间有限，风险较低。如果是从高位深跌下来的低价股，因为离上档套牢密集区较远，具有一定涨升潜力。而高价股本身的价格就意味着高风险，使高价股面临较大调整压力，所以，换股时要换掉高位股，留住低位股。

经验 2：留住绩优股，换掉绩差股

业绩是股价的支持和保证，没有业绩支撑的个股将会不断探索股价的下跌空间。

经验 3：留住价值低估股，换掉价值高估股

价格围绕价值波动，低估值股票由于相对价低，进一步下跌空间有限，风险较低。而高估股票价格本身存在下调需要，风险较大。

经验 4：留住有潜在题材股，换掉题材兑现股

市场中经常传一些朦胧题材，至于是否真实并不重要，只要能得到投资大

众的认同，股价常有喜人的表现。可是题材一旦明朗或兑现，炒作基本宣告结束了。所以，换股时，要注意选择一些有潜在朦胧题材的个股，不必选利好已经兑现的个股。

经验5：留住强势股，换掉弱势股

弱势股的特征：如果大盘调，弱势股就随着大盘回落，跌幅往往超过大盘；如果大盘反弹，弱势股即使跟随大盘反弹，其力度也较大盘弱。所以，投资者一旦发现自己手中持有的是这类弱势股，无论是被套还是获利都要及时清仓，另选强势股。这样才能有效保证资金的利用率。

经验6：留住小盘股，换掉大盘股

小盘股因资产重组成本低等原因容易被更多的庄家选中控盘。从而使小盘股股性较活，走势常常强于大盘。所以，当股市"小盘股效应"比较明显时，可以考虑换大留小，增加小盘股的配置是跑赢大势和手中滞涨股的首选品种。

第八章 抄底战法：中线抄底胜率高

"短线要命，中长线是金"——实盘时间越长，你才会在残酷的现实面前认同这个道理。

短线盈利的难点，在于短线盈利的胜率难以提高，甚至说是很低的。如果投资者短线交易的胜率很高，那他一年的收益率就不应该是百分之几十，而应该是百分之几百。现实中，一年实现几倍收益的短线交易者极为罕见，就证实了短线交易者的胜率不高，无法持续赚钱。

第一节 "中长线是金"：成功掘金"三部曲"

操作周期是股票投资者需要面临的一个重要问题，那么到底是短线、中线好，还是长线好呢？

对于证券交易者来说，中线是比较好的操作周期。对于大多数股票的操作周期，笔者经常说的一句话：短线不确定，而中长线是金。

而对于证券投资者来说，中长线是比较好的操作周期。

在实盘中发现，"短线交易，持续赚钱难"，为什么呢？

笔者的感悟是：就像人走路一样，如果把中线比作"走"，而短线就好比是"跑"，事实上短线操作的难度要高于中线，中线交易的胜率要比短线容易提高，容易实现持续赚钱，比短线靠谱。与中线相比，"短线交易、赚钱难"主要有三个原因。

第八章 抄底战法：中线抄底胜率高

原因1：散户在短线周期内持续赚主力的钱，是小概率事件

在短线周期内散户赚钱，首先要面临散户与主力博弈的问题。

在实盘中，"短线不确定"的直接原因，是主力的短线操盘计划，是可以随时调整的，这种变化可能有多种原因，比如某一交易日某个投资者在一个账户内买入了大量筹码，成为了主力的对手盘，对手盘的进入，逼迫主力不能给对手盘抬轿，不能让对手盘短线赚钱，原来计划拉升的计划，可能调整为向下砸盘，逼迫部分不坚定的持筹者交出手中筹码。

说得再明白一点，现实中大多数时候都是主力赚散户的钱，散户怎么可能在大多数时候赚主力的钱呢？

原因2：散户在短线周期内赚钱，其胜率无法提高

短线盈利的难点，在于短线盈利的胜率难以提高，甚至说是很低。如果某位短线交易者的胜率很高，那他一年的收益率就不应该是百分之几十，而应该是百分之几百。现实中，一年实现几倍收益的短线交易者极为罕见，就证实了短线交易者的胜率不高，无法持续赚钱。

小散户除了有资金小、进场出场的唯一优势之外，在判断大盘趋势、个股走势、操盘能力、交易心理、综合信息获取等重要方面都没有优势。在一次"游戏"中，多个优势、综合实力强当然增大了你获胜的概率，但也并不是百分百的必胜，而小散户就可凭一个优势拿到高胜率了。

就像那个经典段子说的一样，"在开始一个游戏的时候，如果你还不知道谁是傻瓜，那么你就是那个傻瓜"。

原因3：短线交易对交易者的交易技术和心理要求极高，大多数散户不具备

做过长期实盘的人都深深感到，短线交易首先是一个技术含量极高的活儿。形状多样、不同组合的蜡烛图市场含义是什么？不同的量比和换手率又意味着什么？短线如何确定买点，又如何确定卖点？如何识别主力的"骗线"？如何止损，又如何止盈？在实战中能拿下这些问题的散户，可谓极少数。

同时，短线交易对交易者的交易心理要求极高。在买入、持有和卖出的三个关键环节，交易者面临的贪婪、恐惧、犹豫等多数时候影响你做出理性的、正确的决策，有几个散户能解决好这些交易心理问题？

"长线说不清"的主要原因，是长线周期内大盘可能发生系统性风险，或

111

者投资的公司遭遇政策、行业或公司基本面等风险，从而引发个股风险，等等。

任何人都希望短线快速盈利，但难的是持续盈利，所以中线是金，即波段是金。

大道至简，成功"中线掘金"，笔者的实盘感悟就是六个字：买好，拿好，卖好。

买好——确定中线买点；

拿好——坚定中线持筹；

卖好——确定中线卖点。

中线交易的优点是交易频率少了，而交易胜率高了，收益更稳健。中国证券市场的现实是：散户贡献了80%左右的交易量，但80%左右的散户是不赚钱、赔钱的。血淋淋的现实告诉我们：交易的核心绝对不是频率，交易的核心是胜率。只有首先降低交易频率，才能提高交易胜率，实现收益稳健增长，中线交易正是这样一种交易模式。

"中线掘金"的最大难点在于坚定中线持筹。一只股票在几天内涨了10多个点，到底该不该卖？在实盘中，中线持筹面临着"一直想卖"的困扰，涨了10个点想卖，暂时浮亏了几个点也想卖，自己手中的股票一直不涨却看到别的股票在涨，还想卖。长期做实盘的人都会遇到这种折磨：涨了、跌了、盘整，都想卖，中线坚定持筹，太难太难。

中线持筹、中线交易的决心，来自于成熟稳定的中线交易系统和对所投资品种的深度了解。交易系统方面，在买点信号出现时按照买入纪律买，在卖点信号出现时按照卖出纪律卖，即可。在买入和卖出的中间，坚定持有，就行了；投资对象方面，只有你对所投资的品种以及品种背后的公司基本面有深度了解，你才会有坚定持筹的决心，否则股价无论向下震荡还是向上震荡，都很容易把你洗出去。

就投入的时间、经受的折磨和得到的收益等"综合性价比"而言，我认为：中线的收益更高、更划算。为此，我明确提倡：大家做中线，而且是坚定地做中线。

当然，喜欢钻研的人会问我：你说的是中线，到底是多长时间？

我的回答是：就交易者而言，中线周期一般是几周至几个月。一只个股在几周时间内快速上涨，涨了20%～30%，那是自己幸运了，赶上了；而就投资者而言，中线周期主要看市场大势和所投资品种了，在市场中期趋势和长期趋势没有大问题的情况下，你的投资品种成长性确定且可持续、个股筹码稀缺，完全可以考虑以月为单位来持有，比如持有几个月至十几个月，甚至更长时间。在这个意义上，我说的"中线"相当于很多人的"中长线"了。

中长线交易战法的两大优势。

优势1：降低交易频率，胜算概率提高了；

每年交易频次3~5波，但交易胜率很高。

优势2：低风险，稳定收益；

投资收益率=胜率×每次交易的平均收益率。

第二节 中线抄底经验：跌幅信号+MACD信号+RSI信号

或许那些喜欢深度钻研的人会问我：你的中线抄底战法有没有一个简单明了、易学好用的经验？

我的回答是：有。

这个实战经验就是：跌幅信号+MACD信号+RSI信号。这实际上是中线抄底的核心逻辑与动态抄底模型。

中线抄底的核心逻辑与实战经验，具体含义如下。

跌幅信号：通过下跌幅度与周线下跌图形，解决风险释放问题；

MACD信号：通过趋势指标之王，判断个股底部形成过程；

RSI信号：通过筹码超卖指标，判断相对精准买点。

在实战中，中线抄底以周线图为主要决策图形，重点参考日线图、分时图辅助决策；

"MACD+RSI信号组合"是个股中线交易和抄底逃顶的核心指标。MACD，这个"趋势指标之王"筛选出了趋势和震荡兼具的少量信号；RSI，这个"精准指标之王"则以其超买超卖性能发出了相对精准的买点卖点信号，两个指标的有机组合、提高了判断中线趋势、确定买点和卖点的胜率。

在十多年实盘经验中,笔者使用、比较了诸多指标及其组合之后,最终发现"MACD + RSI 信号组合"的胜率更高、更加可靠,于是"MACD + RSI 信号组合"模型成为我的中线交易系统的理论基础,同时成为实战中抄底逃顶的核心指标。

在看过的诸多股票技术书籍中,至今没有发现把 MACD 信号和 RSI 信号组合起来使用,并作为一种交易系统核心模型的。如果至今确实没有人把这两个信号组合成为交易系统的核心模型,那么我是幸运的第一人。

第三节　中线抄底的第一铁律:中线底部建仓纪律

在实战中,必须使用好两类中线底部。

第一类:"双底"中线底部。大盘中线底部、个股中线底部。

"双底"中线底部。大多数个股中线底部,出现在大盘系统性风险和个股风险两个风险均基本释放完毕之后,即大盘中线底部,个股中线底部的"双底"附近。这是大盘中线底部,个股中线底部"同步"的情形。

第二类:"单底"中线底部。大盘非中线底部、个股是中线底部。

第二类中线底部,是大盘中线底部与个股中线底部"不同步"的情形,因为在 1～2 年中,很多个股的中线底部比大盘中线底部多,所以会出现大盘非中线底部,而个股是中线底部的情形。

需要特别说明的是,中线底部的判断标准,是以周线图为主要决策图形的。

中线底部或中线买点是中线交易的第一步,第一步一定要走对,第一步没有走对,后面的步骤很难办。

为什么我们不从短线买点开始呢?因为短线买点基本没有规律可以遵循,其背后的两个主要原因:一是主力资金在短线操盘计划中需要故意制造复杂性和迷惑性;二是主力在短线操盘中经常会遇到对手盘,由于主力不可能给对手盘"抬轿",不让对手盘在短线内获利,所以对手盘的出现也会让主力改变个股的短线操盘计划。而个股中线行情,至少几周,一般几周甚至几个月,行情相对稳定;所以,短线买点很难找,中线买点更稳定,同时有规律可遵循。

第八章　抄底战法：中线抄底胜率高

根据笔者历经的两轮牛熊及十多年的实盘经验：

要想吃定中线主升浪，中线底部建仓最关键。

中线抄底战法的五个步骤

如何中线成功抄底？抄底之后，如何"吃定中线丰厚利润"？"中线抄底战法"有以下五个步骤。

第1步：跌出机会，大盘、个股至少三根下降周线。

根据实盘经验，大盘中线底部形成，大盘风险释放，至少三根下降周线，如图8-1所示。

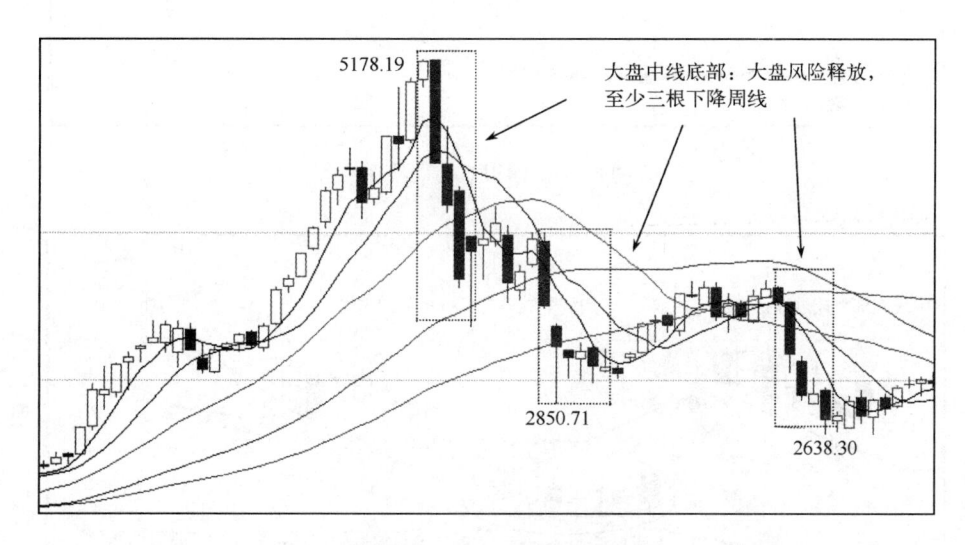

图8-1　上证指数周线图

同样，个股中线底部，个股风险释放，至少三根下降周线，如图8-2所示。

"至少三根下降周线"，在图形上简单明了，笔者多次使用这个标准来等待或判断中线底部，并多次成功中线抄底。

第2步：底部形成中，5周线即将走平，至金叉10周线之前。

根据实盘经验：大盘5周线金叉10周线，绝大多数时候是大盘中线底部完成，确立中线行情的技术信号。这样，5周线下倾→走平→金叉10周线，这个像一个张开的微笑嘴型的"微笑曲线"，就是中线底部的形成过程，如图8-3所示。

趋势转折的奥秘

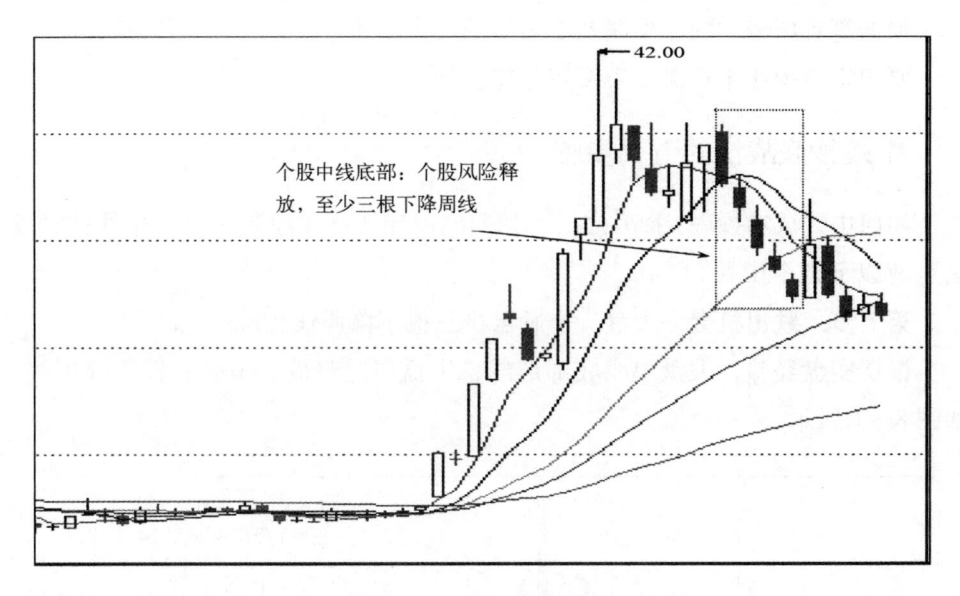

图8-2 四川双马周线图

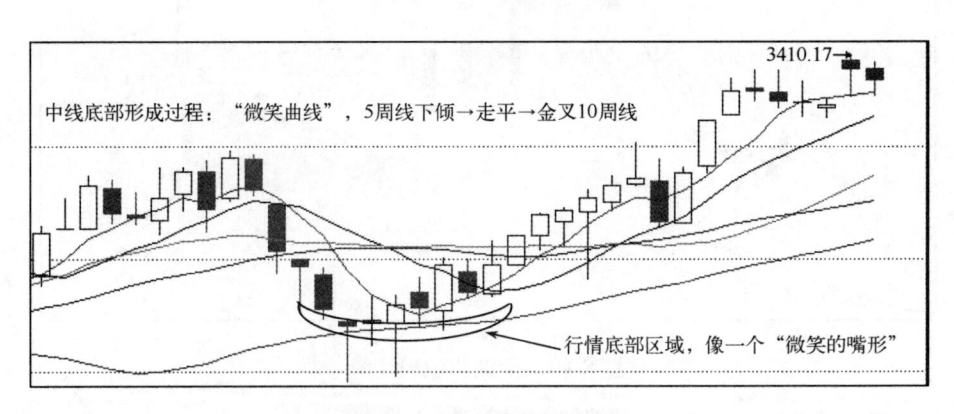

图8-3 上证指数周线图

更要牢记：大盘5周线走平，向10周线靠近，但最终没有金叉10周线，此时大盘在构筑的可能不是一个中线底部，反而是一个下跌中继平台，如图8-4所示。

判断行情"磨底"的具体技巧与实例，计划在以后时机成熟时深入探讨。

第3步：政策与市场氛围转向友好。

2017年4月中旬上证大盘的那一波中线回调，回调至3016点附近，政策与市场氛围陆续转向友好，如图8-5所示。

第八章 抄底战法：中线抄底胜率高

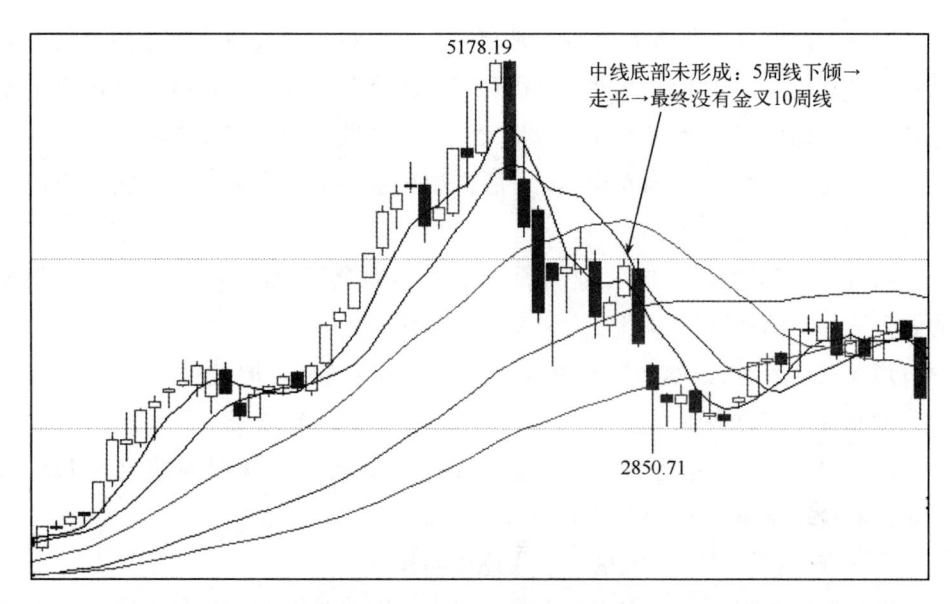

图 8-4 上证指数周线图

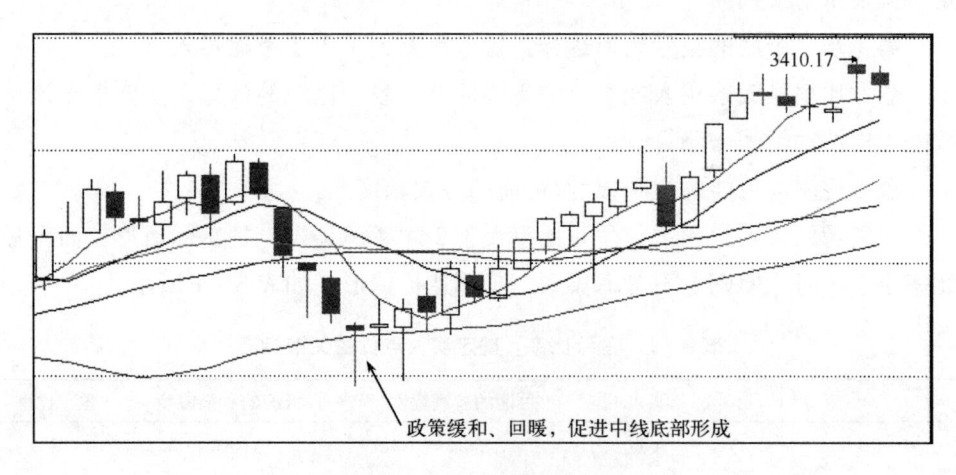

图 8-5 上证指数周线图

当时，在笔者"趋势转折"解盘体系中的"测盘雷达"——"五元监测系统"，从公开信息中监测到证监会的监管政策出现了以下缓和或回暖信号：

（1）新股发行已经开始放缓。

例如，（当时）本周前三天，新股申购都是1只，今天原定5只，已经改为2只，本周总共5只，数量比最近的每周10只减半，已经有所表示。

（2）近期、证监会的购并重组政策似已调整或放宽。

发审委对购并重组项目恢复正常审核，与 IPO 同步安排。继上海电气、云赛智联复牌后，键桥通讯等重大重组和借壳上市相继获批，沙隆达又因重组委将开会审核而停牌，浙江东日公告重大重组被证监会通过接受审核。

（3）刘士余借韩志国发声："A 股需要休养生息"，这很有可能是股市政策微调的姿态、信号和前奏。

同时，"五元监测系统"监测到资金面、市场情绪面同时出现了多个积极的做多信号，国家队等多路主力资金形成做多合力。

当天上证 50 指数暴力拉升近 3 个点，创年内新高，护盘明显。

产业资本：更多上市公司、股东加入增持自家股票阵营。

沪港通资金：连续净流入，外资开始抄底，近一月深股通净流入 125.40 亿元，港股通净流入 33.31 亿元。

场外资金：场外资金入场、抄底迹象明显。

当时我综合判断，上证指数大盘中线底部形成是大概率事件。随后，大盘走势验证了这个判断。

第 4 步：个股的盈亏比率达标，盈亏比率大于 3 才考虑买入。

盈亏比率是股票买入或卖出的重要标准。盈亏比率的计算，主要根据该个股的历史波动空间来测算。

盈亏比率 = 可能的盈利幅度/可能的亏损幅度。

在笔者的买入纪律中，盈亏比率大于 3 才考虑买入，是达标情形；而盈亏比率小于 3 时，原则上不考虑买入，是不达标情形，如表 8 - 1 所示。

表 8 - 1 盈亏比率：确定买入点位的关键标准

	买点	可能的盈利幅度	可能的亏损幅度	盈亏比率
买入标准 - 达标情形	A 点	50%	10%	5
	B 点	40%	10%	4
	C 点	30%	10%	3
买入标准 - 不达标情形	D 点	30%	15%	2
	E 点	20%	20%	1
	F 点	10%	40%	0.25

第 5 步：根据"MACD + RSI 信号组合"，确认个股底部和买点。

锁定中线黄金买点的精准技术，吃透"MACD + RSI 信号组合"。

第八章　抄底战法：中线抄底胜率高

在抄底过程中"锁定中线黄金买点"，必须吃透"MACD + RSI 信号组合"。

抄底信号 1：MACD 信号

通过趋势指标之王，判断个股底部形成过程。

中线激进买点：

个股 MACD 指标图上快线 DIFF、慢线 DEA 均在 0 轴以下，DIFF 第一次金叉 DEA 附近（很多时候胜率较低）。

个股 K 线图上，MACD 指标快线 DIFF 在 0 轴以下，股价与 DIFF 发生底背离，DIFF 完成底背离后拐头向上附近（胜率较高）。

提高胜率的操作要点：

试探性建仓更稳健；严格止损；分清 0 轴以下的金叉。

具体技巧与实例：

本书暂时省略，计划在以后时机成熟时深入探讨。

中线稳健买点：

个股 K 线图上，MACD 指标快线 DIFF 在 0 轴以下，股价与 DIFF 发生底背离，DIFF 完成底背离后拐头向上并突破前期高点附近（胜率非常高）。

个股 MACD 指标图上 DIFF、DEA 均在 0 轴以上，DIFF 在 0 轴以上的第一次金叉 DEA 附近（胜率非常高）。

提高胜率的操作要点：

买入成功率较高；正金字塔加仓法。

具体技巧与实例：

本书暂时省略，计划在以后时机成熟时深入探讨。

抄底信号 2：RSI 信号

通过筹码超卖指标，判断相对精准买点。

抄底须看短线信号，一定要回到日线级别或日线级别以下图形上。

当个股的 RSI 指标在 20 附近或小于 20 时，是锁定中线黄金买点相对精准的技术信号。

个股 RSI 跌过 20 后通常会做止跌，如果继续下跌则为杀多或底背离，是"越跌越卖"的明确技术信号。

具体技巧与实例：

本书暂时省略，计划在以后时机成熟时深入探讨。

上面的战法和实盘经验，在实践中多次成功验证过。按照中线抄底战法的五个步骤，配合使用"MACD + RSI 信号组合"，笔者曾经多次中线成功抄底，两次比较典型的中线成功抄底经历如下。

2015 年成功中线抄底：在 2015 年 9 月份 2850 点底部区域成功抄底。

2016 年成功中线抄底：在 2016 年 1 月份 2638 点底部区域成功抄底。

大家可以根据上面的战法和实盘经验，去复盘这两次底部形成过程，深入体会抄底技巧。

第九章　逃顶战法：吃定主升浪

在证券市场上的老手更容易认同这个观点：稳健获利的一种常用战法是，通过截取不同主升浪的利润累积，积小胜或中胜成大胜，实现持续盈利。

就吃定单次主升浪而言，"贪短利，不如等主升浪"；在底部或上涨过程中丢掉筹码，是主升浪战法的大忌。

第一节　四种大盘环境，逃顶策略不同

"看大盘，做个股"；

大盘像舞台，个股像演员；

投资，顺势而为，决不逆市而动。

大盘环境1：单边上涨的牛市行情

操作与逃顶策略：宜中长线持有后再逃顶，如图9-1所示。

大盘环境2：单边下跌的熊市行情

操作与逃顶策略：空仓观望，不适合开仓，谈不上逃顶，如图9-2所示。

大盘环境3：震荡市的大盘上涨波段

操作与逃顶策略：宜中线持有后再逃顶，如图9-3所示。

趋势转折的奥秘

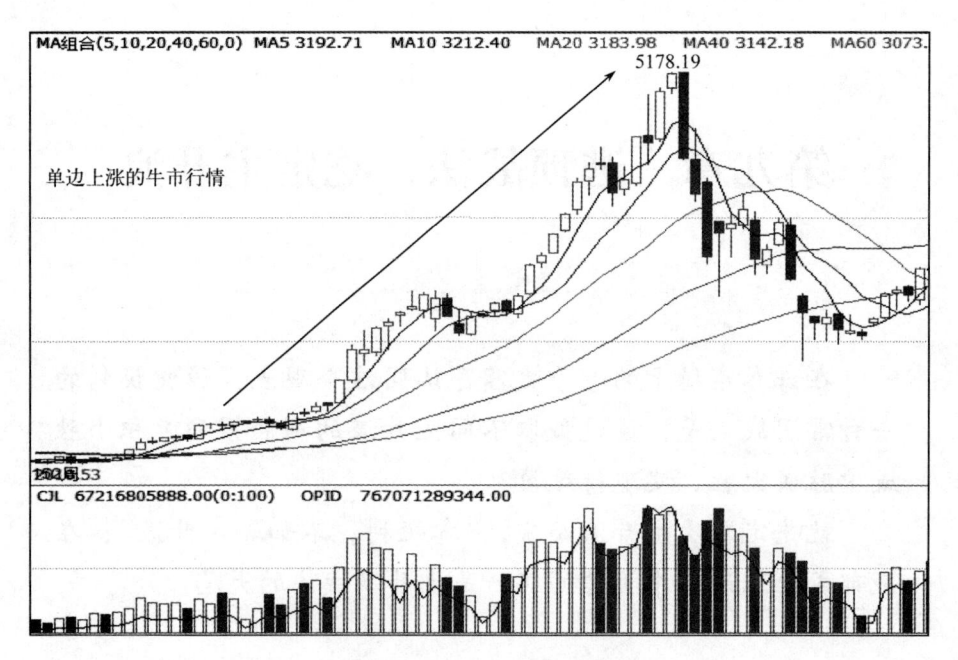

图 9-1 上证指数周线图

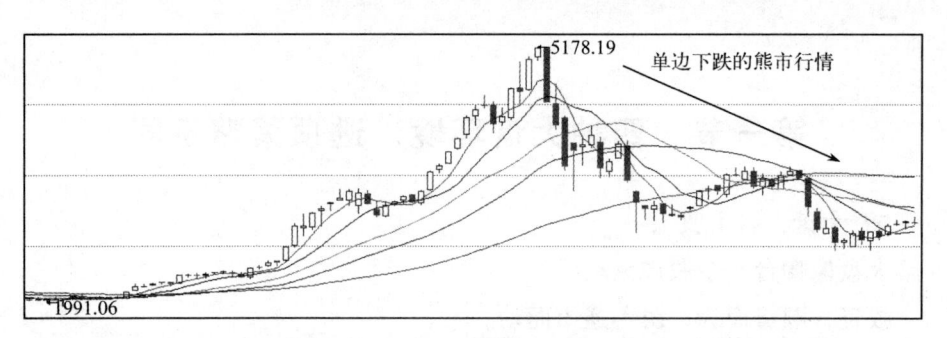

图 9-2 上证指数周线图

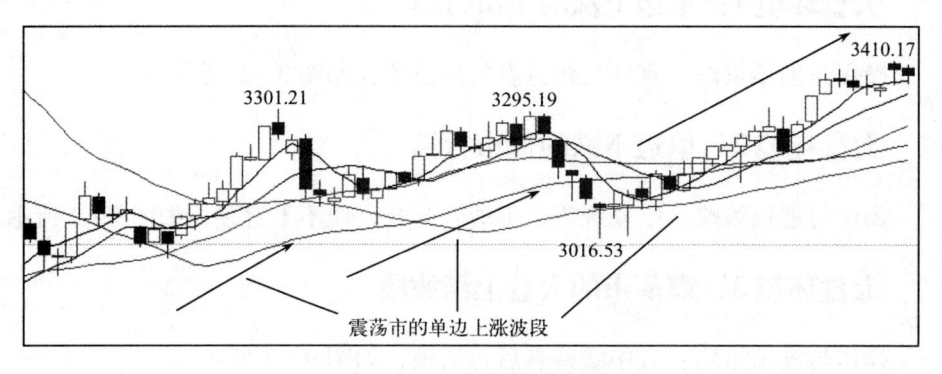

图 9-3 上证指数周线图

大盘环境 4：震荡市的大盘横盘整理波段

操作与逃顶策略："轻大盘、重个股"，以持有历史低位筹码为主，择机提升仓位参与，参考个股顶部信号逃顶。

第二节　逃顶的三类关键信号

逃顶的逻辑与模型：涨幅信号 + MACD 信号 + RSI 信号

逃顶经验：涨幅信号 + MACD 信号 + RSI 信号（动态止盈模型）。
逃顶逻辑：
涨幅信号：通过上涨幅度，解决收益预期问题。
MACD 信号：通过趋势指标之王，判断个股顶部形成过程。
RSI 信号：通过筹码超买指标，判断相对精准卖点。
中线逃顶以周线图为主要决策图形，重点参考日线图、分时图辅助决策。

逃顶的具体信号与触发条件

逃顶信号 1：涨幅信号，通过上涨幅度，解决收益预期问题。
逃顶触发条件：个股周线图持续几周上涨，有以下涨幅。
一是震荡市个股短期内涨幅 10%～20% 时，短期顶部大概率来临。
二是震荡市个股中期内涨幅 20% 及 20% 以上时，中期顶部大概率来临。
大部分个股都是上面的涨幅，你不能奢望你手中的股票都是大牛股，都能涨一到两倍，如此高涨幅的股票，其比例只是少数。现实的情况是，如果你手中的个股两三个月能涨 10% 或 20%，同样是很高的涨幅了。
具体技巧与实例：
本书暂时省略，计划在以后时机成熟时深入探讨。
逃顶信号 2：MACD 信号，通过趋势指标之王，判断个股顶部形成过程。
逃顶触发条件：
【借助 MACD 判断中线趋势】个股日线图、周线图上 MACD 指标，当快线 DIFF、慢线 DEA 都处在 0 轴以上，且 DIFF 金叉 DEA 之后持续在 DEA 之上运行，这是中线继续持有的技术信号，中线周期无须逃顶。

【借助 MACD 判断短线震荡】逃顶须看短线信号，一定要回到日线级别或日线级别以下图形上。个股日线图上 MACD 指标，快线 DIFF、慢线 DEA 都处在 0 轴之上，DIFF 金叉 DEA 之后在 DEA 之上运行，当 DIFF 死叉 DEA 前后是减仓信号或大幅减仓信号（但须记住：DIFF 死叉 DEA 之后继续运行一段时间，当 DIFF 在 0 轴之上再次金叉 DEA 前后则是短线加仓信号）。

在个股日线图上，当 MACD 指标与股价发生 1～2 次顶背离的时候，是大幅减仓或清仓的技术信号。

具体技巧与实例：

本书暂时省略，计划在以后时机成熟时深入探讨。

逃顶信号 3：RSI 信号，通过筹码超买指标，判断相对精准卖点。

逃顶触发条件：逃顶须看短线信号，一定要回到日线级别以下图形上。

当个股的 RSI 指标在 80 附近或大于 80 时，是考虑卖出的技术信号。

个股 RSI 过 80 后通常会做滞涨，如果股价继续上涨则为逼空或顶背离，是"越涨越卖"的技术信号（如果个股 RSI 经常在 80 以上，则为高度锁仓股票，比如茅台，这属于极少数情形）。

具体技巧与实例：

本书暂时省略，计划在以后时机成熟时深入探讨。

第三节 逃顶的三个辅助信号

以上面三个关键信号为主，以下面三个信号为辅，逃顶成功概率更高。

逃顶的辅助信号 1：个股日线图及以下级别图形上的量价指标

个股日线图及以下级别图形上股价快速上涨，且量比增大、换手率与前期相比快速升高至该个股换手率的历史峰值附近。

乐凯新材在 2017 年 4 月 5 日、6 日连续两天涨停，这两天换手率极低，分别为 0.68%、2.44%，而到了 4 月 7 日、4 月 10 日、4 月 11 日这三个交易日换手率却急剧升高至 26%～29% 之间，这表明大量资金在离场；随后股价快速回落，套住了在高位追涨的投资者，如图 9-4 所示。

量比、换手率，是评价成交量的常用相对指标。

第九章 逃顶战法：吃定主升浪

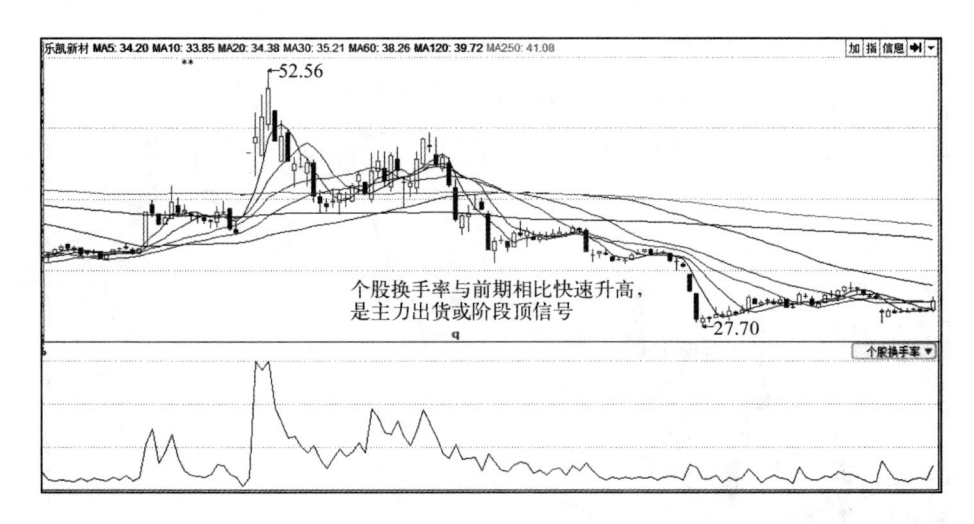

图9-4 乐凯新材日线图

量比：股市开始后平均每分钟的成交量与过去五个交易日平均每分钟成交量的比值。

换手率：成交量与流通盘的比值。

逃顶的辅助信号2：日线图及以下级别图形上的蜡烛图信号

蜡烛图信号1："倾盆大雨"组合图形。

技术含义：主力在顶部出货的信号。

如图9-5所示，鄂武商A，当该股处在高位时3天蜡烛图中有两天以上出现长上影线，形状类似"倾盆大雨"，技术含义是主力在顶部出货。

蜡烛图信号2："三只乌鸦"组合图形。

技术含义：主力大幅出货后构筑完成阶段顶部。

如图9-6所示，中国建筑，当该股处在高位时3天蜡烛图中有3天或3天以上重心下降的阴线蜡烛图，此时技术含义是主力大幅出货后构筑完成阶段顶部，当然有时候是主力在高抛低吸。

蜡烛图"三只乌鸦"组合图形，技术含义是阶段顶部构筑完成，或主力在高抛低吸。

趋势转折的奥秘

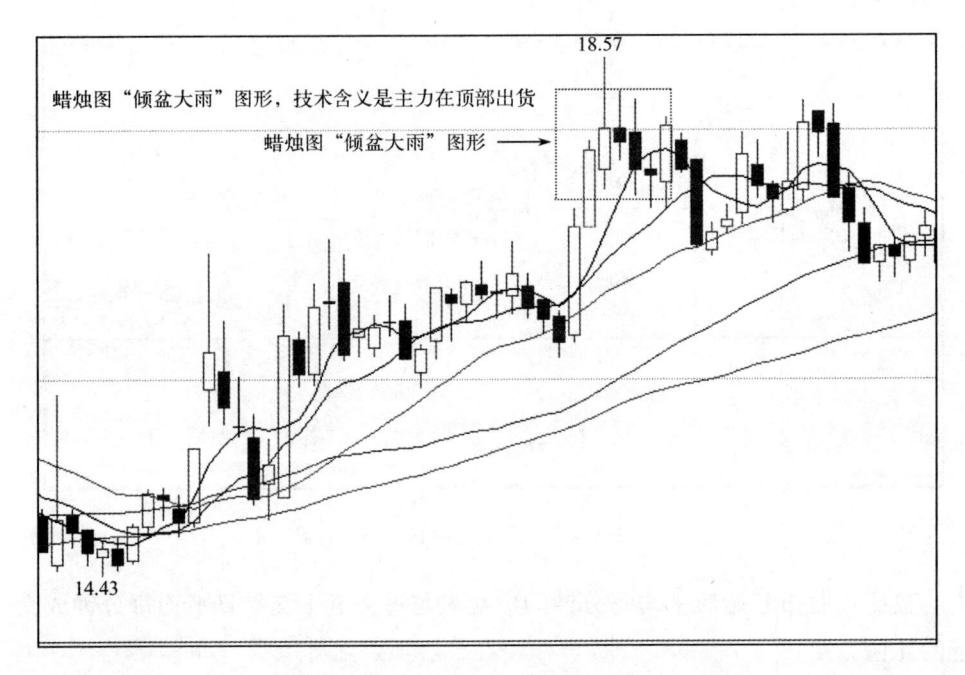

图 9-5　鄂武商 A 日线图

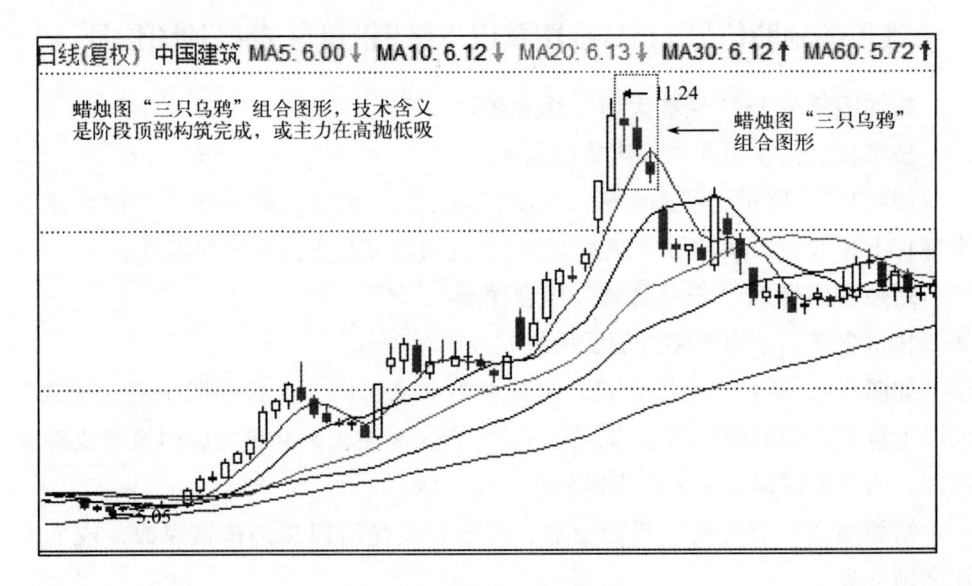

图 9-6　中国建筑日线图

逃顶的辅助信号3：个股顶部时盘面筹码明显出货信号。

个股从盘面即时发现主力明显出货时，可以考虑个股提前全部或分批逃顶。

> **实盘经验**
>
> 个股逃顶一定须要提前离场，当你提前离场，
> 把一部分利润让渡给市场时，你同时把风险让渡给市场了

卖在个股顶部区域，而不苛求卖在个股最高点，
卖在个股顶部区域，已经很成功了。
个股主升浪的最高点是事后确认的，当时并不知道，
且最高点只有几秒钟或者几分钟，
极少数人卖在个股主升浪最高点是偶然事件。

第四节　逃顶的四个实盘经验

实盘经验1：稳健获利战法是积小胜或中胜成大胜，持续盈利。

在证券市场上的老手更容易认同这个观点。稳健获利的一种常用战法是每次截取个股主升浪的一大段利润，通过截取不同个股主升浪的利润累积，积小胜或中胜成大胜，实现持续盈利。

截取每只个股主升浪的一大段利润，足矣。卖在个股顶部区域，而不苛求卖在个股最高点，卖在个股顶部区域，已经很成功了。个股逃顶一定须要提前离场，当你提前离场、把一部分利润让渡给市场时，你同时把风险让渡给市场了。

个股主升浪的最高点是事后确认的，当时并不知道，且最高点只有几秒钟或者几分钟，极少数人卖在个股主升浪最高点是偶然事件。

投资决策的难点和魅力，就是投资决策的当时决策与趋势的事后确认。但

是投资最重要的是当时的决策。

实盘经验 2：当大盘出现系统性风险或阶段性顶部特征时，考虑个股提前逃顶。

实盘经验 3：当个股顶部信号越来越多、相互验证时，个股大概率构筑顶部，考虑个股提前逃顶。

实盘经验 4：当个股主升浪遇到"高位利好"时，考虑个股及时逃顶。

"高位利好，要小心"：在高位放利好，很多时候是让你去接盘。

"低位利空，不用怕"：在低位放利空，很多时候是想抢夺你手中的筹码。

企业篇

基本面为王

【产业高度与企业深度，吃透公司基本面】

吃透基本面，是证券投资中长线坚定持筹的信心所在，是穿越股海波动的"压舱石"；而产业高度与企业深度，是吃透公司基本面的前提。

第十章　产业趋势中出牛股：
布局未来主导产业

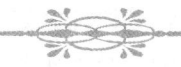

决定风口的是趋势，而决定产业趋势的是科技变革和市场需求；抓住了主导产业，就是抓住了系统性的投资机遇。

第一节　全球产业趋势回顾：
这 20 年互联网是超级产业

尽管投资、研究贵州茅台时间很久了，我认为茅台是中国"旧引擎"（传统产业）的一个超级品牌、经典品种，但是中国的"新引擎"（新兴产业）同样让我兴奋，让我充满激情，乐此不彼。

回顾这 20 年的全球产业趋势，互联网无疑是这 20 年的超级产业。在新兴产业趋势的预测方面，软银创始人孙正义是值得重点关注的一位世界级投资大师和布局高手。孙正义说："我预测的是趋势，是 20 年之后的趋势"。

在 20 年前，孙正义成功预测了这 20 年产业的主流业态是互联网。今天很多人都问他，你是怎么遇到马云的？你是怎么样找到阿里巴巴这样一个投资机会的？孙正义回忆说，在 18 年前他见了 20 个中国年轻的企业家，每个人有 10 分钟的时间，当时马云是其中之一。马云在这 20 个中是非常特别的，他的两个眼睛闪闪发光，今天他的两个眼睛也是闪闪发光的；当时，孙正义并没有太多关注马云的商业模式等报告，但他看到了马云闪光的眼睛，同时也看到了中国互联网产业闪光的未来。当时，孙正义就意识到中国互联网产业大时代将要来到。

孙正义的投资之道吸引了无数资本家的追逐或吹捧，阿里巴巴崛起的神话是一个明证。于是，有金主直白地表示孙正义投哪儿他就会跟投，希望获取财富的更大增值时，孙正义一直在"仰望头顶的灿烂星空"，将投资视野提高到整个人类发展史的高度去预判产业趋势。

孙正义认为，人类历史上只有三次历史性的大变革：首先是农业革命；第二次个是工业革命；第三次是信息革命。正在进行的信息革命，是人们运用了脑力、体力最伟大的第三次变革。第三次信息革命，能够极大地发挥人的脑力，这是最为宝贵的、最为重要的。第二次重大革命即工业革命，最重要的一个标志就是汽车，在过去30年中，汽车引擎被改良了两次，速度上升了200%。而计算的速度即微处理能力达到了100万次。

如果你在10年前、5年前或者3年前以"大趋势、大格局"认识到互联网是中国新兴产业的超级产业，在美股、港股投资了阿里巴巴、腾讯、百度、京东、微博，坚定持有到现在，那你的投资收益将是几倍至几十倍。

可能有朋友说这些互联网公司大多在国外，投资不方便，但过去几年国内上市公司中同样在优势产业中有一些耳熟能详的优质公司。如果你在5年前或者3年前以"大趋势、大格局"认识到贵州茅台、恒瑞医药、美的集团、云南白药等一批超级品牌和优质公司是中国股市的核心资产，逢低介入之后，坚定持有到现在，那你的投资收益将在几倍至十倍之间。

"趋势、格局"这些话，说来容易，做起来难；而能做到"大趋势、大格局"，更难。

可能很多人会认为自己在"趋势、格局"方面超过别人，那为什么很多人没有投资，而只有少数人投资了那些无论是新兴产业还是传统产业的经典优质公司。

第二节 全球产业趋势：未来10年看好三个方向

决定风口的是趋势，而决定产业趋势的是科技变革和市场需求；抓住了主导产业，就是抓住了系统性的投资机遇。

资产配置的核心是产业，产业更替是朱格拉周期的本质。每次朱格拉周期的开启都对应着一个主导产业，抓住了主导产业就是抓住了系统性的投资机会。

第十章 产业趋势中出牛股：布局未来主导产业

回顾二战后的美国经济，每个朱格拉周期的背后都对应了一个主导产业。20世纪60年代汽车三巨头、70年代化工三巨头和石油三巨头、80年代消费品行业"漂亮50"、90年代计算机和移动通信、21世纪初房地产金融、2010年代移动互联网和新能源。这个主导产业在10年间用技术进步或全球化需求驱动该产业的投资周期，如表10-1所示。

表10-1 美国主导产业与领先公司变迁

年代	主导产业	领先公司
20世纪60年代	汽车产业	汽车三巨头通用、福特、克莱斯勒
20世纪70年代	化工产业 石油产业	化工三巨头陶氏、杜邦、拜耳；石油三巨头埃克森美孚、壳牌、BP
20世纪80年代	消费品产业	食品：百事、可口、麦当劳；医药：辉瑞、默克；日用品：宝洁、吉列；当年的"漂亮50"
20世纪90年代	计算机和通信产业	微软、英特尔、惠普、摩托罗拉
2010年代	移动互联网和新能源产业	互联网：FAAMG；新能源：特斯拉等

回顾中国改革开放至今40年历程，每个朱格拉周期也对应了不同的主导产业：

1980—1989年，工业（大国企）、基建。
1990—1999年，工业（民企、民族品牌涌现）、基建。
2000—2009年，地产（黄金时代）、工业（中国制造，对外贸易）、基建。
2010—至今，基建、地产（白银时代）、互联网、金融。

改革开放之后这40年，基建一直是中国经济最明显的alpha。"要想富先修路"的口号在中国深入人心。过去40年，中国在基础设施建设上也取得了巨大的成就，与基建相关的行业出现了系统性的投资机会。

中国高铁线路已突破2万公里（截至2016年9月），目前占世界高速铁路轨道的65%。

中国具有强大的基础设施建设能力（修桥、铺路、盖楼、挖港）。
中国具有世界领先的高压输电技术和港口机械技术。
中国是世界太阳能发电量和风力发电量最大的国家。

随着新技术的出现和可持续发展对可替代能源的需求,基建产生的系统性投资机会也一直在改变。

当前的中国,2013年后基建+地产拉动投资的旧引擎动力开始衰减,一面是旧经济的旧周期指标开始钝化,另一面是新经济在孕育。风强于猪,产业周期的车轮在向前转,人工智能、移动支付、智能物流等方面的长足发展,印证了中国的新经济在崛起。在当今中国,资产配置的核心是选择风口,系统性的投资机会更多地来自于新经济的产业机会,而不是旧经济的供给侧出清。

国内券商天风证券从资本开支、盈利能力、产业政策支持三个维度优选出了"风口中的风口"的行业。综合来看,环保、半导体、互联网、航空物流、软件、生物科技、电子元件、汽车零部件、通信设备等行业的投资、利润以及政策支持都较为出众,是"风口中的风口"。

整体来看,"风口中的风口"主要来自三个方向:人与人连接——互联网、软件、半导体、电子元件等;物与物连接——物联网、通信设备、航空物流、汽车零部件等;改善生命的长度与质量——环保、生物科技、医疗健康等,如表10-2所示。

表10-2 未来10年三类主导产业:"风口中的风口"

序号	产业类型	细分产业
方向1	人与人连接	互联网、软件、半导体、电子元件等
方向2	物与物连接	物联网、通信设备、航空物流、汽车零部件等
方向3	改善生命的长度与质量	环保、生物科技、医疗健康、教育培训等

系统性的投资机会来自于宏观周期背后的主导产业变迁,这就是"站在未来的风口上"。这三个方向的主导产业成为驱动未来10年宏观周期的产业浪潮。

第三节 超级产业:芯片将是下一个制高点

如果说这20年全球新兴产业的超级产业是互联网,那么未来20年全球新产业革命浪潮中的下一个制高点是芯片。因为,芯片已经成为并将大规模成为人工智能、智能驾驶、智能交通、智能医疗、电动汽车、智慧城市等众多新兴

第十章 产业趋势中出牛股：布局未来主导产业

主流产业上游的最重要、最核心的驱动与中枢器件。

即将全面来临的物联网时代，芯片是各个物体的核心和中枢。如今，每个人大概会有两个移动设备，到2020年每个人被连接的设备数量会达到一千个。到2040年时，这样的现象会非常普遍，所有的人和事都会通过移动设备联系起来。预测20年以后，任何变化都是以乘数效应的形式发生的。为了给个人提供更好服务，几乎所有的事情就会通过物联网连接起来。无论是手提电脑或者是手持仪器、眼镜、衣服、鞋子、墙等所有的事情，甚至是一头牛都有可能被物联网联系起来。所有的数据都会在云终端进行存储，是无穷无尽的速度和非常大的容量。而在物联网的时代和世界里，芯片是各个物体的运算和储存中心，是各个物件的核心和产业的制高点。

在未来的300年，人类会有怎样的变化？孙正义预测：芯片可能会以10的60次方的速度优胜于人脑的处理速度，在300年以后，毫无疑问的是微处理器会比人类的头脑更加聪明，它们可以计算、可以思考，甚至可以想象，甚至也可以自己去对话。

基于人类发展和产业发展趋势，孙正义创设了1000亿美元愿景基金，专注于人工智能、机器人和自动驾驶汽车的投资。孙正义说：他计划以更快的频率创设同样规模的基金。

2017年10月下旬，软银孙正义对外界发声："软银的目标是控制90%以上的芯片市场"。在他的雄心背后，他已经开始巨资布局。2016年，软银以320亿美元收购了芯片设计公司ARM Holdings。这并不是孙正义在芯片上的唯一赌注，他还向英伟达投资了40亿美元。软银预计，芯片市场将增长到1万亿个芯片的规模，而90%～99%的芯片将由ARM设计。孙正义表示，软银收购ARM公司只是半导体需求出现爆炸式增长的开始，因为到本世纪末机器人将在智能领域超越人类。

我国同样意识到芯片产业在未来20年的战略制高点位置，并设立了千亿元级的国家集成电路产业投资基金，支持和扶植我国的民族芯片企业，力争在全球芯片产业中占据重要位置。

对于芯片产生的未来发展，笔者有以下三大核心观点及预测。

第一个观点：中国芯片产业必将进入全球芯片产业第一阵营，成为芯片强国。

（1）国家战略和国家政策扶持。《中国制造2025》提出：2020年中国芯片自给率要达到40%，2025年要达到70%，但目前国内的自给率仍为10%左右，因此未来几年半导体将迎来大发展。为此，国家和地方政府给予了一系列政策支持。比巨额的芯片进口费用更令人担忧的，是芯片严重依赖西方发达国家带来的国家信息安全和国家战略压力。

（2）成本竞争优势。与西方发达国家相比，我国芯片产业在劳动力、原材料等方面拥有成本竞争优势，使得我国芯片企业可以在进口替代中胜出。

（3）广阔市场孕育。国内半导体消费量大，但"便宜"了外国厂商，我国每年从海外进口超过2000亿美元的芯片，这一金额大约是（2016年）石油进口金额的2倍。如此体量的市场，完全可以孕育出一批领先的芯片企业。

（4）产业基金推动。国家集成电路产业投资基金（"大基金"）及其撬动的地方基金，正在以资金和资源推动我国芯片企业快速发展。

第二个观点：国家集成电路产业基金正在成为芯片龙头企业的资本推手和成长平台。

国家集成电路产业投资基金的基金运作包含两部分：一是大基金，截止2017年6月规模已达到1387亿元，大基金二期正在酝酿中，预计不低于千亿规模；二是地方资本，截止2017年6月，由"大基金"撬动的地方集成电路产业投资基金（包括筹建中）达5145亿元，加上大基金，中国大陆目前集成电路产业投资基金总额高达6532亿元，如果再加上酝酿中"二期"大基金，规模势必将直逼10000亿元。

这些基金平台给芯片企业带来资金同时，还带来了行业资源等多方面重要支持。

第三个观点：未来10～20年，我国芯片产业中将涌现出多家千亿美元市值的公司。

综合研判，我国芯片产业中的千亿美元市值公司，大概率出现在芯片设计、芯片封装测试和芯片制造领域。

第四节　新估值体系PER，选出中国科技龙头公司

可以看出，上面重点阐述的未来10年"风口中的风口"三类主导产业，基本都是科技类公司。

当前，中国A股若干科技龙头已经开始受到海外资金的关注并持续买

第十章 产业趋势中出牛股：布局未来主导产业

入。在国家政策连续多年重视科创力度上升、政府加大研发投入、新科技革命渐行渐近并逐渐落地、而海外科技股龙头估值持续提升的大背景下，笔者认为 A 股稀缺科技龙头已经或即将迎来爆发式发展，资本市场有望迎来价值重估。

新估值方法：PER

当前市场流行的 PE、PB 等估值方法，并不一定适用于所有企业。把这些估值方法应用于研发驱动型龙头公司，本质上是惩罚高研发投入的公司。

研发价值，意味着科技类公司的发展潜力和成长后劲。PE 估值模式没有科学评估科技类公司的研发价值，使得中国很多科技类龙头公司 PE 估值看上去较高。为此，"价值投资 2.0 体系"定义一个指标叫"研发支出前盈余" E&R（Earnings & Research），顾名思义，使用净利润加研发的指标，则 PER（总市值/ E&R）成为一个新估值标准和方法。

$$E\&R = 扣非净利润 + 费用化研发支出$$

使用扣非净利润而非净利润的原因是，要剔除其他非经常性损益，其中政府补助也被剔除，政府补助并非公司持续经营产生的净利润和研发投入。在这个指标里，剔除政府支持力度，以达到相同标准的目的。此外，单独用政府补助强度（政府补贴/净利润）来衡量政府对公司的支持力度。

之所以用费用化研发支出而非全部研发支出，是因为资本化的研发支出已经体现在固定资产中，对于当期的影响通过折旧或摊销来体现，对当期的利润影响相对较小，相当于已经算入了净利润中。因此，只考虑费用化部分的研发支出。

使用定义新的估值指标，PER（Price to E&R），用每股价格/每股 E&R，
$$PER = 总市值/ E\&R$$

类似的，我们定义：
$$PERG = PER/Growth\ of\ E\&R$$

国内券商招商证券研究发现，全新估值体系 PER/PERG 在美国有较好的作用，美国标普 500 成分股中核心信息科技股票对应 2016 年 PER 通常介于 10～30 倍之间，平均值为 22.6 倍；而较高的 PER 增速，相对应的 PER 较高，对应 PERG 主流介于 0.8～1.5 之间，平均为 1.2。其中，具备较好增长前景的公司，例如 Facebook、英伟达、应用材料、微芯科技等半导体芯片类公司，PER 相对较高，大约在 20～40 倍；而较为成熟、老牌科技股 PER 相对较低，

估值在 15 倍以内，例如英特尔、IBM。

中国科技龙头公司，应当使用 PER 新估值方法重估

中国证券市场传统的博弈方法重视"小市值效应"，同时基于 PE/PEG 的估值体系。小市值因子本质在于壳价值，在 IPO 提速、一轮并购带来的"高估值、高商誉、高解禁"尚未出清，壳价值稀缺性大打折扣。单纯的外延增长无法带来技术的真正进步，在这样的背景下，能够大规模持续投入研发，并已经形成了一定技术和平台优势的公司变得稀缺。市场稀缺因子，正在从小市值转向高研发、高无形资产、高平台价值。

伴随中国经济持续中高速增长，2017 年龙头研发创新类公司营收实现高增长，平均 ER 增速高达 56%。运用 PER/PERG 这种全新估值体系，计算 A 股各细分领域龙头对应 2017 年盈利预测 PER 平均为 19.4 倍，低于美国 22.6 倍的平均水平，PERG 平均为 0.54，PER/PERG 都存在一定的估值修复空间。

传统 PE/PEG 估值模式下，当前中国很多科技类龙头公司估值看上去较高。对于研发驱动型龙头公司，使用新估值方法 PER 能发现更具潜力的投资标的。按照新的估值方法，A 股各细分领域研发驱动型科技龙头的 PER/PERG 水平，例如中兴通讯、京东方等科技龙头，均显著低于美国信息产业相关公司的平均水平。因此，A 股科技龙头整体存在较高的估值提升空间。部分个股显著低估，值得投资者尤其是机构投资者重点关注。

此外，除了研发价值和稀缺性之外，科技类公司的无形资产价值重估和平台价值，过去都被忽略，都应该得到重估。

第十一章　伟大公司无惧顶底转折：价值投资是大道

巴菲特说："我在年轻的时候想明白了一些事，然后用一生的时间去坚守。"真正赚大钱的投资并不需要投资太多品种、太多项目，项目少而精，胜过多而滥。所以，投资者最重要的任务是找到伟大公司，找到之后，适时投资进去，与伟大公司共成长，最终的投资收益可能将大大超过你的预期。

投资者的明智之选——与伟大公司同行。

第一节　伟大公司可以穿越牛熊，无须多虑市场扰动

投资者评价公司质地，如果从众多财务指标中只选用一个财务指标，那就是股东权益报酬率（ROE，公司净利润和股东权益的比值），这个指标直接告诉投资者每年投资100元到年底会产生多少净利润。

茅台力压群雄，稳踞"中国白马股之王"。当前，国内有贵州茅台、格力电器、恒瑞医药、云南白药等经典白马股。尽管最近三年ROE格力电器以31.24%略高于贵州茅台的27.61%，但茅台以其高ROE、高利润率、高护城河、成长性、品牌垄断、快速消费品等综合优势，力压群雄，胜过了格力电器、恒瑞医药、云南白药等经典白马股，成为国内当之无愧的"白马股之王"，获得国内外大资金的持续追捧、锁仓，如表11-1所示。

优质公司不仅仅表现在持续给股东创造更好回报，同时表现在优质公司尤

趋势转折的奥秘

其是伟大公司在其前进的过程中，即使遇到很多危机甚至是生死危机，这些公司都会克服一个又一个危机。

表11-1 国内经典白马股的股东权益报酬率比较（单位：%）

	贵州茅台 600519	格力电器 000651	恒瑞医药 600276	云南白药 000538	同仁堂 600085
三年平均	27.61	31.24	22.91	22.44	13.62
2016-12-31	24.44	30.41	23.24	20.03	12.51
2015-12-31	26.23	27.31	24.37	22.43	13.33
2014-12-31	31.96	35.23	21.28	24.86	14.49
2013-12-31	39.43	35.77	21.22	28.94	14.91
2012-12-31	45.00	31.38	22.91	25.16	15.56
2011-12-31	40.39	34.00	23.11	24.29	13.03
2010-12-31	30.91	36.51	24.45	23.07	10.87
2009-12-31	33.55	33.48	28.61	17.98	9.70
2008-12-31	39.01	32.13	22.87	29.40	9.41

备注：1. 上表中历年的股东权益报酬率数据为加权数据；

2. 上表中的"三年平均"，指2014年、2015年、2016年三年的ROE平均数据。

笔者在梳理茅台的发展征程中发现，过去10年茅台经历了5次大危机，分别是2008年世界金融危机、山西假酒案对茅台的冲击、塑化剂事件、2013年八项规定以及2015年股灾。对应到茅台，我们用年线来看这些危机对茅台股价的影响——茅台股价年线图上较大的阴线，只有两根。

茅台2008年的这根阴线是由当年的全球金融危机导致的。当年全球金融危机重创中国股市，股市暴跌到1664点，茅台从2007年牛市最高价140元跌到最低30多元。2008年全球金融危机，如此大的危机在茅台股价年线图上也就表现为2008年的一根阴线而已。

茅台2013年的这根阴线是由当年的八项规定和塑化剂事件造成的。由于茅台是国酒，当时很多人对茅台前途很悲观，对茅台影响最大的又一次危机在茅台股价年线图上也就表现为2013年的一根阴线而已，如图11-1所示。

投资者刻骨铭心的2015年股灾，让茅台从2015年牛市最高价246元跌到最低153元，在茅台股价年线图上居然找不到这次股灾的影响，需要到季线图上去找。在茅台股价季线图上发现，这么大的危机也就表现为2015年第三季度的一根阴线而已，随后两个季度就把阴线全部收回来了，如图11-2所示。

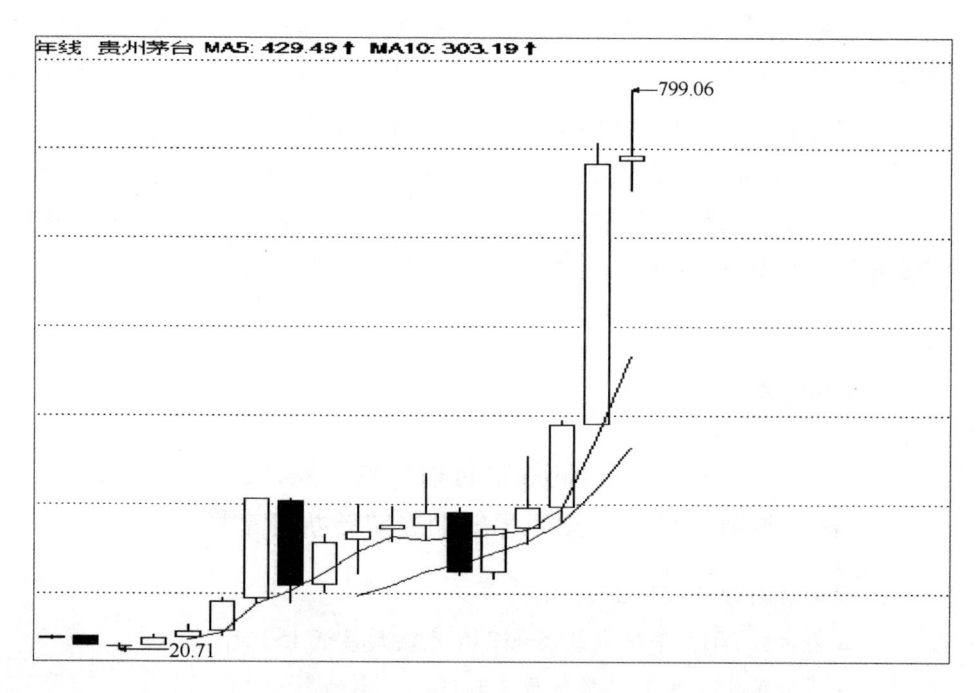

图 11-1　贵州茅台年线图

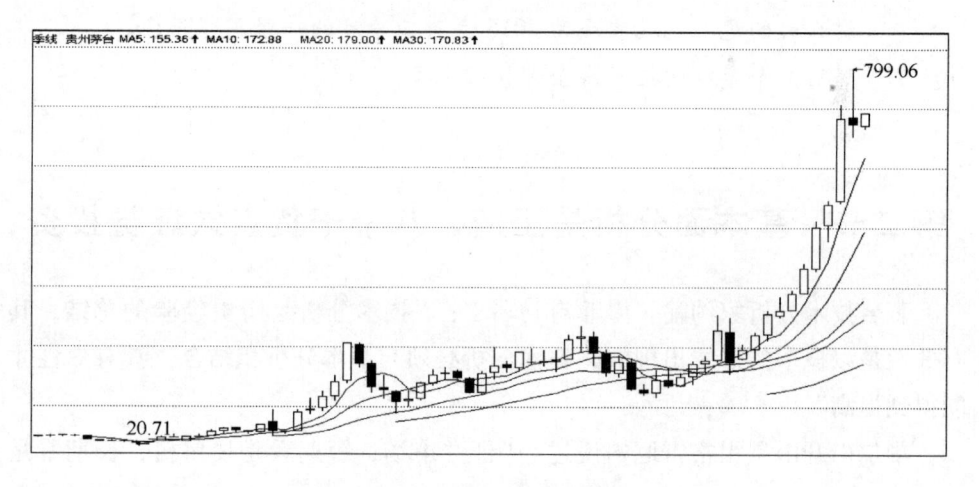

图 11-2　贵州茅台季线图

回溯历史上茅台股价的几次调整过程，主要是塑化剂事件一度令市场对茅台、对白酒的投资逻辑产生根本性的质疑，尽管导致茅台发生了相当级别的调整，结果茅台安然无恙。

趋势转折的奥秘

站在年线级别来看茅台的长期发展趋势，这些大危机在短期内都给茅台股价带来了一定程度的调整，但并没有改变茅台长期发展趋势，无论是经营业绩还是市值增长，茅台股价持续向上的方向、趋势没有发生变化。

过去10年茅台经历了5次大危机，在调整过后保持趋势，继续稳健前行。

从茅台股价的成长史可以发现，伟大公司的股价可以穿越牛熊，投资这些公司股票时，只要不用杠杆，无须多虑顶底转折等市场扰动。

> **实盘金句**
>
> **伟大公司的股价可以穿越牛熊，**
> **只要不用杠杆，无须多虑短期趋势转折等市场扰动**
>
> 投资者刻骨铭心的 2015 年股灾，
> 让茅台从 2015 年牛市最高价 246 元跌到最低 153 元，
> 在茅台股价年线图上居然找不到这次股灾的影响，
> 需要到季线图上去找。
> 这么大的危机也就表现为 2015 年第三季度的一根阴线而已，
> 随后两个季度就把阴线全部收回来了。

第二节　基本面分析是王道，八个干货点穴证券投资

著名技术分析家约翰·墨菲有句名言："技术分析是历史经验的总结，其有效性是以概率的形式出现的，技术分析必须与基本分析相结合，其有效性才能得到提高"。

华尔街开山鼻祖格雷厄姆说过："证券市场，短期看是投票机，长期看是称重机"。

笔者理解，格雷厄姆说的"投票机"主要指技术面的资金博弈、筹码博弈，而"称重机"主要指公司基本面分析。

可以看出，**吃透公司基本面是中长线坚定持筹的信心所在，是穿越股海波动的"压舱石"。真正赚稳钱，赚大钱、要依靠价值投资，依靠公司基本面。**

第十一章　伟大公司无惧顶底转折：价值投资是大道

我们冷静想想，如果对公司基本面没有吃透，把账户内的几百万、几千万甚至几亿、几十亿元真金白银，换成股票，拿得住吗？如果没有吃透公司基本面，可能大盘或个股日线、周线级别的几个小震荡，就把你震出去了，还谈什么长期坚定持筹，更不要谈与伟大公司同行、获取天文数字级投资收益了。

下面是笔者事投资十多年的实战经验和投资逻辑，与大家共享。

证券投资的基本逻辑："基本面为王，市场面为体，技术面为用"

在我的投资框架中，基本面比技术面更重要，"基本面为王，市场面为体，技术面为用"——这是笔者理解的证券投资的基本逻辑，同样是"价值投资2.0体系"的基本逻辑。

这里说的"基本面"，首先是国家基本面；其次是市场基本面和公司基本面。阿里巴巴、腾讯、茅台等一批伟大公司在股价年线图上的长牛趋势，就是上述核心逻辑的生动呈现。

"以国家基本面为例，从长周期来看，中国A股迟早过万点"——笔者看好中国A股，是基于一个大道至简的逻辑：把整个中国看成是一家上市公司，把大盘指数看成是这家公司的股价，我们中国正走在大国崛起和民族复兴的伟大征程上，政治稳定、经济稳中向好、国际地位快速提高，成为综合实力仅次于美国的伟大国家，然而再对比股市大盘指数，你会发现大盘指数低估了"中国"这只绩优股，甚至可以说大盘指数与"中国"这只绩优股的基本面是背离的，"中国A股迈向一万点"就是估值从低估→回归合理估值→溢价的过程。

公司基本面与个股技术面的关系：公司基本面的长期趋势决定个股技术面，公司基本面是本质，个股技术面是概率的体现

"价值投资2.0体系"认为，公司基本面和个股技术面，首先是有内在的逻辑联系。公司基本面，从中长期影响或决定个股技术面，公司基本面是本质，个股技术面是概率的体现；个股技术面，中长期围绕公司基本面变化或波动。股市有一个著名的"遛狗理论"：打个比方，如果说公司基本面好比是"主人"，那么个股技术面就好比是"一条狗"，"狗"有时跑到"主人"前面、有时落在"主人"身后。

其次是有着内在的数目字联系。从公司基本面看，其公司价值＝市盈率×

净利润；从个股技术面看，公司价值＝股价×总股本。根据公司基本面计算出公司价值后，除以总股本，理论上就知道个股的股价了。

挖掘优质公司或伟大公司，主要依靠基本面分析，技术面分析的作用是辅助的。

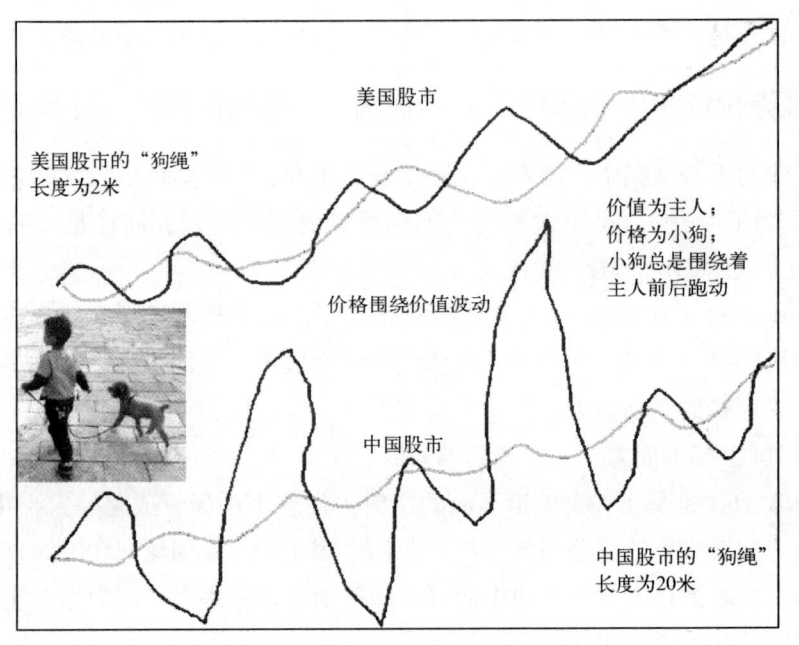

研究好公司的两种路径

在"价值投资2.0体系"中，研究好公司有两种路径：用"自上而下"方法发现"黑马"，用"自下而上"方法深挖"白马"。

在所有行业中优选好公司的"三个抓手"

抓手1：看"赛道"，公司所在细分市场的发展空间、增长速度、国家政策导向。

比如，芯片产业将是未来10～20年中国的超级产业，将是下一个制高点，看好这个赛道的逻辑和具体理由如下：

市场发展空间巨大。中国2016年进口芯片已经超过了2000亿美元，是进口石油的1倍，中国芯片企业首先面临的是进口替代的市场空间，然后是出口全球的巨大市场空间。

细分市场增长速度高。中国芯片产业在 2017—2020 年的复合增长率在 50% 左右，不仅远远高于很多新兴产业 15% 的行业复合增长率，更远远高于我国 GDP 的年增长率，是 GDP 增幅的 6～7 倍；市场空间大，好比"水大，鱼才更容易大"，才能孕育出国内乃至世界芯片巨头。

国家政策和国家战略支持。在国家战略层面上，芯片已经不仅仅是进口贸易和生意上的事情了，涉及到了国家产业安全和信息安全，所以现在发展集成电路（芯片）是国家战略，国家给予了政策、资金、财税等全方位支持。

抓手 2：看"赛车"，公司的规模性指标、业务路线和盈利模式评估。

比如，在新兴产业——新能源电动车行业中，根据规模指标重点看细分领域前 20 名的企业，根据技术路线评估目标公司的发展前景，根据盈利模式评估目标公司的增长潜力，等等。

抓手 3：看"赛手"，重点看管理团队尤其是领头人的人性、使命感、价值观、业务能力、工作经历和教育经历等。

在同一个行业内优选好公司的"三个抓手"

抓手 1：看市场份额，公司主营业务、主导产品在细分市场中的市场占有率。

抓手 2：看成长能力，公司营业收入、净利润复合增长率和研发投入在业内的排名情况。

抓手 3：看盈利能力，公司的股东权益报酬率、毛利率、净利率和盈余品质在业内的领先水平；等等。

吃透公司基本面：一个好公司的"四个朴素之问"

投资者都在找好公司，甄别好公司，挖掘好公司，到底什么是好公司？笔者更愿意回归简单、回归朴素，跳出公司所在行业的业务环节和复杂的技术问题，只要能回答好下面这四个朴素的问题，你才叫吃透了公司基本面。当然，这是好公司的底线。

第一问，时间之问："3～10 年原则"。

你计划投资买入的公司，未来 3 年能否在持续中高速成长？10 年之后会怎么样、还在不在？

第二问，产品之问："产品是否源源不断，是否越来越受更多人的欢迎"。

你计划投资买入的公司，是否有源源不断的产品（含服务）出来？产品是否越来越好？越来越受更多人的欢迎？

第三问，老总之问："看公司的老总经常和谁在一起，在忙什么？"

你计划投资买入的公司，你需要长期关注公司老板、老总在忙什么？

如果是像华为的老总任正非一样在跑市场、跑业务，晚上11点多了才出机场，为了控制成本、没有人接送而排队等出租车，这样的公司你大可以放心。而如果老总很多时间和公检法在一起，那可能有什么麻烦了，没有搞定。或者你看到老总又和哪位女明星出绯闻了，你就要多加小心了，因为企业界有一个"情场得意、商场失意"定律，一旦公司老总开始追女明星，大部分公司距离掉队或没落就不远了。

第四问，现金流之问："公司现金流是否靠谱？是否与收入、利润匹配"。

你计划投资买入的公司，赚钱真有那么多吗？或者说真正赚钱吗？营业收入、利润及其增长，是否真实？很多公司的所谓业绩是财务报表上"做出来的"，有收入、利润，但并不一定有相匹配的现金流。一旦发现公司的收入、利润及其增长很漂亮，但现金流及其增长并没有相应的漂亮起来，投资者就要高度警惕了。

回答"现金流之问"的关键抓手，是财务尽调的"核数"环节，首先要把目标公司的现金流和银行对账单等核查清楚，如果能把目标公司上游供货商、下游客户的现金流和银行对账单等核查清楚，才能彻底搞清楚目标公司的现金流。当然，这需要过硬的财务审计专业能力和相应的核查权限。

股票投资的基本逻辑：长期看公司，中期看业绩，短期看信号。

"基本面为王，市场面为体，技术面为用"——在证券市场的基本逻辑中，"基本面为王"是核心逻辑，公司基本面的长期趋势决定个股技术面，所以证券投资的个股交易逻辑中一定是"长期看公司"的；对于基本面长期看好的公司，那些季度报表向好、中期业绩证实的公司更容易优先获得市场认可，所以"中期看业绩"；交易周期到了短期即3个月：公司季报业绩没有直接变化，个股股价涨跌主要取决于筹码信号和图形信号两类信号，所以"短期看信号"。

笔者在投资实盘中的发现是：在个股技术面信号中，主要有筹码信号、图形信号两类信号；筹码信号即资金博弈信号，主要通过筹码进出、资金流技去观察、判断，而图形信号主要通过个股形态、各类指标等技术去分析的。在这两类信号中，由于大部分图形信号是股价或筹码信号的一个函数，所以筹码信号是原生的、直接的、第一位的，而图形信号派生的、间接的、第二位的，由此在分析股价走势中，筹码信号不仅决定图形信号、而且早于图形信号，筹码信号占主导地位，而图形信号只能起辅助作用，两类信号联合使用则可以提高判断个股走势的胜率。

在实盘中，笔者的持筹决心主要来自"吃透公司"和"看懂筹码"。"吃透公司"，看懂公司基本面，对公司未来的市场价值有一个客观、合理评估，确保在个股长期趋势上不犯方向性错误；"看懂筹码"，通过现有股东的筹码增减、主力资金的筹码进出，对个股短期、中期走势有一个综合判断和深度把握。可以看出，证券投资"基本面为王"的核心逻辑，贯穿和指引着具体的证券交易逻辑。

在两轮牛熊实战洗礼中，笔者锤炼出了一套"全筹码定盘系统"，这套系统多次成功判断了茅台、格力等好公司的个股走势，发挥了极强的实战功能：识别主力资金意图，判断阶段底部和阶段顶部，成功指引了抄底逃顶操作。

请理解："全筹码定盘系统"属于笔者这边投资实战的秘密武器，暂时还不能对社会公开，计划以后时机成熟时再与更多人交流、共享。

第三节 寻找伟大公司的三种具体方法

站在社会发展与人类进步的角度，伟大公司都是有里程碑意义的。

比如，下面这些全球伟大公司，如表 11-3 所示。

表 11-3 部分全球伟大公司的市场位置与社会影响

公司名称	市场地位	社会影响
微软	全球软件巨头	开创了计算机的软件时代
福特汽车	全球汽车巨头	开创了汽车时代和工业化流水生产线
苹果手机	全球智能手机巨头	开创了智能手机时代
腾讯控股	全球互联网巨头	开创了社交、游戏、互联网广告、移动支付等互联网新业态和新商业文明
阿里巴巴	全球电商巨头	开创了电商、移动支付、物流、普惠金融等互联网新业态和新商业文明

笔者在投资过程中，寻找伟大公司有以下四个逻辑：

第一，该公司在行业内具有稳定的霸主地位，对行业和社会有着深远的影响力。

第二，主营业务具有非常强大的护城河，主打产品具有较高的定价权，确保了其核心能力的不可复制性。

第三，品牌占位或心智垄断，只要一提起这个行业，这些公司居首或必谈的位置。

第四个，产业使命，该公司解决了行业或人类的某个问题。

根据笔者的实盘经验，在股市中寻找伟大公司通常有以下三个具体方法：

第一，先从白马公司中去找。

券商、机构优选白马公司的方法更专业，投资者可以参考券商、机构公认的白马公司，成为伟大公司的概率极高。黑马公司虽然其成长性占优，但其业绩的真实性和成长性的确认不是普通投资者能做到的，需要借助专业机构的力量去甄别，投资黑马公司有踩踏"业绩地雷"的风险。

第二，从身边的产品或服务中去找。

伟大公司对人类社会或产业具有极大的影响，是建立在其高市场占有率和源源不断的产品输出上的，伟大公司并非远在天边，而是近在身边。你在寻找的伟大公司，基本都在你的身边，与你的吃穿住行等基本需求紧密相连，耳熟能详。

第三，从财务报表中去找。

在众多财务指标中，投资者如果只关注一个指标，那就是股东权益报酬率（ROE），也叫净资产收益率。优质公司的ROE一般是高于行业平均水平或者在行业中是领先的。

ROE是评价一家公司赚钱能力、回报股东能力的中长期财务指标。一般说来，过去几年一家公司的ROE连续数年在15%左右或者以上，那它大概率是行业内的绩优公司。如果这样的公司还有较高成长性，比如年度净利润复合增长率超过20%，甚至超过30%，这样难得的绩优公司就应该进入你的股票优选池，成为你重点研究的拟投资对象了。也许，伟大公司就是从你这些绩优公司中走出来的。

以上三个方法简便易行，普通投资者都可以使用。

第四节　与伟大公司同行：
看大趋势、有大格局，赚大钱

贵州茅台、腾讯控股、阿里巴巴、恒瑞医药、格力电器、云南白药……伟大公司并不遥远，就在我们身边，它的大多数产品或服务是我们的必需或最爱。

尽管这些伟大公司的业绩体量已经很大了，达到了数百亿元，但其中的佼佼者仍然可以实现每年30%～50%的增长，比如阿里巴巴、腾讯、茅台等，说他们是伟大公司是当之无愧的。从长周期来看，优质公司尤其是伟大公司的股价走势是与公司基本面方向一致、且长期向上的。

"价值投资2.0体系"中的"MACD + RSI信号组合"，是吃定主升浪的技术法宝，我们用信号组合中的一个指标MACD即可以追踪伟大公司腾讯控股股价的中长期趋势。先来看腾讯控股的大级别K线图，重点关注操作级别增大之后，MACD交叉的变化。

先来看腾讯控股的月线图，月线图上MACD的金叉和死叉信号，还比较多，如图11-3所示。

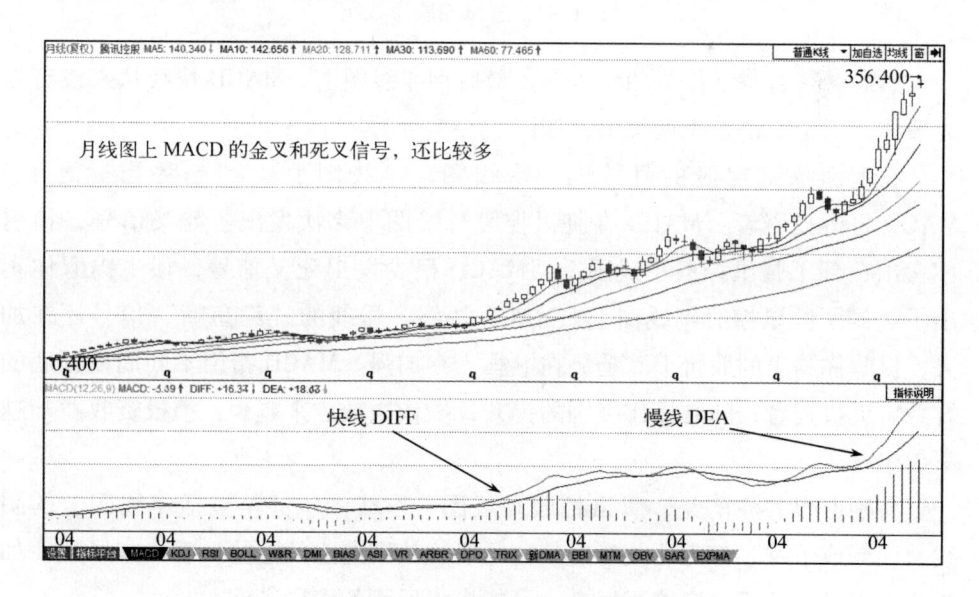

图11-3　腾讯控股月线图

趋势转折的奥秘

再来看腾讯控股的季线图，到了季线图上，MACD 快线 DIFF 数次靠近慢线 DEA，但从未发生过死叉，如图 11-4 所示。

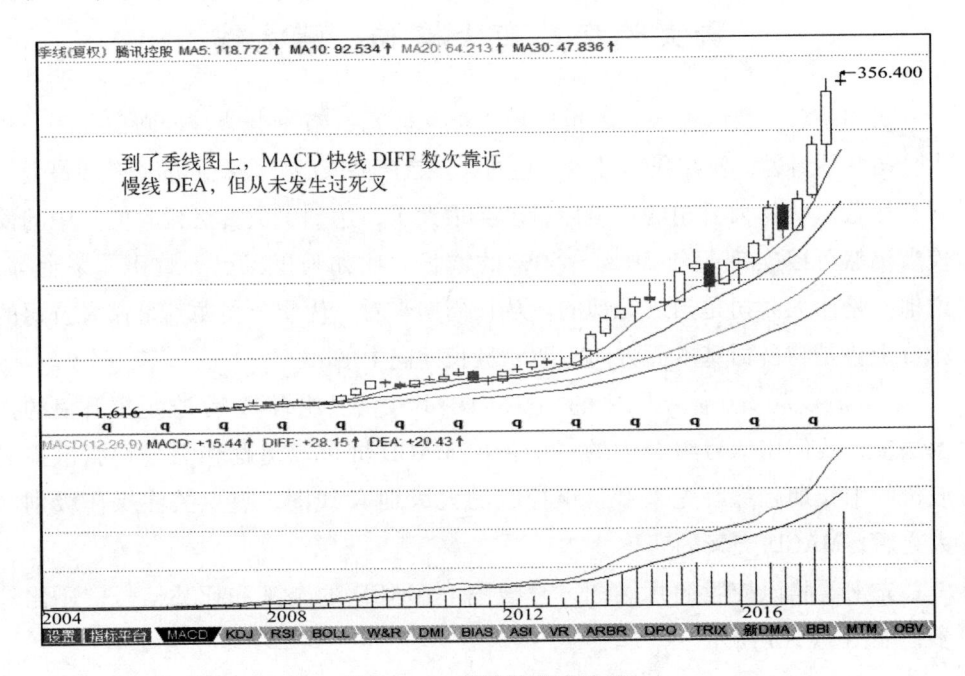

图 11-4　腾讯控股季线图

然后继续看腾讯控股的年线图，最后到年线图上，MACD 快线从来没有靠近慢线，更不要说发生死叉了，如图 11-5 所示。

在上面腾讯控股的月线图、季线图、年线图上，"趋势指标之王" MACD 告诉投资者：MACD 在腾讯控股月线图上多次发出了死叉信号，指引你卖出；到了腾讯控股季线图上，MACD 很少发出死叉信号，很少提醒你卖出了；到了腾讯控股年线图上，MACD 快线、慢线的"鳄鱼嘴"信号还在加大，提醒你腾讯的股价上涨趋势在继续、在加强。MACD 指引不同周期顶底的智慧告诉投资者，随着操作级别的提升，操作次数越来越少，但投资收益却越来越丰厚。

特别值得关注的是，腾讯控股月线图、季线图、甚至包括年线图上的阴线，回调或下跌，都无法改变这家公司股价长期向上的趋势。看出来了吧，如果你卖得早了，不一定能买回来，可能失去后面的大段利润。

第十一章 伟大公司无惧顶底转折：价值投资是大道

[图：腾讯控股年线图，标注"年线图上，MACD 快线从来没有靠近慢线，更不要说发生死叉了"，显示价格 356.400]

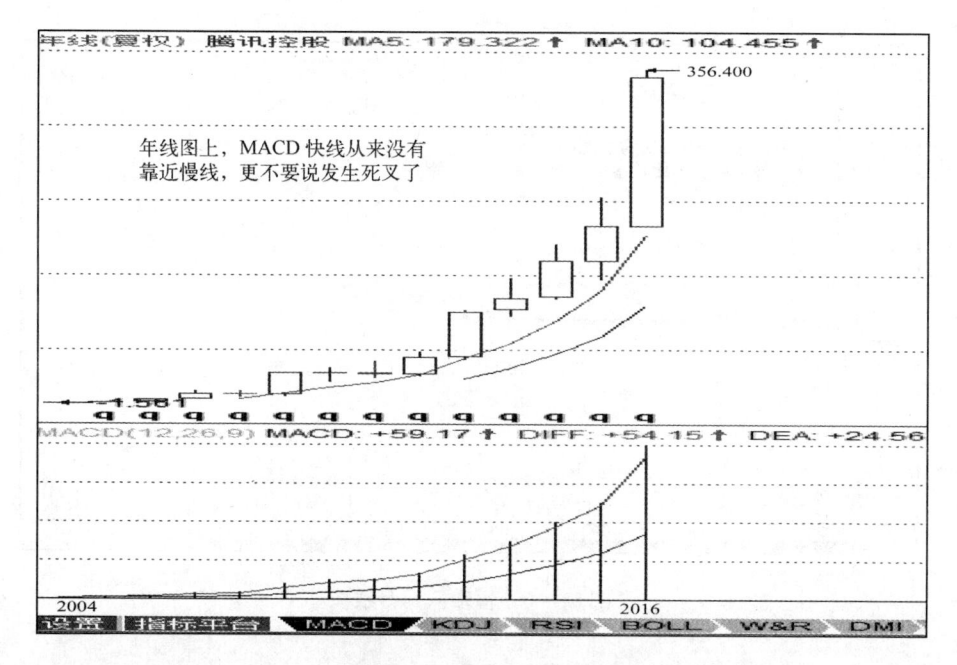

图 11-5　腾讯控股年月线图

我们继续用"MACD + RSI 信号组合"中的一个指标 MACD，来追踪经典白马股、中国 A 股的医药龙头企业恒瑞医药股价的中长期趋势。我们来看恒瑞医药的大级别 K 线图，同样重点关注操作级别增大之后、MACD 交叉的变化。

首先来看恒瑞医药的月线图，月线图上 MACD 的金叉和死叉信号，还比较多，如图 11-6 所示。

再来看恒瑞医药的季线图，到了季线图上，MACD 快线数次靠近慢线，但从未发生过死叉，如图 11-7 所示。

然后继续看恒瑞医药的年线图，最后到年线图上，MACD 快线从来没有靠近慢线，更不要说发生死叉了，如图 11-8 所示。

在上面恒瑞医药的月线图、季线图、年线图上，"趋势指标之王"MACD 告诉投资者：MACD 在恒瑞医药月线图上多次发出了死叉信号，指引你卖出；到了恒瑞医药季线图上，MACD 很少发出死叉信号了；到了恒瑞医药年线图上，MACD 快线、慢线的"鳄鱼嘴"信号还在加大，提醒你恒瑞医药的股价上涨趋势在继续、在加强。MACD 指引不同周期顶底的智慧同样告诉

151

趋势转折的奥秘

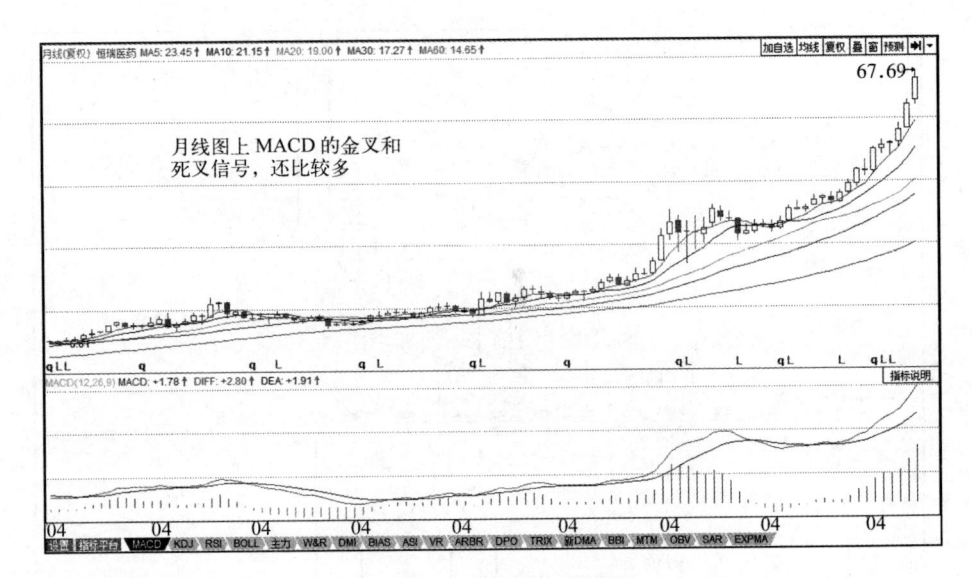

图 11-6 恒瑞医药月线图

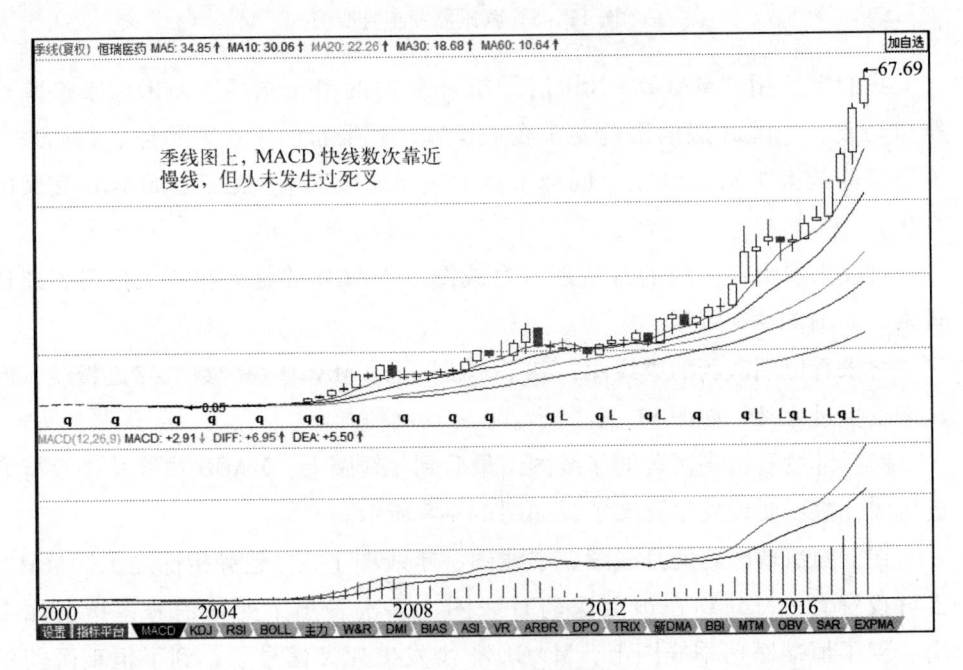

图 11-7 恒瑞医药季线图

152

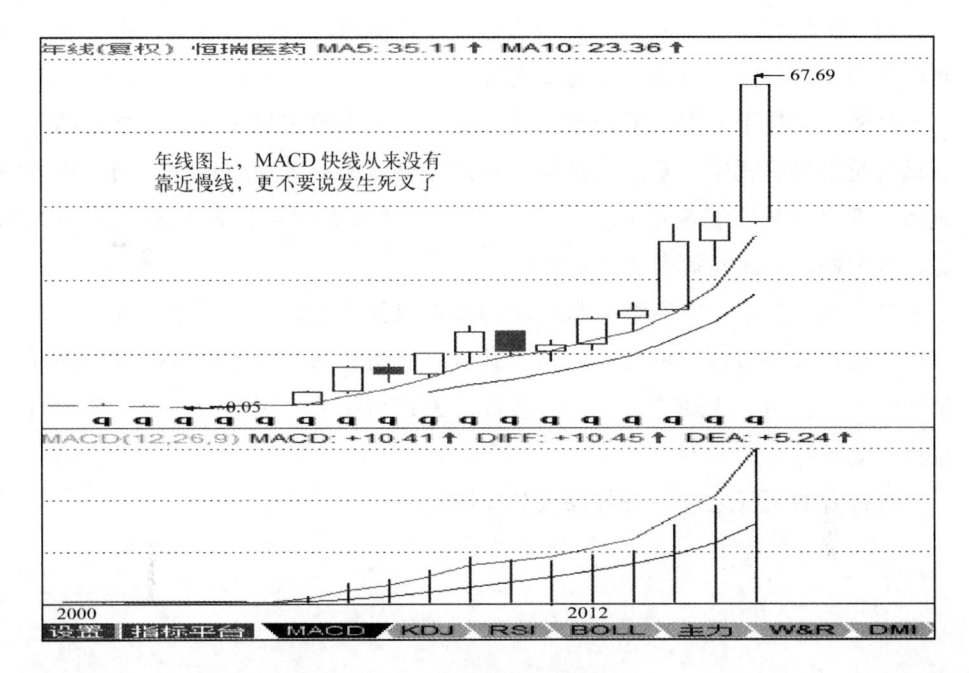

第十一章 伟大公司无惧顶底转折：价值投资是大道

图 11-8 恒瑞医药年线图

投资者，随着操作级别的提升，操作次数越来越少，但投资收益却越来越丰厚。

特别值得关注的是，恒瑞医药月线图、季线图、甚至包括年线图上的阴线，回调或下跌，都无法改变这家公司股价长期向上的趋势。看出来了吧，如果你卖得早了，不一定能买回来，可能失去后面的大段利润。

令人惊奇的是，伴随着操作周期和级别越来越大，操作次数越来越少，但投资收益却越来越大。看来真应验了那句名言："少即是多"，操作越少，赚得越多。

贵州茅台、阿里巴巴、腾讯控股、恒瑞医药、格力电器、云南白药……只要是持续绩优公司或者伟大公司，他们的月线图、季线图、年线图几乎都在告诉投资者："少即是多"，操作越少，赚得越多。如果发现类似伟大公司或者发现未来的"阿里巴巴、腾讯控股、恒瑞医药"后，减少买卖次数、坚定与公司同行，是"少折腾、收益大""少操作、多赚钱"的明智之举。

贵州茅台、阿里巴巴、腾讯控股、恒瑞医药、格力电器、云南白药……即使你没有从这些伟大公司上市时开始持有，如果你从他们成为资本市场响当当的公司开始持有，或者从这些公司遭遇股灾等暂时危机依然有胆识看好这些经典白马公司，那你的收益同样将非常惊人。

当然，定位于大周期操作的难度很高，首先需要选对牛股，你所选的品种要具备长牛股的资质、基因和预期，其次你要能承受大周期过程中的股价大幅波动，不为短期的震荡所扰动，忍受资产回撤或大幅回撤的煎熬，看懂大趋势，有大格局，才能等获得大收益。

过去四十多年，巴菲特非常成功的投资也就十多起，真正赚大钱的投资并不需要投资太多项目，项目少而精、胜过多而滥。所以，投资者最重要的任务是找到伟大公司，找到之后，适时投资进去，与伟大公司同行，最终的投资收益将大大超过你的预期。

投资者的明智之选——与伟大公司同行。

第十二章 经典案例：
股王茅台基本面，驱动超级主升浪

在中国A股，如果仅允许投资一家最稳健的上市公司，这就是：贵州茅台。

如果你短期内无法同意这个判断，那表明你可能需要拿贵州茅台与其他绩优白马去深度比较，去深入理解、比较、考察中国A股的核心资产和绩优品种。

第一节 茅台稳坐中国A股"股王"，
原来是这十多顶王冠加冕

如果按照不同的分类方法、不同的板块、不同的指标以及不同的考查角度，贵州茅台在中国A股究竟占有什么样的地位呢？

不梳理不知道，一梳理吓一跳。笔者深入挖掘了贵州茅台的公司基本面，发现茅台已经拥有了如下十顶王冠。

王冠1："中国酒王""世界酒王"

据初步统计，贵州茅台的利税总额、利润、税金、人均创利税、人均上交税金等指标均居中国白酒行业第一，而白酒又在中国酒类消费中占据大头，所以茅台是当之无愧的"中国酒王"。在市值上，贵州茅台市值已经超过全球酒王帝亚吉欧（Diageo），成为全球市值最高的烈性酒公司，在市值标准上已经晋升为"世界酒王"。

王冠 2:"中国白马股之王"

茅台力压群雄,稳踞"中国白马股之王"。当前,国内有贵州茅台、格力电器、恒瑞医药、云南白药等经典白马股。尽管最近 3 年 ROE 格力电器以 31.24% 略高于贵州茅台的 27.61%,但茅台以其高 ROE、高利润率、高护城河、成长性、品牌垄断、快速消费品等综合优势力压群雄,胜过了格力电器、恒瑞医药、云南白药等经典白马股,成为国内当之无愧的"白马股之王",获得国内外大资金的持续追捧、长期持有。

王冠 3:"中国 A 股高成长之王"

深入分析茅台历史基本面表现,过去 15 年茅台的持续成长基因已经得到验证,2002—2016 年贵州茅台收入与净利润年复合增速分别为 25% 和 31%。

未来 10 年将依然是茅台的黄金 10 年,其持续成长性是大概率事件。根据笔者的判断是:"未来 10 年贵州茅台的业绩成长性有着坚实的成长基因和广阔的市场基础,年度净利润复合增长率维持在 15%～25% 是极大概率事件"。

王冠 4:"中国奢侈品之王"

很多人可能更多地把茅台当成白酒来看待,其实它的另一个身份奢侈品更加重要。与国际对标,茅台的奢侈品地位大致与酒业的路易十三,服饰业的 LV 相当。中国 A 股有一个奢侈品板块,板块里有 30 多家上市公司,如果去仔细比较,茅台在奢侈品中的综合优势要甩出那些游艇、珠宝等公司几条街。

王冠 5:"高端社交之王""未来主流社交之王"

从新中国建国开始,茅台荣升"国酒",至今在中国的政界、商界、文化界等高端社交场合,茅台几乎是"标准配置",而其他酒类、奢侈品、消费品则并不一定有这样的殊荣了,茅台是当之无愧的"高端社交之王"。

展望未来,茅台的产品线和价位开始向下延伸,在更多主流社交场合都将见到茅台的身影,茅台"未来主流社交之王"的新定位即将显现。贵州茅台董事长袁仁国说过:"为了让消费者喝上不同价格、不同质量的酱香型酒,茅台公司从价格区间入手,提出了'133'品牌战略"。第一个"1"

是要把茅台酒打造成世界品牌；"3"的意思是，要打造3个全国性品牌，比如茅台王子酒，茅台迎宾酒等；第二个"3"的意思是，要打造三个区域性品牌，比如说华茅、王茅、赖茅等。这几个品牌的产品价格层次非常全面，从六七十元，到一百多块钱，再到最贵的1500元一瓶都有，让消费者有多种选择。

王冠6："穿越牛熊之王"

茅台从16年前上市到现在，股价复权价增长了100多倍，股价增长穿越了中国A股的多轮牛市熊市。只要你不用杠杆，你可以一直持有到现在，且收获极大。

王冠7："危机崛起之王"

梳理茅台的发展会发现，过去10年茅台经历了5次大危机，分别是2008年世界金融危机、山西假酒案对茅台的冲击、塑化剂事件、2013年八项规定以及2015年股灾。对应到茅台，我们用年线来看这些危机对茅台股价的影响——茅台股价年线图上较大的阴线，只有两根。站在年线级别来看茅台的长期发展趋势，这些大危机在短期内都给茅台股价带来了一定程度的调整，但并没有改变茅台长期发展趋势，无论是经营业绩还是市值增长，茅台股价持续向上的方向、趋势没有发生变化。

过去10年茅台经历了5次大危机，在调整过后保持趋势，继续稳健前行，股价继续延续超级主升浪。

王冠8："中国超级锁仓股之王"

国内外大资金高度锁仓茅台股票不卖，包括我身边的商界精英朋友买了茅台之后大都长期锁仓，所以我把茅台股票定义为"中国超级锁仓第一股"。实盘操作中深刻认识到茅台股票是"中国超级锁仓第一股"，这种超级锁仓现象不仅加剧了筹码的稀缺，而且使茅台股票长期出现"易涨难跌"的现象，股价更容易拉升，或者说只有短期内大幅拉升才有人愿意卖出筹码。

王冠9："高净利率之王"

在中国的上市公司中，很少有企业可以像贵州茅台这样每年赚取50%的税后利润。像茅台毛利率水平达到 90% 的上市公司是有的，但净利率水平达到 50% 且持续很多年的上市公司，极为罕见，笔者至今还没有找到第二家，如图 12-1 所示。

盈利能力指标	16-12-31	15-12-31	14-12-31	13-12-31	12-12-31	11-12-31	10-12-31	09-12-31	08-12-31
加权净资产收益率(%)	24.44	26.23	31.96	39.43	45.00	40.39	30.91	33.55	39.01
摊薄净资产收益率(%)	22.94	24.25	28.73	35.51	38.97	35.06	27.45	29.81	33.79
摊薄总资产收益率(%)	18.00	21.63	26.82	31.79	35.07	30.59	23.55	25.63	30.50
毛利率(%)	91.23	92.23	92.59	92.90	92.27	91.57	90.95	90.17	90.30
净利率(%)	46.14	50.38	51.53	51.63	52.95	50.27	45.90	47.08	48.54

图 12-1 茅台的盈利能力指标

王冠 10："高 ROE 之王"

2008—2016 年财报中，茅台的加权 ROE 最低为 24.44%，最高为 45%（图 12-1）。

对于上市公司 ROE 的水准，年度 ROE 超过 15% 的上市公司占比在 10% 以内，有的年份这个数字会更低；在这样的背景下，你才会了解贵州茅台 ROE 的水平之高。也就是说，一家上市公司年度 ROE，达到 15% 是很难的事情，是小比例事件，而如果能持续实现 15% 是极难的事情，是极小比例事件。在国内上市公司中，茅台是无可置疑的"高 ROE 之王"。

此外，还有"商品定价权之王""高预收款之王""酒类收藏品之王"……茅台的王冠，不需要再列举。如果再往下细分、列举，也许又能列出十顶左右王冠来。

笔者从事股权投资多年，衷爱价值投资，当前中国企业界能称得上世界级伟大企业的首先是"华、茅、腾、阿"（华为、茅台、腾讯、阿里）这四家，华为不上市，腾讯、阿里在境外上市了，茅台是中国 A 股当之无愧的超级"股王"。

可以说，这十顶王冠加冕，茅台绝对"股王"地位在中国 A 股无人撼动。

在中国 A 股，如果仅允许投资一家最稳健的上市公司，那就是：贵州茅台。如果你短期内无法同意这个判断，那表明你可能需要拿贵州茅台与其他绩优白马去深度比较，去深入理解、比较、考察中国 A 股的核心资产和绩优品种。

第二节　股王茅台多空大论战，多方占优

655元，2017年10月27日，茅台股价盘中创出了历史新高。回头一看，就在2017年9月11日，茅台最低回调到了470元，仅仅30个交易日（剔除8天国庆长假）茅台实现了39.36%的涨幅，如图12-2所示。

图12-2　贵州茅台日线图

那些坚定继续持有茅台的人又赚翻了。同时，茅台市值从6000亿元跃升到8000亿元的体量。

短短30个交易日茅台实现了近40%的涨幅，很多人惊呼"茅台疯狂""被情绪掌握"，等等。来看一下当时网络上的观点：

［观点］茅台股价被情绪掌握已到估值顶；

［观点］××点评茅台走势：上帝欲其灭亡，必先使其疯狂；

［观点］教授称茅台股价冲顶出货：市盈率30 市净率9 已到极限。

……

看到这些纷纷扰扰的观点，我觉得必须出来说话，以理服人了，于是加入了这场有史以来影响广泛的"茅台多空大论战"，我的博文"470元至655元这波'理性'上涨，有三大坚实逻辑"，观点鲜明，首先把470元至655元这波近40%的上涨价值投资者定性为"理性"，同时摆出了自己的三大坚实逻辑。

博文发到我的新浪博客上之后，新浪网随即在醒目位置刊发、推广。

博文主要内容如下：

论战1：470元至655元这波"理性"上涨，有三大坚实逻辑

作为持续投资茅台10年以上的价值投资者，笔者明确地告诉各位投资者，"1股650元的茅台没有泡沫，逻辑很简单、很明白，就拿市盈率标准来说，茅台2007年大牛市时达到过110倍市盈率，那叫泡沫很大，茅台16年前上市时市盈率27倍，现在股价650元时动态市盈率30倍，跟上市时市盈率相当，市盈率基本没有涨，有泡沫吗"？

笔者还要给各位投资者给自己的判断："像茅台这样兼具超级经典白马股、高成长蓝筹股、绩优奢侈品龙头于一身的稀缺投资品种，它的合理估值区间应该在30～50倍之间，所以，笔者当前茅台股价在合理区间，贵有贵的道理。"

那些惊呼茅台股价高、有泡沫的投资者，笔者想和你们谈谈心："主力资金傻吗，敢于在这个位置买茅台的大资金、主力资金，都是深思熟虑的"。

短短30个交易日，茅台股价从470元到655元39.36%的涨幅，笔者的看法是：茅台这波上涨"是理性的"，而且有三大坚实的逻辑支撑。

第一个逻辑：茅台2017年全年业绩将非常好，大概率超预期。

茅台股价的上涨有着业绩成长性的坚实支撑。当前，茅台公司已经是年营收500亿元体量的酒业巨头、奢侈品巨头，尽管它的体量已经很大，它的成长性仍然非常优秀。茅台财报显示茅台的成长在加速，茅台2017年三季报业绩增速60%的水平远高于茅台2017年半年报30%的水平（茅台2017年半年报显示，上半年实现营收241.9亿元，同比增长33.11%；净利润为112.51亿元，同比增长27.81%。茅台2017年三季报显示，2017年1—9月贵州茅台营业收入为424.5亿元，同比增长59.4%，净利润为199.84亿元，同比增长60.3%。单第三季度，公司营业收入为183亿元，同比增长116%，净利润为87.3亿元，同比增长138.4%）。

大家知道，第四季度同样是茅台的销售旺季，按照上市公司的财报规律，三季报业绩基本确定了全年业绩。这样，茅台2017年全年业绩将非常好，大概率超预期，笔者测算茅台2017年全年业绩同比增速将达到35%～45%，甚至更高。茅台的持续成长性，呈现出了加速成长的特征，这体现了白酒市场向龙头、向茅台加速集中的趋势。

第二个逻辑：茅台将在 2018 年春节前后开始提价，未来 3 年进入提价周期。

在近 3 个月左右时间内，茅台还有一个重磅利好即将兑现，那就是，提价。现在距离 2018 年春节只有 3 个多月时间了，茅台将在 2018 年春节前后开始新一轮提价，并在未来 3 年进入提价周期——这是茅台股价上涨的又一个"重量级催化剂"。

茅台提价这种重磅商业秘密，笔者是怎么知道的？实话实说，笔者是从证券公司研报中挖掘到的，中金公司预判 2018—2020 年茅台酒提价幅度将达到 22%、15%、15%，出厂价到 2020 年达到 1322 元，同时产品结构中出厂价格 3599 元的 15 年陈年茅台酒等高端产品的营收比例存在较大超预期上升空间。很明显，茅台后续提升的价格将直接增厚公司的利润。

（注：2017 年 12 月底，茅台宣布平均涨价 15%，笔者提前两个月成功预判茅台酒涨价。）

第三个逻辑：上市公司贵州茅台酒股份有限公司管理层将获得股权激励。

很多投资者可能还不知道，贵州茅台——这么好的上市公司可惜至今还没有管理团队获得股权激励。鉴于贵州省国资委等相关部门未出台相关指导意见和具体措施，目前上市公司贵州茅台尚未启动股权激励有关工作。没事，重磅好消息来了，占有贵州茅台上市公司 61.99% 股份的控股股东——中国贵州茅台酒厂（集团）有限责任公司，明文承诺 2017 年 12 月底前推进制定对公司管理层和核心技术团队的股权激励办法，这个承诺事项是有履行期限，而且需要及时严格履行。股权激励政策出来后，对茅台上市公司肯定是持续利好。

这个重磅利好信息是哪里来的？来自公开信息，你别不信，你去看看茅台 2017 年半年报，上面写的清清楚楚。做证券投资，上市公司的公告是必看内容，其中半年报、年报是应该下大功夫去做的功课，要仔细琢磨里面的消息对公司、对公司股价的影响。

别说有上面这三个重磅"利好"，即使有上面一个重磅利好，茅台股价涨它个 10%、20% 都是有逻辑支撑的，认同、愿意走价值投资这条大道的投资者，相信你会认可笔者的观点。

有着价值投资 10 多年江湖经验的笔者分析：茅台 30 个交易日近 40% 的涨幅——这不仅仅是新资金入场拉升的，而可能主要是有底仓的大资金干的，这是由"谁受益、谁拉升"的筹码博弈规律决定的；实施这波股价暴动的主力资金，他们知道上面"三个重磅利好"一定不会比笔者晚，他们极其老练、老道，在很多方面想到了很多大资金和机构的前面，在这三个利好出来之前拉升股价，借助这三个利好更容易地把筹码转换给看好这三个逻辑的新资金。也许在这波拉升过程中，负责拉升，有底仓的主力资金，已经同时悄悄开始出货、收益不菲了。当然，这是笔者的判断，真正懂得证券二级市场筹码博弈的内行会明白这个门道的。

持续关注笔者的投资者知道，"基本面为王"是我做证券投资的核心理念，如果买了基本面不熟悉的品种，晚上睡觉都会不踏实。鉴于贵州茅台上市公司基本面，未来5～10年依然是茅台的黄金年代，持续快速成长是极大概率事件，就像10年前很多人不敢想象北京房价这10年的上涨幅度，茅台股价未来10年可能涨到你不敢想象的高度。

最后，笔者还是那句老话：在茅台股价的历史长河中，目前600元的价位还在低位；现在逢低买入茅台，不保证你短期内一定赚钱，但长期你将一定是赚钱的。

论战2：三个维度比拼，茅台8000亿市值"没有泡沫"

这场"茅台多空大论战"，争论的一个核心焦点是"茅台当前的估值到底有没有泡沫"，舆论偏向于认为茅台有泡沫或泡沫很大，观点如下：

［观点］近8成股民认为茅台股价存泡沫，担心买在高位。

［观点］教授称茅台股价冲顶出货：市盈率30市净率9已到极限。

［观点］××点评茅台走势：上帝欲其灭亡，必先使其疯狂。

［观点］茅台和房价谁会先崩：茅台是用来喝的还是炒的？

…… ……

笔者经过冷静分析、研究之后，率先在媒体上鲜明发声"茅台八千亿市值没有泡沫"，形成了博文之后，很快被新浪网等网站放在醒目位置报道。

博文主要内容如下：

在很多人认为"茅台泡沫太大了"的当下，笔者非常明确地说："当前茅台股价、市值都不高，还在合理区间，没有泡沫"。

作为一名理性的价值投资人，我有着缜密的比较和判断：

第一，自己与自己比：茅台的市盈率处在非常低的水位。

市盈率是衡量一只股票估值高低、泡沫程度的重要标准。截至2017年10

第十二章 经典案例：股王茅台基本面，驱动超级主升浪

月 27 日，茅台动态市盈率 30 倍，这个市盈率水平在茅台过去 16 年股价波动历史中处于一个什么样的水位呢？

回测茅台过去 16 年的市盈率波动数据发现，茅台的估值最低时为 2013 年，市盈率为 8.69 倍，系反腐八项规定和塑化剂事件导致，市场不清楚这两大重磅利空将给茅台股价回调带来多深的影响，市场极度悲观，给茅台市盈率报出了个位数。茅台的估值最高时曾经超过 100 倍，那是 2007 年大牛市 6100 点水位时，茅台市盈率最高为 110 倍。如果茅台的市盈率从高到低分五档，如今茅台 30 倍的市盈率水平落在低分位的第四档 20～40 倍这档中。

数据是最有说服力的，茅台自己与自己比，当前的估值是处在非常低水位的。

第二，自己与国内同行比：茅台的市盈率处于中游偏下位置。

截至 2017 年 10 月 27 日茅台 30 倍的动态市盈率，在国内 37 家酿酒行业上市公司市盈率从低到高排名中，排名为第 11 名，在酿酒板块处于中游偏下位置，它的龙头溢价效应并没有显现出来，如图 12 - 3 所示。（2017 年 10 月 29 日数据）

	总市值	净资产	净利润	市盈率
贵州茅台	8161亿	884亿	200亿	30.63
酿酒行业（行业平均）	475亿	81.2亿	11.8亿	30.17
行业排名	1|37	1|37	1|37	11|37
四分位属性	高	高	高	较低

图 12 - 3 茅台市盈率在酿酒行业中的排名

这意味着酿酒板块中很多酒类个股的市盈率，都远远高于茅台。笔者要给茅台说句公道话，如果说白酒、酿酒板块有泡沫，首先是那些高市盈率的酒类个股泡沫大，而不是茅台有泡沫。

趋势转折的奥秘

第三，自己与国外同行比：茅台的相对估值指标 PEG 并不高。

即使与国际顶级酒业巨头帝亚吉欧比较，茅台的相对估值都不高。从历史基本面表现看，2002 年至 2016 年贵州茅台净利润年复合增速为 31%，茅台 2017 年三季报净利润同比增长 60.3%，中国 A 股给予茅台 30 倍的动态市盈率。而帝亚吉欧收入和净利润年复合增速分别为 1.34% 和 2.37%，帝亚吉欧在伦敦和纽约两地上市，成熟的美国市场给予帝亚吉欧 25 倍市盈率，如图 12－4 所示（2017 年 10 月 27 日数据）。

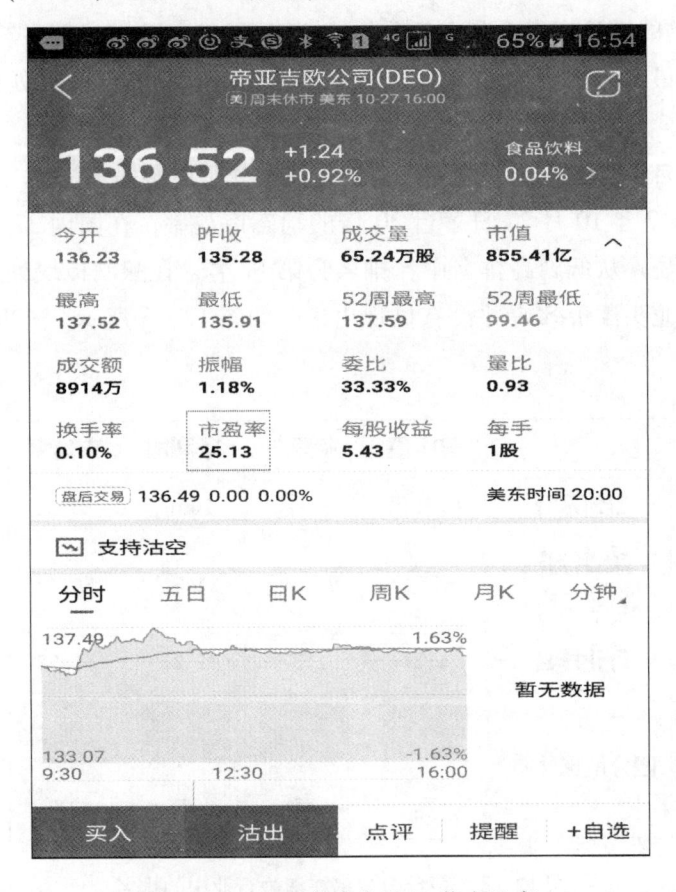

图 12－4　帝亚吉欧公司 25 倍市盈率

PEG（市盈率/年净利润增长率）是评价上市公司估值和业绩匹配度的指标。通常认为，PEG 值在 1 附近，估值在合理区间，PEG 值小于 1 时，市场低估，越小、相对估值越有优势。由于公司所处的发展阶段不同，帝亚吉欧业绩增速趋缓，贵州茅台重回加速增长阶段，所以茅台的 PEG 与帝亚吉欧相比低很多。茅台的年净利润增长率即使取低值31%，茅台的PEG也小于1。如果茅台的年净利润增长率取2017全年45%（保守数据），茅台的PEG为0.67，而帝亚吉欧的PEG为10.5。这就是说，茅台的相对估值比帝亚吉欧有优势，茅台低估，茅台的估值上升空间更大。

笔者测算，2017年全年贵州茅台营业收入预计为590亿元～620亿元，甚至更高，全年净利润为260亿元～290亿元，甚至更高。（茅台2017年三季报显示，2017年1—9月贵州茅台营业收入为424.5亿元，同比增长59.4%，净利润为199.84亿元，同比增长60.3%。单第三季度，公司营业收入为183亿元，同比增长116%，净利润为87.3亿元，同比增长138.4%。）

对于茅台这样兼具超级经典白马股、高成长蓝筹股、绩优奢侈品龙头于一身的稀缺投资品种，对于茅台这样净利润年复合增速能保持在30%左右，且有定价权的超级品牌来说，茅台的合理估值区间在30～50倍之间，即使按中位数40倍计算，2017年净利润按照笔者预测的下限260亿元计算，茅台的市值已经超过10000亿了。究竟是年复合增长率30%左右还是30～40倍市盈率的超级品牌，稀缺龙头茅台有泡沫？还是那些高成长可能无法持续，60倍或80倍市盈率的其他白酒股泡沫？到底哪个白酒股有泡沫？其实是很明显的事情。

对于中国股市中长期的行情，笔者是比较乐观的。如果在未来10年再来一轮大牛市，市场给予茅台50倍估值的概率很大，那时茅台的市值预计将超出很多人的预期。到那时你就不会感觉到茅台8000亿的市值贵了，更不会觉得2017年10月份时8000亿元市值，600元的价位贵了。

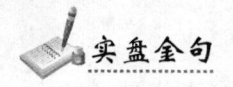

实盘金句

大投资人要多看优质公司的股价年线图，才更容易有大趋势、有大格局

赚大钱，要看大趋势、有大格局。

拉长时间看，在茅台股价的历史长河中，

2017年10月茅台1股600多元，尽管你觉得贵，其实还在低位。

巴菲特的哈撒韦公司1股28万美元，你觉得贵吗？

趋势转折的奥秘

> 对于伟大公司，大投资人要多看优质公司的股价年线图，
> 你才会明白很多那些当时看来所谓"世界末日的危机"，
> 或许都不是多大的事儿。

赚大钱，要看大趋势、有大格局。拉长时间看，在茅台股价的历史长河中，茅台600元股价还在低位；现在茅台1股600元你觉得贵，巴菲特的哈撒韦公司1股28万美元你觉得贵吗？笔者打一个比方：就像现在北京的房价、四环五环附近都是每平米10万元或以上的水平了，你还会觉得几年前每平米3万、5万的房价贵吗？！

现在不敢买茅台（逢低买更好），就好像几年前你不敢买北京的房子道理一样，你可能会后悔的。当然，把股票的买点把握好，这不是一般人能做的事情。

上面博文发出后的当天，国内著名投资人、长期投资茅台的但斌先生，在他的博客上转载了笔者的博文，如图12-5所示。

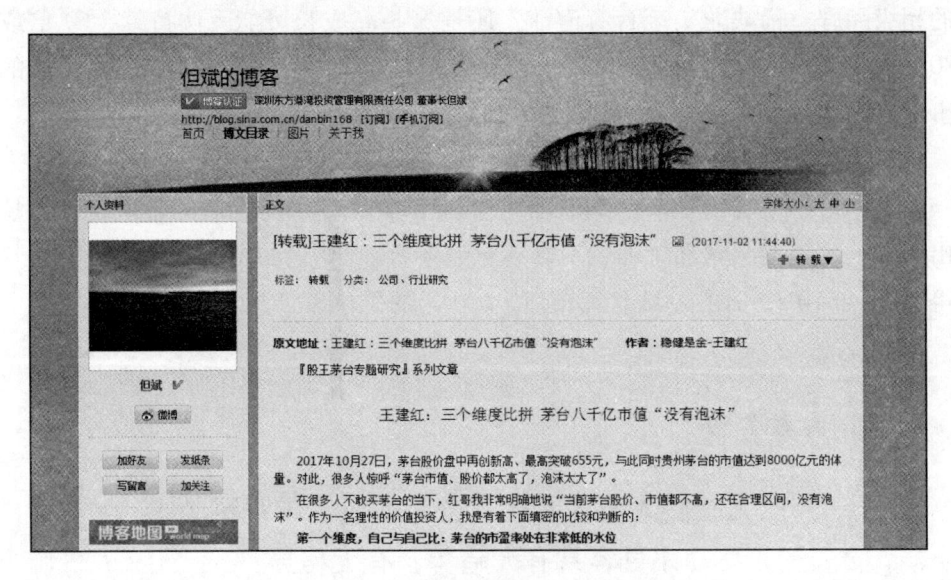

图12-5 但斌博客转载笔者的博文

在这次茅台多空大论战中，但斌曾经以"茅台是酱香型白酒，没有泡沫，有泡沫的那是啤酒"的幽默段子，表态茅台股价没有泡沫，站在了多头立场上。他在自己博客上转载笔者的文章，不仅仅表明他认可笔者"茅台八千亿

市值没有泡沫"的观点,更表明他认可笔者"茅台无泡沫论"背后的茅台市盈率纵向对比、行业横向对比、国外标杆对比这三个对比逻辑,笔者的观点以及形成观点的逻辑都是经得起推敲,站得住脚的。

论战3：红哥怼茅台空头，看空理由全立不住，卖空你将很悲剧

在这场茅台多空大论战进行的过程中,有一天北京神农投资陈宇先生发微博"茅台现在应该卖出的六大理由"看空茅台,并亮出了卖出茅台的6大理由。看了该文之后,笔者明确不同意陈宇先生的观点,如鲠在喉、不吐不快,我愿意摆事实、讲道理、说逻辑、亮数据,与陈宇先生隔空论战。

我的博文发出之后,新浪网放在醒目位置报道,同时几十家网站转载。

由于本书的内容是系统介绍笔者的投资理念、投资方法,关于笔者与陈宇在茅台上的多空争论,不是本书主要内容,感兴趣的投资者可以到互联网上去搜索、查阅这篇文章（文章题目为："红哥怼茅台空头：六条看空理由全立不住,卖空你将很悲剧"),希望对投资者理解茅台的多空争议有所帮助。

在这场茅台多空大论战中,有一些机构在喧嚣的舆论氛围中发出了独立的声音：

［观点］平安证券评贵州茅台：高增长如期而至2018年底气仍足。

［观点］中泰证券点评贵州茅台：远超预期,厚积薄发剑指万亿。

［观点］瑞银资管：茅台的动态估值依然合理。

这些机构的观点与笔者相近,都认为茅台无泡沫,估值在合理区间,属于多方。

由于券商等机构,有着专业的证券投资分析部门,其观点相对更加理性、冷静,可靠度同样更高。

这场茅台多空大论战,国内知名投资人但斌、王建红等多位人士加入论战,多头、空头针锋相对,你来我往,成为当时资本市场和财富管理市场上的热门话题。通过这场论战,投资内行以专业知识、方法向广大投资者深度解读了"白马股之王"茅台的投资价值,同时进一步在中国证券市场上传播了价值投资、理性投资的理念。

截止2018年3月28日发稿时,茅台股价于2018年1月15日最高报799.06元,比陈宇2017年10月29日发出卖空茅台时的股价655元高144元,

空头遭到市场打脸，多方完胜。

第三节　茅台基本面驱动，股价将开启超级主升浪

真正理解茅台股价及其长期上涨趋势，不能仅仅从市盈率、市净率、PEG等这些表面指标上去理解，而应该首先从贵州茅台的盈利能力、贵州茅台的唯一性、贵州茅台的成长基因、茅台股票筹码的稀缺性等茅台内涵和深度上去理解，你才能真正理解茅台股票的现在这个价位，并理解茅台股价节节上涨的长牛走势。

> **实盘金句**
>
> **首先吃透这四方面，你才能真正理解茅台，
> 并愿意接受茅台股价的超级主升浪**
>
> 真正理解茅台股价及其长期上涨趋势，
> 不能仅仅从市盈率、市净率、PEG等这些表面指标上去理解，
> 而应该首先从贵州茅台的盈利能力、贵州茅台的唯一性、
> 贵州茅台的成长基因、茅台股票筹码的稀缺性等
> 这四方面内涵和深度上去理解，
> 你才能真正理解茅台股票的现在这个价位，
> 并理解茅台股价节节上涨、开启超级主升浪的长牛走势。

国内外大资金高度锁仓茅台股票不卖，包括笔者身边的商界精英朋友买了茅台之后大都长期锁仓，所以笔者把茅台股票定义为"中国超级锁仓第一股"。实盘操作中深刻认识到茅台股票是"中国超级锁仓第一股"，这种超级锁仓现象不仅加剧了筹码的稀缺，而且使茅台股票长期出现"易涨难跌"的现象，股价更容易拉升，或者说只有短期内大幅拉升才有人愿意卖出筹码。

茅台股价的上涨有着业绩成长性的坚实支撑。当前，茅台公司已经是年营收500亿元体量的酒业巨头、奢侈品巨头，尽管它的体量已经很大，它的成长性仍然非常优秀。茅台财报显示茅台的成长在加速，茅台2017年三季报业绩

增速60%的水平远高于茅台2017年半年报30%的水平。（茅台2017年半年报显示，上半年实现营收241.9亿元，同比增长33.11%；净利润为112.51亿元，同比增长27.81%；茅台2017年三季报显示，2017年1—9月贵州茅台营业收入为424.5亿元，同比增长59.4%；净利润为199.84亿元，同比增长60.3%。单第三季度，公司营业收入为183亿元，同比增长116%，净利润为87.3亿元，同比增长138.4%。）茅台的持续成长性，呈现出了加速成长的特征，这体现了白酒市场向龙头加速集中。

深入分析茅台历史基本面表现，过去15年茅台的持续成长基因已经得到验证，2002—2016年贵州茅台收入与净利润年复合增速分别为25%和31%。未来10年将是茅台的黄金10年，其持续成长性是大概率事件，依然非常值得期待，成长性主要来自以下三个方面。

业绩成长性来源之一：提价

中金公司预判2018—2020年茅台酒提价幅度达到22%、15%、15%，出厂价到2020年达到1322元，同时产品结构中出厂价格3599元的15年陈年茅台酒等高端产品的营收比例存在较大超预期上升空间。

很明显，茅台后续提升的价格将直接增厚公司的利润。茅台2018—2020年的提价计划和重磅举措，将直接增厚茅台2018—2020年及以后若干年的业绩，基本使未来业绩持续高成长成为"板上钉钉"的事儿。

业绩成长性来源之二：产量提升与系列酒等公司业绩增长

茅台集团的"十三五"规划制定了总体发展战略：一品为主，多品开发，做好酒的文章；一业为主，多种经营，走出酒的天地。后面这个战略主要是茅台集团的业务，目前与上市公司贵州茅台业绩直接关系不大。

上市公司贵州茅台的业绩增长，同时来源于产量提升与系列酒等业绩增长。从主业来讲，茅台将继续做好酒的文章，重点销售茅台酒和系列酒、定制酒。茅台酒的基酒产量才4万吨，而一瓶茅台酒制作周期至少要5年的时间，因此每年市场销售量不到2万吨。

业绩成长性来源之三：变革营销体系、挖掘利润空间

2017年电商巨头京东董事长刘强东去茅台考察，是茅台变革营销体系的

趋势转折的奥秘

又一个明确信号。这几年，茅台公司一直在推动云平台的营销体系建设，茅台原有的营销体系中各级渠道商拿走了很大一块利润，甚至出现了经销商"屯酒卖高价"的现象，事实上成为茅台的对手盘，从市场上拿走了茅台酒的很多市场利润。如果将来变革营销体系，茅台酒更多通过电商平台直接卖给消费者，相当于把部分市场利润和经销商的利润回归到了茅台公司，挖掘出了利润空间。

看茅台不能用市价来判断有没有投资价值，应该看它今后几年甚至十年的业绩增长预期。从茅台成功转型到商务消费开始，公司已经转向卖方市场；可以看出，未来十年贵州茅台酒业进入量价齐升阶段，开启了新一轮上升上升趋势和黄金发展时代。

我的判断是："贵州茅台今后五年营业收入和净利润的复合增长率维持在20%～25%是大概率事件，公司的成长性是有着坚实的市场基础和成长基因的"。茅台集团在打造"十三五"规划的千亿计划，到2020年这一计划完成的话，年净利润将在450亿元～500亿元体量，茅台的市值将更高，相信到那时候回头看现在茅台的股价，就很低了。

我测算，2017年全年贵州茅台营业收入预计为590亿元～620亿元、甚至更高，全年净利润为260亿元～290亿元，甚至更高。（茅台2017年三季报显示，2017年1—9月贵州茅台营业收入为424.5亿元，同比增长59.4%；净利润为199.84亿元，同比增长60.3%。单第三季度，公司营业收入为183亿元，同比增长116%，净利润为87.3亿元，同比增长138.4%。）按照上述净利润基数和复合增长率测算，10年后贵州茅台的年度净利润预计为1500亿元左右，到那时茅台公司市值或将超出很多投资者的预期。

茅台股价在10年后究竟能涨到多少钱？

茅台股价太敏感，是全国甚至是全球投资者都关心的话题。笔者不想过多地预测茅台股价，笔者更愿意拆解决定股价的核心逻辑，用公式表示如下：

贵州茅台公司10年后的市值（V）
=茅台公司10年后的市盈率（P）×茅台公司10年后的净利润（E）

贵州茅台公司10年后的股价
=贵州茅台公司10年后的市值/公司10年后的总股本

可以看出，茅台10年后股价的测算结果取决于两个关键指标。

第一个关键指标是茅台未来10年的净利润复合增长率，笔者建议该数值

第十二章 经典案例：股王茅台基本面，驱动超级主升浪

取20%来自于以下判断："未来10年贵州茅台依然是高成长的黄金时代，业绩成长性有着坚实的成长基因和广阔的市场基础，年度净利润复合增长率维持在15%～25%是极大概率事件，未来10年净利润增长率，如果取用15%指标，是更稳健的选择，取增长的下限指标，已经秉持了稳健、审慎甚至是保守精神"。笔者的15%～25%年度净利润复合增长率判断，得到了酒类、投资等业内资深人士的支持和认可。

第二个关键指标是茅台股票的市盈率，笔者出于稳健考虑、建议采用30倍市盈率。笔者回测茅台过去16年的市盈率波动数据发现，茅台的估值最低时为2013年，市盈率为8.69倍，系反腐八项规定和塑化剂事件导致，市场不清楚这两大重磅利空将给茅台股价回调带来多深的影响，市场极度悲观，给茅台市盈率报出了个位数。茅台的估值最高时曾经超过100倍，那是2007年大牛市6100点水位时，茅台市盈率最高为110倍。如果茅台的历史市盈率从高到低分五档，采用30倍市盈率水平落在低分位的第四档20～40倍这档中，同样遵循了稳健和审慎精神。

特别要说明的是，上面两个关键指标计算出的茅台10年后的股价，主要是茅台业绩成长推动的股价上涨，还没有计算市盈率带来的股价增长，如果未来10年左右有一轮大牛市，市场给予茅台50倍市盈率的概率极大（在上一轮大牛市2007年时市场曾经给予过茅台超过100倍市盈率），如果按照50倍市盈率计算，预计茅台的公司市值和股价将更高，大大超出预期。

通过上述核心逻辑，可以预期：**茅台公司卓越的基本面驱动，股价或将开启超级主升浪，笔者我的测算是茅台股价在10年后有大概率看高到3000～4000元**，是否能到达，让时间来验证。至于茅台10年后的股价到底能涨到多少钱？投资者同样可以根据上面的公式和关键指标去测算。

现在你可能觉得10年后茅台股价贵，如果你看了巴菲特的哈撒韦公司股价在40年时间成长到30万美元一股，你就不会觉得茅台股价贵了。

价值投资者的投资大道是，与伟大公司共成长，那时见证、伴随伟大公司成长过程将成为投资者最幸福的事情，而投资赚钱、获取更高收益将成为顺带的结果。

[**特别说明**：本书中对茅台等公司和股价的观点，仅为作者的投资研究案例，是作为以后回忆录的素材，不做推荐，亦不构成投资建议；投资者入市操作，须要自主做出投资决策，责任自负。]

哲学篇

投资正道与大道

【把握趋势转折的投资逻辑与哲学】

> 行正直路的,步步安稳。走弯曲道的,必致败露。
>
> ——《圣经》

第十三章　中国股市的投资逻辑：三维投资体系

市场之势、投资之道、交易之术——证券投资交易的全部奥秘和门槛，就藏在这三个维度里。证券投资从业人员，谁都无法逃避这三个维度的影响。

实际上，"势、道、术"这三个维度是证券投资行业的内在门槛，任何一位证券投资管理人无法实现持续盈利，根本原因是还没有搞懂这三个维度，没有吃透市场、管好自己。

《孙子兵法》云：知己知彼，百战不殆。在中国证券市场从事证券投资，首要问题是认识这个市场，只有理解、吃透这个市场，同时管住自己，才有可能在这个市场持续赚钱。

第一节　一张图看懂"三维投资体系"

从证券投资角度而言，中国证券市场由以下三个维度组成。
第一个维度，市场面：指证券市场的大盘分析、大势判断；
第二个维度，公司基本面：指标的公司的基本面分析；
第三个维度，个股技术面：指标的证券的技术面分析。
这三个维度，在交易日的每时每刻都在影响着证券投资操作，如表 13-1 所示。

表 13-1 "三维投资体系"核心逻辑与体系框架

操盘维度	核心关注点	维度的重要性	决策逻辑
第一个维度：市场面	证券市场的大盘分析、大势判断	市场之势	取势
第二个维度：基本面	标的公司基本面分析	投资之道	明道
第三个维度：技术面	标的证券技术面分析	交易之术	优术

当市场面、趋势发生中线、长线的顶底转折时，对证券投资的非常大，趋势的影响在投资决策中占的权重很大，必须考虑趋势的影响。

当公司基本面发生明显变化或质变时，多数时候会反映到个股股价的涨跌上。

当个股技术面发生趋势变化或顶底转折时，股价的涨跌直接影响你资产市值的高低。

证券投资交易的全部秘密，就藏在这三个维度里。证券投资从业人员，谁都无法逃避这三个维度的影响。这三个维度实际上是证券投资行业的内在门槛，任何一位证券投资管理人无法实现持续盈利，根本原因是他没有搞懂这三个维度，没有吃透市场、管好自己。

在理解、把握这三个维度的基础上，形成了一套"三维投资体系"。笔者个人的感悟是，这套"三维投资体系"的精髓在于：当大盘、个股给出中线、长线的顶底信号时做出进场、出场决策，应市而动，顺势而为，敬畏市场、聆听市场、让自己的投资行为适应市场，是稳健持续盈利的务实之举和明智之策。

第二节 "三维投资体系"在实战中的关注要点

"三维投资体系"是指在证券投资交易的主要环节中严格参照"市场面、标的公司基本面和标的证券技术面"三个维度进行投资决策的操盘体系。

具体说来，"三维投资体系"操作步骤中的选股、等待、开仓、持有等待、加仓、减仓止盈、止损等证券交易的关键环节做出决策时，严格参照"市场面、标的公司基本面和标的证券技术面"三个维度的关键信号，进行综合分析之后再做出投资决策。

第十三章 中国股市的投资逻辑：三维投资体系

在实战中，"三维投资体系"的关注要点如下。

证券市场的市场面：看风口，抓牛股，须看清市场之势

第一个维度，市场面：证券市场的大盘分析、大势判断。

第一个关键点：判断市场的中期趋势和长期趋势。

中长期趋势：三种趋势，上升？下降？横盘？

短期趋势：是否有调整？调整方向？调整幅度？

第二个关键点：市场量能。

首先关注证券市场之内的资金数据，其次关注证券市场之外的资金数据。因为证券市场之外的资金，是进入证券市场的后备军。

第三个关键点：市场内部板块热点的轮动走势。

正在轮动的热点板块：是否能持续？领涨个股走势如何？等等；

哪些板块热点即将出现：潜在板块评估，潜在领涨个股分析，等等；

标的公司的基本面：决胜中长线，须悟透投资之道

第二个维度，基本面：标的公司的基本面分析。

- 近期的催化剂；
- 业绩预喜还是预亏；
- 公司基本面的变动。

看人：公司领头人与管理团队比较。

在同一个细分行业中，如果有几家上市公司，且业绩、规模都差不多，这时就要重点看人了。优质的领头人、创业家是极其稀缺的。投资就是投人，管理团队的优劣占一个项目是否值得投资比重的至少50%，而该项目的领头人或者实际控制人又在团队中占到80%左右的比重。这就是说，一位领头人占一个项目是否值得投资比例的40%左右。

同业领先企业管理团队的组织水平比较，在行业低谷时同业公司的不同业绩表现反映了团队能力及其组织水平。

公司治理水平，尤其是团队优化能力和投资决策水平。

看事：主营业务评价。

业绩结果比较：

投资层面：ROE（净资产收益率）、ROIC（投入资本回报率）；

ROE 是评价一家公司赚钱能力、回报股东能力的中长期财务指标。对于已经连续数年开始产生规模利润的公司，重点关注股东权益报酬率（ROE）以及针对 ROE 的杜邦分析；优质公司的 ROE 一般是高于行业平均水平，在行业中是领先的。

公司层面：成长性指标、盈利性指标、稳健性指标、规模性指标、运营效率等五类指标。

财务指标层面：从财务数据和财务指标的同业比较中评价企业。

公司"护城河"分析：独有的竞争优势；

公司"天花板"分析：公司的市场规模与成长空间判断。

大部分投资管理人通过券商等专业机构的研究报告或尽调报告，来把握公司基本面。

标的证券的技术面：最直接的硬功夫，须优化交易之术

第三个维度，技术面：标的证券的技术面分析。

如何判断标的证券的技术面？

通过量、价、线、筹、盘五方面技术面信息，来把握主力资金真实动向，指引操作。

- 量：成交股数、成交金额、量比、换手率。
- 价：开盘价、收盘价、最高价、最低价（蜡烛图），股价走势图。
- 线：日 K 线、周 K 线、月 K 线。

线的关注重点是 MACD、RSI，这两个指标是"趋势转折"交易系统的核心信号。

- 筹：主力资金的筹码博弈与拼盘意图；筹码分布图上的单峰密集、双峰密集、筹码分散等信号。
- 盘：五档委买与委卖，量比，外盘与内盘，现价线与均价线，等等。

第三节　揭秘"三维投资体系"的内在逻辑关系

"三维投资体系"的三个维度之间到底有没有逻辑关系？如果有，又存在着什么样的逻辑关系？

经过深入思考之后，我发现"三维投资体系"存在着内在逻辑关系：

第十三章　中国股市的投资逻辑：三维投资体系

第一个维度，即市场面，是第二个维度上所有公司基本面和第三个维度个股技术面的总体表现或总体映射。市场面的典型代表是市场综合指数，一般通过算术平均法或加权平均法得出市场指数，是市场中所有个股价格的加总表现。市场面同时是第二个维度所有公司基本面与市场情绪混合发酵之后的资本市场映射，通过整体市场的平均市盈率来体现；前两个维度联系背后，都有数目字联系的。

在实战中，个股走势分析必须结合公司基本面和个股技术面综合分析，分析结论才更有更高胜率。著名技术分析家约翰·墨菲说过："技术分析是历史经验的总结，其有效性是以概率的形式出现的，技术分析必须与基本分析相结合，其有效性才能得到提高"。

由此看出，"三维投资体系"的三个维度之间存在着完整、科学、相互勾稽的内在逻辑关系。

第四节　在证券投资中使用"三维投资体系"的两个实战经验

大道至简，我在证券投资中使用"三维投资体系"的实战经验是：顶部出场，底部进场。

实战经验1：顶部出场

这个顶部，常见的是中线顶部或者说阶段性顶部，当然也包括历史大顶。当市场面维度（即大盘）顶部或个股技术面维度（即个股）顶部信号出现时，可以考虑离场，落袋为安，努力实现卖在顶部区域，吃定主升浪。

具体逃顶方法，可以参照本书第八章《逃顶战法》和该章判断顶部的方法。

实战经验2：底部进场

只有在顶部离场了，拿住现金了，等底部到来时才有钱进场。这个底部，常见的是中线底部或者说阶段性底部，当然也包括历史大底。当市场面维度（即大盘）底部或个股技术面维度（即个股）底部信号出现时，再考虑进场，努力争取买在底部区域。

具体抄底方法，可以参照本书第八章《抄底战法》和该章判断底部的方法。

从上面可以看出，三维投资体系根据三个维度的变化采取相应决策，所以这个体系实质上是一套"价值投资2.0体系"。

第五节 "三维投资体系"的三个鲜明特点

特点1："三维投资体系"是一套包容道、势、术的投资体系

"三维投资体系"运用基本面、市场面、技术面三个维度综合判断行情变化，在每一步投资决策中都要考虑到投资之道、市场之势和交易之术，而不是参照某一个维度做出投资决策，所以具有全面性、全局性和趋势性。

特点2："三维投资体系"是融合了国内两大流派的实战兵法

众所周知，价值派与技术派是国内证券投资界的两大流派，"三维投资体系"中的公司基本面和个股技术面两个维度把这两大流派的判断方法和操盘模式有机融合成为一个"做个股"的完整主体，放到了市场面的"看大盘"下面，形成了证券投资的至简大道："看大盘，做个股"。

"三维投资体系"始终把趋势放在投资至关重要的位置，与趋势为伍，认清趋势、适应趋势。所谓"趋势为王"，我的理解是重点把握三个趋势，一是证券市场的长期趋势；二是你所投资公司的产业趋势；三是标的公司的基本面趋势。在投资操盘的三个维度中，中线、长线周期内市场大势即市场面的重要性和权重，很多时候超过公司基本面和个股技术面两个维度。这样，"三维投资体系"以"趋势为王"为主线、有机融合价值派、技术派两大流派，形成了一套独立、完整的投资体系和实战兵法。

特点3："三维投资体系"是经过中国牛熊市检验的稳健增长、财富倍增实战兵法

与国内同行操盘流派相比，"三维投资体系"的优势是把系统思维贯穿在证券投资交易整个过程的每一个关键环节中，而且是经过牛熊市多年检验的、

胜算率较高的投资体系。

在过去两轮牛熊市中,"三维投资体系"的业绩穿越牛熊,很多年份实现并超越了"年复利增长 30%"的业绩目标,验证了穿越牛熊、复利增长的稳健投资体系。

第十四章 持续赚钱的 10 个投资哲学

引领汽车行驶方向的,不是汽车本身,而是导航仪。投资哲学是投资体系的上游,它派生、指引着投资体系。投资哲学就是投资体系的导航仪(GPS)。

只有从哲学和人性层面认识投资,进行交易,你才有可能真正吃透投资和交易。

投资,要想走对路,首先不能走错了路。

当前市场上流行着两类误导投资者的投资模式,一类是短线交易模式,笔者在前面已经明确批判过;另外一类是以涨停板战法为代表的追高模式,这两类模式都是错路。

第一节 错路!当前误导市场的投资模式: 以追高模式为代表

在这里,笔者说的追高模式主要是针对股市上 80% 左右的普通投资品种,请不要以茅台等经典蓝筹品种和新蓝筹品种等少量优质品种的股价长牛走势,来否认笔者的观点。

谨慎追高,当前 6 种盲目追高的买入姿势

在投资实战中,主要有以下六类追高买入姿势。

第十四章 持续赚钱的10个投资哲学

追高买入姿势1："珠穆朗玛峰"上买股。
追高买入姿势2："高山上"买股。
追高买入姿势3："半山腰上"买股。
追高买入姿势4："涨停板上"买股。
追高买入姿势5："追涨"买股。
追高买入姿势6："强势股回调"买股。

笔者在实盘中的感悟：不是说以上位置绝对不能买入，而是说在以上位置买入，需要很高的技术手法、仓位纪律、止损纪律以及很强的心理承受力。即使对于内行，追高买入都是一个很大的挑战。

追高买入之后的结果：个股短期内开启主升浪的胜率并不高

在实盘中，追高买入之后，经常面临深浅不同的"右边陷阱"。

根据多年的实盘经验，笔者经常说一句话："把K线图的右边挡住，你不知道右边的K线会向上还是向下，不要总想着右边是'馅饼'，而要多想着右边可能是'陷阱'，不要一厢情愿地认为右边是主升浪"。

实盘经验发现，追高买入之后的结果：个股短期内开启主升浪不一定是大概率事件。

传统的抓涨停板战法认为：当个股在底部长期横盘时，第一个涨停板或长阳线大多数时候是个股主升浪的开始。

笔者颠覆和否定了传统的抓涨停板战法，不靠谱。

实盘经验丰富的投资者会发现，当前主力资金启动个股主升浪，换了手法。现在主力操盘的手法越来越老练了，他们吃透了散户的心理，知道很多散户会在第一个涨停板或长阳线上追涨买入或者在随后回调时买入，于是变换了操作手法：第一个涨停板或长阳线很多时候不是个股主升浪的开始，而是试盘，然后再把股价打下来，让追涨停板买入者浮亏一到两个月，甚至更长时间。

高位买入的两大特点：一是风险大、而收益相对小，盈亏比例不划算；二是需要很高的实战技术。

买股，盲目追高是大忌，高位买入靠本事。低位买入好比是"走"，高位买入好比是"跑"，当你低位买入的胜率非常高，掌握了埋伏吸筹的本领，能持续赚钱之后，再考虑去学习高位买入这种技术。

183

投资，千万不要走错路！

第二节 投资正道，持续赚钱的10个投资哲学

引领汽车行驶方向的，不是汽车本身，而是导航仪。

投资哲学，是投资体系的导航仪（GPS）。

投资哲学是投资体系的上游，可以告诉我们它是如何派生、指引着投资体系的。

下面与投资者分享作者历经两轮牛熊的10条交易智慧与投资哲学。

【投资哲学1：投资回报】暴利、快钱是"心魔"

资本是逐利的，是要回报的。

笔者在实盘中悟到：投资回报是投资哲学的第一位、第一性的问题。

笔者认为，对待投资回报的正确心态：风险第一，收益第二。

整个社会的年资产平均回报率公认是10%，但这是有风险的收益。

社会上无风险收益率的比较基准是银行一年期定期存款，年收益率是1.5%。由于国家在法律上对银行理财产品、信托产品不保本，国债额度分配上的稀缺性，这三者均不能作为无风险收益率的比较基准，如表14-1所示。

表14-1 对投资回报率的理性认识：当前社会主流投资工具的收益率

产品	银行一年期定期存款	银行理财产品	信托	社会平均回报率
年收益率	1.5%	3%～4%	6%～7%	10%

一年在股市获得20%的投资回报率，是银行一年期定期存款收益的13倍了，可以说年20%是非常高的收益；而如果一年获得30%的投资回报率，那已经是极高的收益了。

每年实现20%～30%收益，成熟的投资者会接受这是很高回报率的观念。如果你不认为一年20%～30%收益是非常高的收益，那表明你还不是一个成熟的投资人。

"股神"巴菲特，在50年内每年实现了19.4%的年复利率，当然后面年

份其所管理的资产规模极其庞大，同样是年复利率降低的客观规律。万科创始人王石也说过，"拒绝 25% 以上的暴利，25% 以上的 ROE 是很难持续的"。事实上，中国上市公司的现实是，年度 ROE 持续超过 25% 的比例极小的。反过来，如果一家公司年度 ROE 可持续超过 25%，那表明这家公司是伟大公司。

至于投资收益，亚历山大·埃尔德的话同样值得深思：如果每年获利率可以稳定在 25% 的水准，你将是华尔街之王。许多顶尖基金经理愿意以一只手臂来换取这种绩效。

投资回报，是投资的魔鬼，暴利心态、快钱心态更是投资管理人的"心魔"。如果你考虑回报多了，考虑风险少了，反而得不到回报。"心魔"不除，任何人都无法修炼出投资硬功夫。

投资新手、散户更渴望赚取暴利、快钱，这种心情可以理解，但并不现实。残酷的现实是：只有极少数人在少数时候能赚取暴利、快钱。很多散户、投资者经常给我说："红哥，你看某某基金，人家的年收益 100% 多了，你能不能做到这么高"，我回答说："你不要羡慕它的高收益，问题要害在于其高收益是怎么来的，你知道他这个非常收益背后是哪一种非常力量？是正能量还是负能量"。

"非常收益背后，必有非常力量"——作者在多个场合一直宣讲这个观点，而这种"非常力量"可能当时或者暂时你看不到。这种"非常力量"有两类：一类是正能量。比如巴菲特等国内外优秀投资人完全靠投资能力去赢取每年高于市场平均回报的收益，但必须认识到，可以穿越牛熊、持续盈利的优秀投资人只是极少数，占比可能在 5% 左右，甚至更低。另外一类是负能量，依靠内幕交易、利益输送等非法或非常规手段谋取高收益。比如前几年某私募大佬 X 翔的基金产品，排名前 10 名的基金有他的几只，年收益率在 100% 以上，几年后"盖子"揭开了，X 翔的"非常力量"原来是负能量。过去几年，排在基金产品排行榜上那些年收益率达 100% 水位的产品，曾经有人指出这些高收益产品有"基金之间利益输送"或其他利益输送的"基金黑幕"嫌疑。当然，这种做法有很大的合规、合法隐患，甚至可能面临牢狱之灾，相信愿意这样做的人也是极少数。

智慧书《圣经》高度重视心灵对人生命、工作和生活的作用。圣经谈到"心"的经文有多达四五百处，其中非常有名的一句是："你要保守你心，胜过保守一切，因为一生的果效，是由心发出"（《圣经·箴言第四章 23 节》）。

《圣经》启示投资者：在任何情况下，都要保守我们的心，要保守我们的心只专注于那些行正道的意念，正道即平常之道。自然之道。很明显"暴利、快钱"不属于平常之道、自然之道。

很多时候，内心的"心魔"在决策中起着至关重要的作用。孝庄皇后对康熙说："孙儿，大清国最大的危机不是外面的千军万马，最大的危难，在你自己的内心。"

回顾10多年的股海生涯，当我抱着赚暴利、快钱的心态在股市上搏杀时，不如人意的投资结果把我折磨得痛苦不堪，更不要说自身成长了。古语说"静生慧"，当你内心平静、安静时，你才可能真正看懂市场、管住自己，才能不断成长。

回顾自己的投资经历，当我把风险、风控放在第一位，降低回报预期，但并不拒绝高收益结果；我的投资业绩经常超出回报预期。年收益率超过30%的年份不少，年收益率最高也达到过100%。

很多投资者尤其是散户希望在股市快速获得回报，这种心情可以理解，但并不现实，抱着"暴利、快钱"心态进股市的绝大多数人，其结果最终是"被套、赔钱"。我觉得微信里有句话说得很好："不管做什么，都不要急于回报，因为播种和收获不在一个季节"。

持续成功的投资老手、江湖大佬们，都有一段相当长的时间去面对自己的内心，审视内心，磨炼内心，只有克服了自己的"心魔"，内心成长了，走正道、走大道，投资功夫才容易更快成长。

【投资哲学2：投资核心】投资核心是胜率

华尔街知名投机大师维克托·斯波朗迪在其名著《专业投机原理》中说过："在市场中交易，这是一场有关胜算的游戏，目标是要永远掌握胜算。唯有掌握高胜率时才投入资金，这就是交易的核心。"

其实中国古人关于"胜算、胜率"的思想，比美国华尔街投资家们早两千年以上了。《孙子兵法》在开篇《始计篇》中就记载了如下事实：中国古代用兵打仗前一般在庙里举行出征仪式，并对战争胜负进行分析预算，讨论作战计策，因此称为"庙算"。《孙子兵法》原文是这样说的："夫未战而庙算胜者，得算多也；未战而庙算不胜者，得算少也。多算胜少算，而况于无算乎！"

对应证券投资上来，在股市投资持续赚钱，投资核心是胜率。股票投资收益不取决于投资金额，也不取决于交易频率，更不取决于买到牛股，主要取决于胜率，即交易胜算概率。

【投资哲学3：投资生命线】风控是生命线

查理·芒格有句名言：当任何人给你机会，赚大钱而不用承担风险，你不要理会他们。谨记这句话，你将避免许多悲剧。

我曾经有过一段与散户粉丝互动的经历，发现大部分散户都被套了；我在为散户朋友们心痛的同时，发现散户被套的直接原因是没有风险意识，不知道风险在哪里。由于证券市场是一个高风险的市场，投资的首要问题是：充分认识风险、管理风险。

围棋界有闻名的《围棋十诀》，如果你仔细研读这十诀，你会发现风险控制是贯穿始终的一条主线，从第一决"不得贪胜"，到后面的"入界宜缓""攻彼顾我""弃子争先""舍小就大""逢危须弃""慎勿轻速""动须相应""彼强自保""势孤求和"。多次品味这十诀，你能感悟到这位弈棋老手更像一位沙场上退下来的老将，"围棋十诀"是很多次实盘、复盘之后的智慧结晶，这"十诀"智慧如果浓缩为一句话就是：风控是生命线。

对应到证券投资上来，围棋的两方弈棋就像证券投资的多空博弈，投资者进入股市，同样须要把风险放在最重要的位置，首先是识别风险，其次是管理风险。

识别两类风险：一是大盘系统性风险；二是个股风险。

管理风险的四个常用手段：

（1）仓位管理。

仓位管理，即资金管理，不要轻易满仓；学会用分批开仓来控制平均持仓成本。

仓位的本质：是投资者和市场的关系。

（2）止损。

止损管理：设立预警线、平仓线等止损制度；达到止损条件时无条件坚决止损。

（3）控制回撤。

回撤管理：通过仓位、开仓位置、投资组合、对冲工具等来管理回撤。

(4)守住本金。

本金是赚钱的根本，本金亏损越大，返回本金需要的增长率越高，回本越难。

在股市十多年，一次次亏损深深地刻在我的脑海里，如今盘中我看盘时的真实心情是："在股市上，面对起起伏伏的K线，我满眼看到的是风险，那是因为我在很多地方亏过钱，而且有些地方还不止亏过一次钱，这些亏钱原因深深地刻在了我的脑海里，于是我才真正明白，如果我管理不好风险，我在这个市场就无法赚钱，无法持续生存下去的"。

美国著名股票投资家利弗莫尔有句经典名言："每一个错误都要一一犯过，每一个经验都需要真金白银去换"。笔者的感悟是：只有通过亏损、多次亏损、长期亏损，在亏损后深刻反思才会对风险有深刻的认识。亏损是最好的老师，只有亏损才能让你对风险控制、交易纪律深入脑海，才有可能做到不重复自己的错误、不重复别人的错误，从而最大限度地减少亏损、避免亏损，逐步走向盈利。

【投资哲学4：投资环境】顺势而为是大道

趋势的力量，常常发生在身边：你看到过泥石流、山洪暴发吧，泥石流、山洪暴发时，房屋、人、物，全部被裹挟而下；趋势的力量，难以阻挡。

小时候你在河流里游过泳吗？顺流游泳的感受，要远远好过逆流而上。

名言云：世界大势，浩浩荡荡，顺之者昌，逆之者亡。

其实，中国古人在2000多年前就认识到了趋势的力量，并提倡顺势而为。《孙子兵法》在《兵势》篇中就说过，善于指挥打仗的人所造就的"势"，就象让圆石从极高极陡的山上滚下来一样，来势凶猛。这就是所谓的"势"，趋势不可阻挡。《孙子兵法》原文说：故善战人之势，如转圆石于千仞之山者，势也。

投资也是如此，一定要看清投资环境，顺势而为，决不逆市而动。为此，我的投资核心理念是："趋势为王"。

(1)大势之下个股的"大数定律"。

必须清醒地认识到：市场内的大多数个股在大多数时候是遵循"大数定律"的，即当股票市场处于牛市或者强势阶段时，大多数个股是上涨的，而股票市场处于熊市或者弱势阶段时，大多数个股是下跌的。

(2) 大势判断的重中之重：判断多头趋势。

由于目前中国股票市场盈利主要以做多为主，那么判断多头趋势的形成、衰减及其转折，就成为大势判断的重中之重。

中国股票市场的大势判断主要有以下三个关键点：
- 判断股票市场多头趋势的形成；
- 判断股票市场多头趋势的持续；
- 判断股票市场多头趋势的衰减或者转折。

【投资哲学5：投资体系】体系是王道，纪律是高压线

该买什么品种？什么点位买？什么点位卖？这些交易的关键问题，为什么大多数散户都在问别人、问内行？因为散户自己没有一套可以持续盈利的体系。

要想有好的结果，必须有好的树。《圣经》上说：没有好树结坏果子。也没有坏树结好果子。（《新·路》6：43）我们可以这样理解，《圣经》上说的"树"就好比是"投资体系"，"果子"好比是"投资收益"。

投资难以持续盈利的根本原因是投资是反人性的，所以即使是那些全职从事投资的从业人员，能实现持续盈利的人也是少数。人性是有弱点的，必须依靠体系才可以克服人性的弱点，能战胜自己的人是极少数，所以要依靠体系、依靠体系内部的纪律来战胜人性的弱点。

在笔者的实盘经验中一套完整的体系和纪律，包括投资纪律包括投资周期确定、选股纪律、买入纪律、持仓纪律和卖出纪律（包括止盈纪律和止损纪律）等。

针对业内很多人说的"盘感"我以为：盘感交易的一致性非常差，无法实现高胜率。持续性差。没有投资体系和交易纪律的约束，任何人坐在电脑前开始证券投资，都是情绪的动物，都难以战胜自我。

所以说："股神皆浮云，体系是王道，纪律是高压线"。进入证券市场做投资的人，必须有一套体系和纪律做依靠、来约束，才能不为谣言、不为其他因素所影响。日本股神是川银藏说："股市是谣言最多的地方，如果每听到什么谣言，就要买进卖出的话，那么钱再多也不够赔。"

【投资哲学6：投资心理】等待是最高境界

我的实盘感悟是：成功的实盘交易取决于投资分析、资金管理和交易心理三个方面，三者所占的权重分别为20%、30%、50%。投资心理在成功投资中所占权重为至少一半。

当你的投资心理不过关时，贪婪、恐惧等中的任何一种心理都足以让你把投资分析、资金管理纪律等这些理性东西扔到脑后。

我的实盘感悟是，投资心理要"过四关"。

（1）反"贪"：贪婪让你得不偿失；

（2）反"恐"：恐惧让你失去理智；

（3）戒"急"："心急吃不了热豆腐"；

（4）用"忍"：等待是投资最高境界。

在这四种投资心理中，"忍"是最难历练的，等待是投资的最高境界。

在证券市场，财富增长是空间的变动，实际上是"用时间换空间"的"一种博弈"。证券投资最重要的一个动作是："等"。会卖的是徒弟，会买的是师傅，而会选择、会等待是祖师爷。

如果不"等"合适买点，可能在浮亏中等待。很多从事证券投资的人都有过这样的经历，如果在不合适的时间、以不合适的价格（买点不对）买入了一只股票，随后这只股票可能浮亏，与其浮亏、不如买入之前学会等待，等待合适时间（合适买点）出现后再进场。买点选对之后，自己买入的股票会在短时间内迅速脱离成本区，进入盈利阶段。**等，不仅仅是在"等待"，更多地是在"优选"，优选更好品种、更好买点。**

投资大师们都是等得起、耐得住的。华尔街传奇大作手利弗莫尔曾经说过："优秀的投机家们总是在等待，总是有耐心，等待着市场证实他们的判断；要记住，在市场本身的表现证实你的看法之前，不要完全相信你的判断"。

【投资哲学7：投资行为】做减法是智慧

《圣经》中有个智慧叫：人要"走窄门"。

《圣经》中原文是这样说的：引到灭亡，那门是宽的，路是大的，进去的人也多。（《新·太》7：13） 引到永生，那门是窄的，路是小的，找著的人也少。（《新·太》7：14）

做投资，同样要"走窄门"。首先要专注于股票投资，不要同时涉及期货、外汇、黄金，任何一个细分行业深入进去会发现都是博大精深的，把它吃透、做好、实现持续赚钱，都是很难的；即使是做股票投资，还要继续"走窄门"、做减法，比如先把中国A股或者港股或者美股中的一个门类做好。

其实，金融是一个"宽门"，即使是金融的细分行业，比如证券、外汇，又比如保险，等等，你真正钻进去之后都会发现它的博大精深。

最重要的减法，减掉自己不正确的理念和行为。

（1）减法一：减少交易频次。

证券投资就像战争，"战争是不能轻易发动的"。

《孙子兵法》中就有"减少战争次数"的智慧，在开篇《始计篇》中，孙子曰：兵者，国之大事，死生之地，存亡之道，不可不察也。意思是：战争是一个国家的头等大事，关系到军民的生死，国家的存亡，是否要发动战争、以及如何作战，都必须经过缜密地观察、分析、研究，再做决策。《孙子兵法》在《作战篇》中同样提出了"不宜频繁打仗"的思想，原文说"夫兵久而国利者，未之有也"，意思是：长期频繁用兵却能对国家有利，这样的事情自古至今未曾有过。

对应证券投资上来，多空对决就是打仗，是否要开仓、开仓多少，直接关系到本金的安危甚至资产所有者的资产保值增值和财务安全，必须慎重分析后再做决策。

我们经常见到的情况：交易频次的增加一般不能带来交易利润的增加，很多时候利润在减少，甚至都无法守住本金。在中国A股市场上，散户贡献了大部分交易频次，但长期来看散户很少有赚钱的，究其原因有二：一是在散户的高频次交易中，正确的交易很难超过半数；二是散户的钱在交易中被税、费等侵蚀了。

站在减法智慧的高度，证券投资是比别人失误更少才能取胜的智力游戏。人类的竞争游戏可以分为两类：一种是胜利者的游戏，也就是比别人更强才能赢。另一种是失败者的游戏，也就是比别人失误更少才能赢。网球就是典型的"胜利者的游戏"，比别人击球更准确有力，发球更刁钻就能取胜。而高尔夫球就是典型的"失败者的游戏"只有比别人失误更少才能取胜。

在应证券投资上，很多人都持有过伟大公司或好股票，但太多聪明人试图通过高抛低吸来赚钱，最终大多数人与伟大公司及其长期高收益失之交臂。这其实是"失败者的游戏"，你要做的是和所有的市场参与者竞争，比赛谁的失误更少。那么，减少频繁交易就是第一步。

所以，一些老股民在牛股上的赚钱秘诀就是一个字——捂，与长期投资、价值投资有着异曲同工之妙。

（2）减法二：减少投资标的（优选标的）。

还是那句老话：不熟不做。当前中国 A 股 3500 多家上市公司，没有一个人能熟悉全部公司。

减少投资标的的题中应有之义是，投资者应该减少自己重点关注的行业。

投资者深耕的行业越少，对所深耕的行业才有可能有发言权，通过长时间积累、下大功夫，对所深耕的行业才有可能达到内行的层面。

（3）减法三：减少看盘时间。

在懂得了盘面和个股规律之后，投资者首先应该做的事情是减少看盘时间。

少看盘、少盯盘，首先是少看分时图，投资者只有把更多时间放在分时图之外，才能成长更快。如果不能做到少看盘，至少先做到"多看少动"，先把高频交易变为低频交易。很多时候，看盘不仅不能增加收益，反而因为乱动、丢掉筹码而减少收益。

《圣经》又说："心怀二意的人，在他一切所行的路上，都没有定见"。（《新·雅》1：8）巴菲特也说过，人一生最重要的是专注。笔者的感悟是，做减法是投资人成熟的第一法则、天条，首先要做减法，减少交易频次、减少投资标的、减少看盘时间，等等。说得再直白一点，如果你的投资行为不做减法，你作为投资者是无法走向成熟的，你的投资很难持续成功。做减法之后，才有时间做加法，才能在自己专注的领域做深度。

根据实盘经验，笔者认为投资人最需要做深度的是下面三个方面：

——在研究市场面、公司基本面、个股技术面上做加法；

——在研究证券投资和交易规律上做加法；

——在锤炼交易心理、加强知行合一方面做加法；等等。

投资者只有做减法，才可能做深度，才能开始逐步走向成熟。

《孙子兵法》在开篇《始计篇》中用"兵者，诡道也"的经典论断明确提出"用兵打仗就是一种施行诡诈的事情"，并分析了施行诡计的主要情形和方

第十四章　持续赚钱的10个投资哲学

法，点出了施行诡计的核心思想是"攻其无备，出其不意"。

在"兵圣"孙子眼里，认识自己与看懂对手，同样都是打仗胜败的基础能力和关键环节。《孙子兵法》原文说："知己知彼，百战不殆；不知彼而知己，一胜一负；不知彼不知己，每战必败"。对应到证券投资中，很多散户其实是在"不知彼不知己"的情况下盲目进场开始打仗的，正像一位投资大师的那句名言说的好："当一个游戏开始的时候，如果你还不知道谁是傻子，那么你就是那个傻子"。

主力在操盘过程中，必然变化表象、迷惑对手、调动对手。《孙子兵法》原文说："故善动敌者，形之，敌必从之；予之，敌必取之。以利动之，以卒待之"。对应到证券投资中，投资者要看懂主力操盘过程中的很多"骗线"，高位回调后的一根长阳线或者带长上影线的阳线让投资者看到了希望，但也有可能是迷惑散户，随后可能是出散户意料之外的下跌。

观察对手情况，要透过现象看本质，《孙子兵法》在第九篇《行军篇》中对这类问题进行了精彩、生动的呈现：抵兵倚着兵器而站立的，是饥饿的表现；供水兵打水自己先饮的，是干渴的表现；敌人见利而不进兵争夺的，是疲劳的表现；……敌军杀马吃肉，说明军中已无粮草；……敌人离我很近而安静的，是依仗它占领险要地形；敌人离我很远但挑战不休，是想诱我前进；……敌人使者措辞谦卑却又在加紧战备的，是准备进攻；措辞强硬而军队又做出前进姿态的，是准备撤退。《孙子兵法》原文是这样说的："杖而立者，饥也；汲而先饮者，渴也；见利而不进者，劳也；……杀马肉食者，军无粮也；……敌近而静者，恃其险也；远而挑战者，欲人之进也；……辞卑而备者，进也；辞强而进驱者，退也"。

在我看到《行军篇》这些内容时，既感叹孙子把打仗中复杂的敌情描绘得如此简单、清楚，更感叹孙子对战争的描述已经到了如此生动的地步。对应到证券投资中，投资者要透过主力的K线和盘面语言等表象看出操盘的真实意图：股价已经在历史底部，主力还往下砸股价的、必是主力肆意抢筹，此时应该决然进场，与主力共同抄底；主力在低位出现的带长上影线的阳线，既可能是主力在试盘，又可能是主力在低位骗取筹码；等等。

主力太强大、太狡猾，你想在股市持续赚钱，还是先把识破主力的硬功夫练好吧。

当你在股海征战数年，练出实战硬功，然后静下心来读懂《孙子兵法》，再回头去看证券市场上的主力操盘和主力的诡计、"骗线",你会举重若轻,看得更明白、更轻松。

【投资哲学8:投资第一步】盲目追高是大忌

【实盘经验】追高买股后,被套有六大严重后果

被套后果1:浮亏;

被套后果2:赔钱;

被套后果3:浅套变成深套;

被套后果4:解套很难;

被套后果5:赔了时间;

被套后果6:赔了信心;

被套是果,买点是因。

投资的第一步,买点一定要正确。

一年中股市允许开仓的机会,或许只有四五次。

没有不好的股票,只有不好的买点。即使是ST股票,同样有好买点。

错误的买股姿势,很多很多;正确的买股姿势,很难很难。

先帮助你们杜绝错误的买股姿势,然后才知道正确的买股姿势。

盲目追高是大忌。股市的多空搏杀就是残酷的商战,而价格就是商战的一张王牌。低成本拿到筹码,你就拿到了"商战王牌";如果你你的筹码成本比主力高,或高很多,那你失去了这张"商战王牌",在商战中一直处于被动地位;底部拿到筹码,被套概率更低,只有当你不被套时,只有当你杜绝了追高买入的冒险姿势后,你才掌握了投资的主动权,才迈开了财富稳健增长的第一步。

【投资哲学9:投资抉择】重空间,等时间

证券市场上财富增长是空间的变动,实际上是"用时间换空间"的"一种博弈"。

即使是主力(庄家),同样需要"等",要"等"时机成熟,这个时机成熟主要表现在三个地方:一是钱,准备好足够的资金、准备战斗。二是关键伙伴,和上市公司协商好,得到上市公司的支持、配合。三是环境,市场环境适合自己的操作模式。

股价由低向高运动的终极逻辑：上市公司及其相关利益群体的套现动机。

等，不仅仅是在"等待"，更多的是在尊重规律，尊重股票的客观运动规律。

【投资哲学10：投资周期】短线要命，中长线是金

大多数个股的操作周期与胜率："短线不确定，长线说不清，中线是金"；而对于优质公司尤其是伟大公司来说，"中长线是金"。

"短线不确定"：受个股资金博弈、个股多空消息以及大盘系统性风险等影响，短线交易的风险极大，胜率不高。

绝大多数短线交易者是不赚钱的。事实胜于雄辩，当前中国A股散户贡献了80%左右的交易量，但是80%左右的散户是不赚钱的。拉长时间周期会发现，短线交易是无法持续赚钱的，如果你渴望"短线赚钱"，这种模式无法持续，最终结果是"短线赔钱""短线要命"。

绝大多数短线交易者的胜率不高，这可以从观察现实和逻辑推理中得到验证。如果短线交易者的胜率很高，那么短线交易者一年的收益就不是百分之几十了，而应该是几倍了。而年收益率持续达到百分之几十甚至几倍的人数极少，反面验证了短线交易者胜率不高的现实。

"长线说不清"：受全球宏观政经大势、国内政经大势、产业周期、企业生命周期和其他黑天鹅事件影响，市场或大多数个股的长期趋势很难准确预测。

把握交易节奏：对于大多数个股而言，中线操作、波段操作为主，一个波段做完了，再接着做下一个波段；而对于优质公司尤其是伟大公司来说，最简单、且最高效的投资策略是中长线持有，"中长线是金"。

当然，"中长线操作、波段操作"的前提是市场将给予你一个中长线操作、波段操作的环境，所以识别市场未来趋势和个股趋势是基石，正如古代思想家管子所说："不处不可久，不行不可复"。

在顶部转折时，成功知"势"和知"止"的人是极少数。

第三节　投资哲学的6个深度思考

投资哲学的深度思考1：胜率与赔率

围棋界有闻名的《围棋十诀》，"不得贪胜"赫然排在十诀中的第一诀。人们下棋、战争、生意为了"赢""胜"而绞尽脑汁，都是无可非议的。"争胜"可以，不能"贪胜"。贪胜的结果，必然考虑不周，利令智昏，得寸进尺，甚至贪得无厌，不顾自身安全，火中取栗，飞蛾扑火，从而走出错着，导致失败。故"争胜"与"贪胜"，一字之差，相去万里，二者虽然目标一致，都是为了一个"胜"字，结果却有天壤之别。这里，有一个"度"的问题，度，即分寸，要掌握分寸，有个界线，不能超过界线，不得"越雷池一步"。

胜率在投资交易中如此重要，那么，什么是胜率？

【案例】同事张伟（化名）拿出100万元做股票，总交易次数为10次，其中交易成功次数6次、交易失败次数4次，假设每次交易金额相等。

那么，张伟的交易胜率是多少？

答案：60%

这个答案，对不对？

上面答案不对。

张伟的交易胜率能达到60%吗？

正确的算法应该是：

（张伟的交易成功次数－张伟的交易失败次数）÷总交易次数＝张伟的交易胜率

（6次－4次）÷10次＝20%

张伟的交易胜率：20%。

如果交易成功次数大于交易失败次数，则胜率的计算公式为：

胜率＝（交易成功次数－交易失败次数）÷总交易次数

按照相同逻辑，如果交易失败次数大于交易成功次数，则赔率的计算公式为：

赔率＝（交易失败次数－交易成功次数）÷总交易次数

第十四章 持续赚钱的10个投资哲学

【案例】同事张伟拿出100万元做股票，总交易次数为10次，其中交易成功次数6次、交易失败次数4次，假设每次满仓操作且每次交易金额相等、每次交易的收益率均为10%。那么：张伟的收益是多少？

张伟的收益 = 张伟的交易胜率 × 平均投资金额
$$= 20\% \times 100万 = 20万元$$

由此，可以得出，股票投资的收益率，与交易频率关系不大，更多取决于交易胜算概率和投资金额。则：

股票投资的收益 = 交易胜率 × 平均投资金额

胜率是交易的核心，是获得收益的核心。很多散户，有的几十万元、有的几百万元甚至有的几千万元，交易次数非常频繁，但都是输的。所以，股票投资的收益率，不取决于投资金额，也不取决于交易频率，主要取决于交易胜算概率。有专业人士测算过，在股市62%的胜率方能生存。

当一位投资者认识到投资胜率的重要性并在交易中始终贯彻这个理念，他才迈开了成为内行的第一步。笔者之所以要把赔率与胜率相提并论，是因为即使是同等比例的损益率（或同等金额的损益额度），赔率对投资者的伤害更大，你只有深刻认识了赔率，才算真正认识了胜率。在实战中，从赔率角度去认识投资交易比胜率角度要更深刻。

在笔者的理解中，概率论在操作频次上呈现为胜率与赔率，而在投资标的上呈现为"大数定律"和"小数定律"。"大数定律"是指具体投资标的的涨跌方向与大盘涨跌方向同步，而"小数定律"是指具体投资标的的涨跌方向与大盘涨跌方向不同步或相反。

实盘经验

投资操作中用好"大数定律"和"小数定律"

"大数定律"和"小数定律"对投资操作的实战价值为：如果持仓标的表现为"大数定律"，则需要根据预判的大盘涨跌方向对持仓标的进行加仓或减仓；如果持仓标的表现为"小数定律"，则根据预判的大盘涨跌方向对持仓标的进行相反操作或不操作。

根据笔者的实盘经验和复盘观察，茅台等极少数顶级公司股票的短期、中期走势，与大盘短期、中期走势并不同步，遵循的是概率论中"小数定律"、而不是"大数定律"；所以，当预判市场下跌时，则不需要对茅台等极少数顶级公司股票进行减仓操作。

只有深刻认识到了"小数定律"，才算真正认识了"大数定律"。

在投资实战中，如果你运用概率论来指引投资操作，能深入理解、并用好概率方法论，那你的操作已经达到"投资智慧"的层次了。

投资哲学的深度思考2：盈亏同源

从投资内行嘴里，你更容易听到"盈亏同源"这个词。

"盈亏同源"究竟是什么含义？在笔者的实盘理解中，盈亏同源的"源"核心是价值观，表现为理念和行为，具体说就是：你因为什么想法、行动赚钱，你同样有可能因为这种想法、行动赔钱。你的盈利方法也是你亏损的原因。你知道了亏损的原因，也就找到了盈利的方法。

比如，在2014至2015年的中国A股市场中，小票涨得多、涨得快，"小市值效应"显著；而如果你抱着这种理念和行为不变，在2016至2014年的中国A股市场中继续重仓小市值品种，那你大概率将是"要命3000"的结局，赔得惨死。

在现实生活中存在着很多"同源"的例子，比如，猜硬币，全部猜正面，赢了是因为正面，输了也是因为正面，盈亏同源；白天与黑夜的同源是太阳，盈利与亏损的同源是开仓，快乐与痛苦的同源是情绪；"一仪生两极"，同一个行为会出现两个相反的结果，同一个开仓信号也会出现两个相反的结果，不亏钱的系统也无法做到盈利。

"盈亏同源"的实质是，从事证券交易时，你自己以为正确的逻辑，只是你以为的，概率而已，跟猜硬币没有明显差别。

在绝大多数人眼中，"亏损"是一个令交易者非常讨厌的词汇。但事实上，交易长期稳定获利的秘密就在于对亏损的正确认识。从一个交易者对亏损的认识境界，大致能够看出这个交易者的交易境界。

第一层境界：拒绝面对亏损。

其实，亏损尤其是短期亏损，即使包括主力资金在内的投资者，谁都难以避免。

第二层境界：努力规避亏损。

这类投资者认为亏损是可耻的、是应该避免的，可能会陷入自责的痛苦中而无法自拔，最终让自己无法成长。

第三层境界：承认亏损的合理性。

在市场上，如果你能承认亏损尤其是短期亏损的合理性，并且能够接受亏损交易是可能会发生的，那么你的交易行为才不会畏首畏尾，而能够做到得心应手，否则前怕狼、后怕虎的拖拉作风，只会让我们最终等到真正的狼、真正的虎。

第四层境界：认识到盈亏同源。

当交易者已经明白，核心决策点是寻找概率优势，在胜率高时多赚，在胜率低时少赔，这是一个心灵成熟的标志，交易者已经从与市场的"对抗与争斗"转变为"包容与融合"。

"盈亏同源"的实战价值，在于依赖概率决策、行动，努力做到"亏的时候少亏、赚的时候多赚"。正因如此，那些交易高手都擅长盈利加仓，在最有把握的行情给以最重的仓位。

投资哲学的深度思考3：决策闭环

事实上，投资操作分为决策、执行两个层次，首先要形成"决策闭环"，然后通过执行层面的反馈不断去完善决策系统、优化决策能力。

投资操作如果没有形成"决策闭环"，你按照A决策系统买入，却又按照B决策系统卖出，则你无法进行业绩归因，无法知道投资业绩来源于哪个决策系统。

笔者的实盘感悟是，你的投资操作一定需要形成"决策闭环"，比如，如果你是听朋友张三买入的，同样要听这位朋友张三卖出；如果你是按照技术方法买入的，就一定要按照技术方法卖出；如果你是按照基本面逻辑进行投资的，只要这个基本面逻辑还存在，还没有破坏，你就要按照基本面逻辑继续持有，只有等到基本面逻辑不存在了，才需要参照技术面卖出。

总之，你的投资操作要有一个完整的"决策闭环"，按照一套决策系统去执行，才能不断优化投资操作的决策、执行两个系统，使你的系统更加适应市场。

投资哲学的深度思考4：筹码博弈

在证券市场上，大多数个股（证券）上都有一个或多个主力或庄家，所谓"每股必有庄"，投资者进场操作，第一个面对的就是如何与主力博弈，主力就是投资者的对手或者敌人。证券投资盈利的交易前提是看懂主力、识破庄家。如果你能识破主力操盘意图和套路，你才有可能赚市场的钱；如果你不能看懂庄家操盘套路，那结果是主力赚你的钱。

主力、庄家是股市的老手，诡计多端，在操盘中善于而且经常虚虚实实、真真假假，而大部分个人投资者都是股市的新鲜人，涉"市"不深，看不出主力的诡计。如果你能在实盘中面对那些上下起伏交叉的线型、形态各异的蜡烛图时能识破主力，你才会看出主力、庄家携巨资在筹码博弈过程中的血腥、狡猾、阴险和无所不用其极。

实盘经验

证券交易盈利的前提是，看懂主力、识破庄家

如果你能识破主力操盘套路，你才有可能赚市场的钱；
如果你不能看懂庄家操盘套路，那结果是主力赚你的钱。
如果你能在实盘中，
面对那些上下起伏交叉的线型、形态各异的蜡烛图时，
能看懂主力，识破庄家，
你才会看出主力、庄家携巨资在筹码博弈过程中的
血腥、狡猾、阴险和无所不用其极。

《孙子兵法》在开篇《始计篇》中用"兵者，诡道也"的经典论断明确提出"用兵打仗就是一种施行诡诈的事情"，并分析了施行诡计的主要情形和方法，点出了施行诡计的核心思想是"攻其无备，出其不意"。

在"兵圣"孙子眼里，认识自己与看懂对手，同样都是打仗胜败的基础能力和关键环节。《孙子兵法》原文说："知己知彼，百战不殆；不知彼而知

己，一胜一负；不知彼不知己，每战必败"。对应到证券投资中，很多散户其实是在"不知彼不知己"的情况下盲目进场开始打仗的，正像一位投资大师的那句名言说的好："当一个游戏开始的时候，如果你还不知道谁是傻子，那么你就是那个傻子"。

主力在操盘过程中，必然变化表象、迷惑对手、调动对手。《孙子兵法》原文说："故善动敌者，形之，敌必从之；予之，敌必取之。以利动之，以卒待之"。对应到证券投资中，投资者要看懂主力操盘过程中的很多"骗线"，高位回调后的一根长阳线或者带长上影线的阳线让投资者看到了希望，但也有可能是迷惑散户，随后可能是出散户意料之外的下跌。

观察对手情况，要透过现象看本质，《孙子兵法》在第九篇《行军篇》中对这类问题进行了精彩、生动的呈现：抵兵倚着兵器而站立的，是饥饿的表现；供水兵打水自己先饮的，是干渴的表现；敌人见利而不进兵争夺的，是疲劳的表现；……敌军杀马吃肉，说明军中已无粮草；……敌人离我很近而安静的，是依仗它占领险要地形；敌人离我很远但挑战不休，是想诱我前进；……敌人使者措辞谦卑却又在加紧战备的，是准备进攻；措辞强硬而军队又做出前进姿态的，是准备撤退。《孙子兵法》原文是这样说的："杖而立者，饥也；汲而先饮者，渴也；见利而不进者，劳也；……杀马肉食者，军无粮也；……敌近而静者，恃其险也；远而挑战者，欲人之进也；……辞卑而备者，进也；辞强而进驱者，退也。

当我看到《行军篇》这些内容时，既感叹孙子把打仗中复杂的敌情描绘得如此简单、清楚，更感叹孙子对战争的描述已经到了如此生动的地步。对应到证券投资中，投资者要透过主力的K线和盘面语言等表象看出操盘的真实意图：股价已经在历史底部，主力还往下砸股价的、大概率是主力肆意抢筹，此时应该决然进场，与主力共同抄底；主力在低位出现的带长上影线的阳线，既可能是主力在试盘，又可能是主力在低位骗取筹码，等等。

历经10多年两轮牛熊锤炼，笔者认为：股价涨跌背后的直接原因是资金博弈或筹码博弈。笔者对证券交易中的筹码博弈有以下实战经验和系统总结。

（1）筹码博弈的四类常见情形。

在证券交易的筹码博弈中，主要有以下四类常见博弈情形。

第一类：上市公司与大资金的博弈；

第二类：大资金与大资金的博弈；

第三类：大资金与小资金的博弈；

第四类：小资金与小资金的博弈。

大资金对于股价的定价权，表面上看来自于大资金的资金优势、信息优势和操作优势，深层原因还在于大资金在人性层面对小资金的控制，由于大资金是从小资金成长起来的，所以大资金比小资金成熟、聪明、老练，基本熟悉和掌握小资金的心理、想法和行为，最终形成了"大鱼吃小鱼"的常见股市生态。

因此，笔者认为，证券交易中筹码博弈的主要矛盾是上市公司与大资金的博弈、大资金与大资金的博弈这两对博弈关系，于是研判上市公司和主力资金意图、识破主力就成为筹码博弈的硬功夫。

（2）筹码博弈的四个阶段。

吸（吸筹）、拉（拉升）、派（派发）、落（回落），是筹码博弈的四个阶段；不同阶段，筹码博弈会出现不同的信号，当然这四个阶段不是截然分开的，比如拉升阶段部分主力会使用"扫盘"或打压的方式继续"吸筹"。

（3）筹码博弈的基本逻辑。

短期看信号，中期看业绩，长期看公司。

（4）筹码博弈的10个定律。

笔者在实盘中研发出了一套"全筹码定盘系统"，其功能是监测主力资金的筹码博弈信号；然后，再利用筹码博弈10个定律来解读筹码博弈信号。

筹码博弈的10个定律，比如，筹码博弈中的"实力定律"：资金方（尤其是大资金，拥有买入或卖出筹码的权利），筹码方（上市公司主要股东中可流通股份的持有方），上市公司（掌握利好、利空的股价催化剂，掌握停牌、复牌流动性控制权，操作能力，等等；

又比如，筹码博弈中的"欺骗定律"：在市场博弈中，主力资金利用资金面、技术面信号实施反技术操作，上市公司通过利好、利空的股价催化剂反向操作，等等，从而实现筹码中的目的，在图形上制造出"骗线"，实现主力资金控盘或获利的目的。

筹码博弈的10个定律，是识别主力资金意图、判断股价阶段顶底的高胜率工具。本书先介绍上面筹码博弈10个定律中的2个，筹码博弈中的其他8个定律以及"全筹码定盘系统"，笔者将在时机成熟时与大家共享。

投资哲学的深度思考5：一致性预期

证券市场的一致性预期，常见的有两种类型：整体的一致性预期和局部的一致性预期。

整体的一致性预期

市场整体的一致性预期，容易理解，指市场一致性看多或看空。时间较近的案例，如2015年上半年的牛市，即使很多业内人士都看高到8000点；时间较远的案例，如2008年的A股市场，当年有奥运会的重大利好预期，很多业内人士看高到10000点；国外的案例，日本股市泡沫在破灭前，几乎所有的实业界、金融界人士都一致继续看多。

这些整体的一致性预期案例，后来的走势和结局，大家都知道，不仅一致性预期落空，市场趋势很多时候走向了预期的反面——趋势快速向相反的方向转折了。

局部的一致性预期

局部的一致性预期，指市场对局部市场、局部板块或品种一致性看多或看空。时间较近的经典案例，当属发生在2018年1月底至2月初上证指数500点暴跌以及上证50指数的暴跌。

笔者分析：这次暴跌发生后，很多人把暴跌归因于美股暴跌、信托去杠杆，其实这是外因、是触发因素，真正的内因是局部的一致性预期。这次暴跌前，机构配置蓝筹白马股的价值龙头的一致性预期持续时间接近两年，且在暴跌前大多数机构配置白马的仓位已近极限；据调查了解，当时市场上知名私募的仓位普遍较高，其中多家百亿私募的仓位均在8～9成，有的甚至接近满仓；这表明机构、基金的高仓位导致白马股的做多力量短期内达到极限，"盛者衰之始"，没有更高的做多能量把经典白马股推到更高位置，短期调整成为内在需求。

让我们来复盘这次局部的一致性预期导致的市场反转：

当市场随着美股开始了一系列回调后，我们可以清晰地发现，这一轮下跌开始加速，是在这批新基金产品的成本线3400点以下，同时也是1月份很多爆款基金发行后建仓的点位以下。也就是说：当这一波回调击破了一部分机构投资者的成本线后，持仓个股趋同、风格趋同、绝对收益理念趋同、也有相似止损和警戒线的这些人，开始了卖出的资金踩踏。这就出现了白马股的流动性缺失，很多白马股卖盘远远大于买盘，因为绝大多数机构投资者都在止损，除非是之前仓位很低的人。

当时市场发现，所谓"高流动性"的金融、消费、周期等大盘蓝筹股也出现了几乎跌停，即使你是一个持有几个亿或几十亿的白马股持仓金额的基金经理，如果基金净值浮盈不高，又第一次面对白马股都奔向跌停的情况，严格止损将是你唯一的选择，这又反过来加剧了流动性的缺失。

这次局部的一致性预期，同样可以从侧面来验证、推断：这一轮这次暴跌不是由基本面驱动的，而且由于大部分人仓位都比较高，止损和赎回量很大带来的资金踩踏造成的。

这次持续近两年的机构配置经典白马股的一致性预期和行动，导致"囚徒困境"，单个个体的最佳选择不一定是群体的最佳选择，这是导致这次白马股下跌的主要内在原因；市场风格多元化，是市场的内在需求。这次暴跌过后，科技股、医疗股、次新股以及其他新经济个股等市场热点多元化，此起彼伏，市场从原来的白马股"一枝独秀"进入了市场多元热点阶段，市场运行更加均衡、良性。

一致性预期及其行为造成囚徒困境，所以投资者必须提防一致性预期，尤其是要警惕时间较长或预期过分强烈的一致性预期。

投资哲学的深度思考6：知行合一的"三重门"

投资要过"三重门"，知行合一是最难

比尔·威廉斯总结道：金融交易只靠学习和理解是远远不够的，你必须亲自去实践。

在实战的道路上，投资修炼有三重门：知"道" → "做到" → "老道"，每一道门都非常难跨越。

中国传统名著《抱朴子》中曾经讲过："古之欲求长生者，非闻道难也，非悟道难也，行之难矣。非行之难也，终之难矣"。这句话中的"悟道" → "行难" → "终难"与投资修炼的三重门有异曲同工之妙。

跨进投资第一重门：知"道"其核心，在于知"势"和知"止"。

第一道门"知道"的主要内容分为两方面："吃透市场"和"管住自己"。

"势"指趋势，主要分长期趋势、中期趋势和短期趋势，"止"指"止盈""止损"，又分为在上面三种趋势中是否需要"止盈"或"止损"。

知"势"和知"止",事后看,太简单,在当时做判断都非常难。

【复盘·趋势转折案例】

2014年7月至2015年6月中国上证指数从2000点快速飙升至5178点,在中国发生的牛市这一波。在2014年7、8月份,能预判到这一波牛市即将来临的人,已经是少数了,知这个"势",同时又能在2015年6月初左右知"止"的人,实则寥寥无几,如图14-1所示。

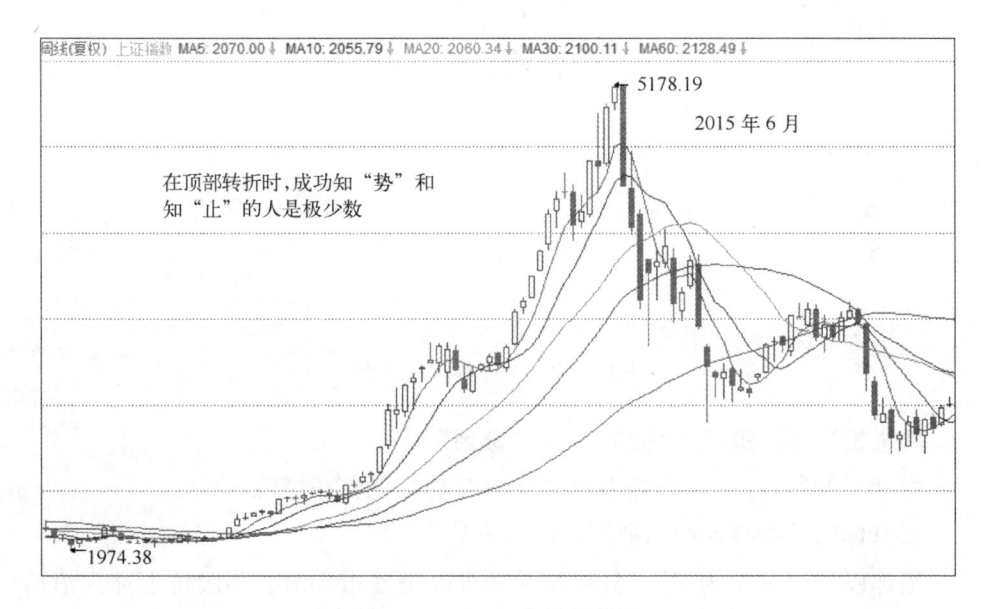

图14-1 上证指数周线图

【复盘·趋势转折案例】

中国A股上一次大牛市,上证指数在2007年10月16日达到6124点,后来在2008年初回调到4500点位时很多人还不以为6124点是上次牛市的高点,当年中国举办奥运会、很多人还在期待8000点、10000点呢!如图14-2所示。

没有一个人能精准预测证券市场的高点、低点,能预判出市场的大趋势已经是智者了。高点、低点是市场自己走出来,事后才能确认的,这个"事后"不是一两个月,有时需要半年、一年才能确认。

"势"和"止",同样重要,又都难于精确预判点位,所以这个地球上没有人能精准"做到"。

图 14-2　上证指数周线图

跨进投资第二重门："知道"→"做到"

做到"知行合一"，须要多年"知行互动"的实战锤炼

仅拿标的证券技术面的把握，已属不易：

当你以为"量价为王"，凭量价关系可以决胜市场时，当股价上涨一浪后放量回调时你无法确认下一步股价是即将拉升还是继续回调。

当你以为"均线为王"，凭均线的多头排列或空头排列可以决胜市场时，你逐渐会为均线的三种失灵情况交上学费。

当你以为"筹码为王"，凭筹码分布图可以决胜市场时，你逐渐会发现筹码图的四个缺陷将让你吃不少苦头。

当你以为"盘口为王""资金为王"凭资金进出即可以决胜市场时，你逐渐会为发现盘口、资金流的趋势性并不强，且资金流统计口径并不精准，即使是手握十万亿的国家队们，也只能确认"政策底"，而无法确认"市场底"。

一个标的证券技术面的"交易之术"把握住，已经如此不易，何况难度更高的标的公司基本面"投资之道"、大盘市场面"市场之势"的把握？而又有几个人能把证券投资操盘必须把握的三个维度融会贯通呢？这三方面，就是证券投资的真正奥秘和内在门槛。

第十四章　持续赚钱的10个投资哲学

> **实盘金句**
>
> **知"道"的核心，在于知"势"和知"止"。**
>
> 在证券市场，知"道"的核心，在于知"势"和知"止"。
> "势"指趋势，即长期趋势、中期趋势和短期趋势，
> "止"指"止盈"、"止损"，
> 又分为在上面三种趋势中是否需要"止盈"或"止损"。
> 知"势"和知"止"，事后看，太简单，
> 在当时做判断都非常难。

证券投资同样是一个"知行合一"的事情，做到"知行合一"一定须要多年"知行互动"过程的实战锤炼。

"知行合一"是最难。"知道"→"做到"之间的距离，相信那些跨过这道门的人更能体会到两重门之间的艰难历程。

如果你认为一个行业持续赚钱很简单，那表明你还是这个行业的门外人。

跨进投资第三重门："做到"→"老道"

如果你在一个行业经历了两轮以上牛熊交替周期，每年还都赚钱了，那你已经进入"老道"的第三重门了。

其实在任何一个行业持续赚钱，都非常不容易，我说的"持续"不是三年、五年，而是至少两个牛熊周期，有些行业需要用十年作为一把尺子来评价。

因为有的行业景气周期很长，你在一个行业十年里都赚钱了，并不一定证明你有赚钱的真本事。比如过去十年在中国做房地产的很多人，谁能在下一个十年内继续在房地产行业赚到钱，那他才是房地产行业真正的内行人。

在实战的道路上，投资境界的三重门：知"道"→"做到"→"老道"，每一道门都非常难跨越，必须通过时间和实战、赚钱和赔钱、经验和教训才有可能熬过去、熬出来。

《圣经》有言：凡事不能敌挡真理，只能遵循真理。（《新·哥后》13：8）在某种意义上，投资这三重门也是投资修炼的真理。时间改变一个事物的性质，距离可以追赶，但时间无法压缩。

第四节　投资中最靠谱的事，为什么是"与顶级公司同行"

"赚钱"这两个字，太吸引人。不过，对待赚钱这件事，历经两轮牛熊洗礼的笔者更愿意说"赚稳钱、赚大钱"，把"赚稳钱"放在"赚大钱"前面，只有"赚稳钱"才能真正"赚大钱"。

历经两轮牛熊洗礼，笔者的感悟是："赚稳钱、赚大钱"的唯一路径是投资顶级公司即五星级公司；如果你内心存有侥幸，胆敢想着去投机，投机的结果不是这次死，就是下次死。如果比投机水平，没有几位敢说自己水平超过"传奇股票大作手"利弗莫尔，而信奉投机主义的"大作手"最终落下破产、自杀的结局。

这些年，笔者应邀去多个场合演讲时一直倡导重点投资顶级公司、五星级公司。这些年投资生涯中，我成功挖掘出茅台、腾讯、恒瑞医药、中国平安、美的等五星级公司的投资价值，比如："腾讯市值将翻番，超苹果成世界股王"；"三个维度比拼，茅台8000亿市值没有泡沫"；"茅台'十年赌约'，看高到市值30000亿、股价3000元"；"这三五年看，美的优于格力"；"恒瑞医药，中国A股首家过千亿美元市值的医药公司"。这些鲜明观点和研究成果，获得了越来越多业内外人士深度认可，朋友们亲切地称呼我为"红哥""好公司捕手"。

顶级公司股价的长周期波动特性：短期看"易涨难跌"，长期看"趋势向上"

"只有当大潮褪去时，才会知道谁在裸泳"。市场系统性下跌来临时，才能检验公司基本面的真正质地。比如贵州茅台，在2015年6月开始的三次股灾期间，其他大部分股票都多次登上了千股跌停榜单，而股王茅台不仅跌幅相对较低，而且没有发生过一个跌停，如图14-3所示。

同样，恒瑞医药等顶级公司在2015年6月开始的三次股灾期间，也没有发生过一天的一字板跌停。

短期看，这些顶级公司的股价"易涨难跌"；而拉长时间看，尤其是用月线级别以上图形去看这些公司，这些顶级公司的股价的长期趋势是向上的；即

图 14-3　贵州茅台三次股灾期间股价没有一个跌停

使有一些周期发生回调，不改股价长期向上趋势，如图 14-4、图 14-5 所示。

顶级公司的基本面和股价可以穿越牛熊，顶级公司在遇到重大危机时基本都能克服危机、股价长期趋势继续向上。

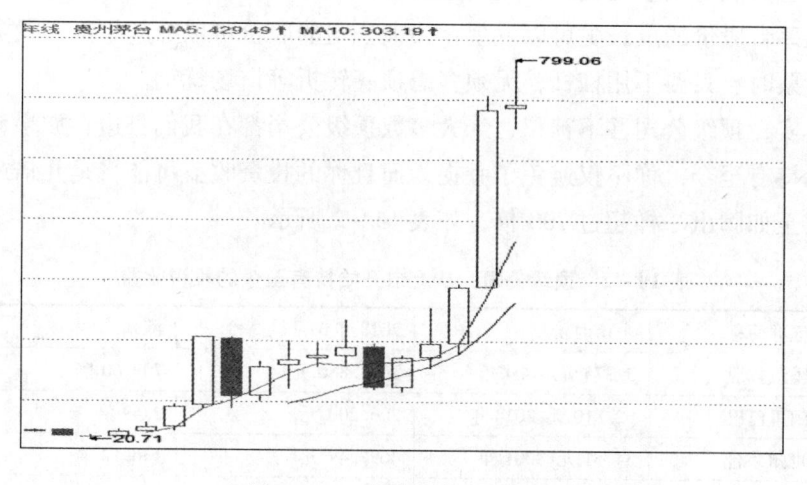

图 14-4　贵州茅台-年线图

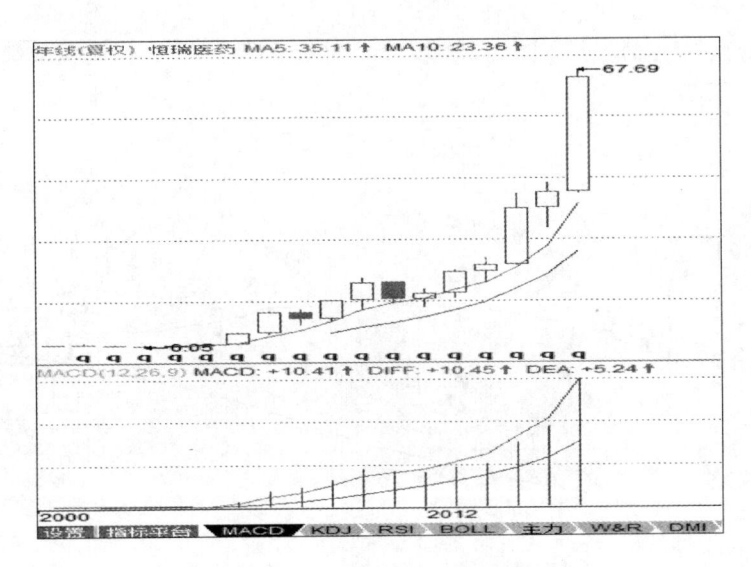

图 14 – 5 恒瑞医药 – 年线图

以贵州茅台为例，笔者复盘茅台股价的征程发现，过去 10 年茅台经历了 5 次大危机，分别是 2008 年世界金融危机、山西假酒案对茅台的冲击、塑化剂事件、2013 年八项规定以及 2015 年股灾。站在年线级别来看茅台的长期发展趋势，这些大危机在短期内都给茅台股价带来了一定程度的调整，但并没有改变茅台长期发展趋势，无论是经营业绩还是市值增长，茅台股价持续向上的方向、趋势没有发生变化，在调整过后保持趋势向上，继续稳健前行。

从茅台股价的成长史可以发现，伟大公司的股价可以穿越牛熊，投资这些公司股票时、只要不用杠杆，无须多虑顶底转折等市场扰动。

其实，顶级公司并不神秘，绝大多数顶级公司都在我们身边；如果你从上市开始持有至今，你不仅避免了亏损，而且你的投资收益可能将是几倍或几十倍，甚至如腾讯一样超过 700 倍，如表 14 – 2 所示。

表 14 – 2 顶级公司：从上市开始持有至今的投资收益

证券简称	上市时价格	2018 年 3 月最高价	涨幅
腾讯控股	3.375 元/2004 年	2394.880 元	709.60 倍
阿里巴巴	82.810 元/2014 年	206.200 元	2.49 倍
贵州茅台	34.51 元/2001 年	4697.47 元	136.12 倍
恒瑞医药	26.88 元/2000 年	2350.71 元	87.45 倍

非顶级公司股价的长周期波动特性：连续下跌"很容易"，连续跌停"概率大"

如果你投资了一家非顶级公司即一般公司或绩差公司，一个基本面的利空即可能带来股价的连续下跌或者连续一字板跌停。当然，连续一字板跌停是最要命的。

实例复盘1：一般公司遭遇重大利空，股价连续下跌"很容易"

比如，坚瑞沃能。2018年4月2日，坚瑞沃能，复牌后股价开启了连续跌停，在短短9个交易日内股价从复牌前的7.62元，跌至4月16日4.20元，跌幅高达近45%，如图14-6所示。

图14-6 坚瑞沃能日线图

引爆这次连续跌停的导火索，是该公司基本面的一个重大利空：深陷债务危机。2018年4月1日晚间，坚瑞沃能公告称，公司整体债务221.38亿元，逾期债务已达19.98亿元。同时，坚瑞沃能及沃特玛名下13个银行账户被武汉市中院冻结，大股东李瑶所持3.3亿股被全部司法冻结。

坚瑞沃能，这家公司曾经号称A股"动力锂电池龙头"，公司营业收入看上去很辉煌：在过去5年内同比增长最低30%、同比增长连续4年最低50%，

趋势转折的奥秘

足以让很多投资者把他当做四星级甚至五星级公司；公司在资本市场上也展露出巨头的手笔，曾经在 2016 年斥资 52 亿元收购沃特玛全部股权，而沃特玛是国内最早成功研发新能源汽车动力电池并率先实现规模化生产和批量应用的企业之一，在装机量方面，沃特玛仅次于宁德时代与比亚迪，稳居行业第三，如图 14－7 所示。

成长能力指标	16-12-31	15-12-31	14-12-31	13-12-31	12-12-31	11-12-31
营业总收入（元）	38.2亿	5.81亿	3.51亿	2.69亿	1.70亿	1.09亿
毛利润（元）	13.1亿	1.56亿	1.02亿	8737万	5757万	4909万
归属净利润（元）	4.25亿	3537万	855万	483万	-1297万	1158万
扣非净利润（元）	3.82亿	2447万	-210万	309万	-1606万	540万
营业总收入同比增长（%）	557.03	65.59	30.29	58.49	55.35	-8.46
归属净利润同比增长（%）	1102.98	313.54	77.14	--	-212.01	-51.24
扣非净利润同比增长（%）	1459.66	--	-168.01	--	-397.13	-73.49
营业总收入滚动环比增长（%）	171.23	24.11	10.95	18.07	17.78	-1.75
归属净利润滚动环比增长（%）	311.66	22.77	228.12	--	--	-34.44
扣非净利润滚动环比增长（%）	325.95	215.50	-370.63	--	--	-65.81

图 14－7　坚瑞沃能的成长能力指标

尽管如此，60% 高负债水平是无法打造出公司的"硬资产"，公司的内在质地还没有晋升为可以攻克多个危机的五星级公司。

实例复盘 2：绩差公司遭遇重大利空，股价连续一字板跌停"概率大"

真实的投资世界里，有很多人愿意"听消息、博重组"，心存侥幸地赌消息、博重组之后的"股价暴涨"。这些人不仅仅有散户，同样有会计师、律师等不少各行各业专业人士。这样的投资事件，就发生在笔者身边，如果你赌的是一家绩差公司或劣质公司，在赌公司重组后股价暴涨，那你赌来的可能不是"股价暴涨"，有可能是"股价暴跌"——股价下跌或连续下跌。

比如，*ST 众和遭遇了 18 个跌停，创造了 2017 年内 A 股最长连续跌停纪录。

2017 年 4 月 28 日是 *ST 众和停牌前的最后一个交易日，当日公司股价收于 10.17 元；11 月 30 日则是 *ST 众和本月最后一个交易日，经过连续跌停后，目前公司股价只有 4.05 元。照此计算，*ST 众和的市值已经从停牌前的 64.6 亿元缩水到目前的 25.7 亿元，在 1 个月内近 40 亿元市值便化为乌有，如图 14－8 所示。

*ST 众和股价表现如此极度弱势，源自公司"祸不单行"：首先，公司业绩连亏已经持续两年一期，暂停上市风险悬顶；第二，涉嫌信披违法违规，

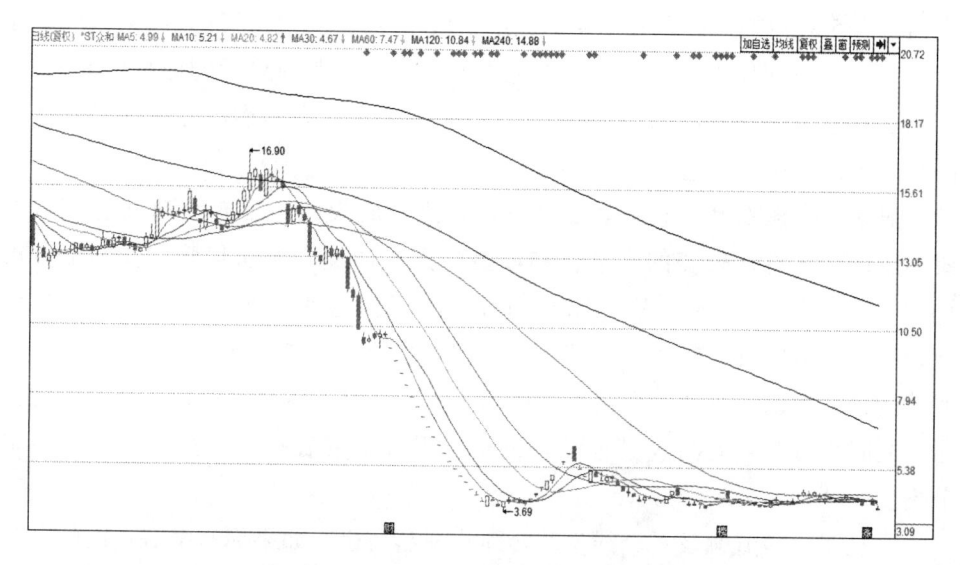

图 14-8　*ST 众和股价连续 18 个跌停

遭证监会立案调查；第三，大股东债务压身，拟转让控股权还债。

"听消息、博重组"——这类投资者失败的表面原因是"心存侥幸""暴利、快钱心态"，深层原因是没有把握证券市场投资逻辑的深刻变化。这类交易逻辑本身是低胜率的，原因有三个：第一，上市公司实际控制人无法决定消息、重组等商业合作层面的成功；第二，上市公司实际控制人同样无法决定消息、重组等商业合作，最终能否被监管层批准、放行；第三，即使这类消息、重组等商业合作最终被监管层放行，市场资金不一定愿意买账、而去追捧这类交易，因为中国 A 股自 2016 年 1 月上证指数 2638 点以来国内外主流资金开始追捧各个行业绝对龙头公司、拥抱中国核心资产，基于小市值效应的消息、重组打法已经被边缘化，然而绝大多数投资者还没有醒过来，并没有意识到中国 A 股投资逻辑的质变。

投资标的的首要问题：不是股价涨得有多快，而是不能轻易跌停

大道至简，证券投资操作中三个关键点是：投资标的，买点，卖点。

历经两轮牛熊洗礼，笔者的感悟是：**优选投资标的是证券投资操作中的首要问题，这决定了投资大方向，投资标的的一个优选标准不是股价涨得有多快，而是不能轻易跌停或连续跌停**。笔者用投资组合来推演这个问题：如果账

户内持有 5 只标的，假设其他 4 只标的市值不变，一只标的连续两天跌停，相当于整个账户回撤 4%，一只标的连续 4 天跌停或者两只标的连续两天跌停，相当于整个账户回撤 8%；如果你管理的是基金，这个回撤已经快触及基金合同约定的预警线、平仓线等风控线了。

股票一字板跌停时的流动性丧失，是投资的天敌，没有流动性这个"投资的生命"属性，投资的安全性和收益性无从谈起、无法保障。作为证券市场的"老猎手"，深入思考过涨跌停板制度的明显优势和致命劣势，其明显优势是控制了市场波动幅度，而其致命劣势是股票一字板跌停时的流动性丧失。股票的一字板跌停或者多个交易日连续一字板跌停，既带来账户快速回撤的冲击，同时将带来被动减仓其他品种的负面循环，彻底打乱了操作计划和投资节奏。

一旦账户净值触及平仓线，基金面临清盘命运；如果你基金账户内的一只重仓股连续多日一字板跌停，大概率这一只股票已经决定了你所管理基金的生死。

复盘贵州茅台、恒瑞医药等顶级公司的股价长周期轨迹，即使在极端系统性风险发生、比如 2015 年 6 月开始的三次股灾期间，顶级公司股价几乎没有跌停过，更没有发生过一天的一字板跌停。

公司股价波动的终极奥秘：公司基本面决定个股技术面长期趋势

长周期看，公司股价波动的终极奥秘，究竟是什么？

笔者的感悟是，把时间拉长、用月线级别以上大周期来思考、回答这个问题，会发现市场面的情绪扰动和趋势转折，更多的是外在扰动，公司基本面是决定个股技术面长期趋势的终极力量。

挖掘优质公司或伟大公司，主要依靠基本面分析，技术面分析仅仅是辅助的。笔者认为，公司基本面和个股技术面，首先有内在的逻辑联系：公司基本面，从中长期影响或决定个股技术面，公司基本面是本质，个股技术面是概率的体现；个股技术面，中长期围绕公司基本面变化或波动；打个比方，如果说公司基本面好比是"主人"，那么个股技术面就好比是"一条狗"，"狗"有时跑到"主人"前面，有时落在"主人"身后。

长线来看，以合理价格买入顶级公司，其投资效果要远远好于以较低价格买入一般公司或"烟蒂股"。顶级公司、五星级公司，是股市中的最核心资产。我们拿大家熟悉的房子来打比方，中国一二线城市房子是优质资产，中国一线城市房子则是核心资产，而中国一线城市的"学区房"则是一类最核心资产，而顶级公司、五星级公司就好比是股市的"学区房"，是股市的最核心资产，如表14-3所示。

表14-3 顶级公司与房子的类比

	房市	股市
三星级以上资产/优质资产	中国一二线城市房子	三星级以上的上市公司
四星级以上资产/核心资产	中国一线城市房子	四星级以上的上市公司
五星级资产/最核心资产	中国一线城市的"学区房"	顶级上市公司、五星级公司

在中国，上市公司是中国企业界的佼佼者，都是"千里挑一"才能上市的，而笔者定义的"顶级公司"是——中国A股3600家上市公司里比重5%左右、数量200家量级的卓越公司，在上市公司群体里再分五档、"百里挑一"层层优选出的五星级公司；上市公司中的三星、四星级公司尚有大概率晋级五星级公司，笔者会关注；而一星、二星级公司晋阶五星级公司则是极小概率事件，在笔者这里直接排除，不看了。拿高考来打比方，有较大概率考入北大、清华等中国顶级大学的，大概率是各省尖子生、优等生，而高中班级里后两档的学生基本没有希望进入中国顶级大学；进入北大、清华之后，一个班里的100名学生又能排出个五档来。说得再形象一些，公司的基因和禀赋大致在其成长过程中已经确定了——这家公司是"王子特质"公司还是"癞蛤蟆式"公司。

重点投资顶级公司、五星级公司的大方向确定之后，问题来了：到底哪些公司是五星级公司？如何区别上市公司中的不同星级？这就是我们价值投资者每天要修炼的功课。鉴别上市公司的星级，是老练投资人才会有的"内功"。有些公司都自称是"行业龙头"，很多媒体和分析师也把某些公司冠名为"行业龙头"，到底是"真龙头"还是"假龙头"，只能依靠自己的独立判断，以后该公司股价走势将验证你的判断功夫了。

然而，吃透一家公司，很不容易，是对投资者全方位的挑战。

什么叫吃透一家顶级公司？有两个判断标准：第一个，你去和这家公司的掌门人去聊，如果对方发自内心地认可你是"内行"，那你才叫吃透这家公司了；第二个，你站在众多老练的私募大佬、聪明的基金经理和资深行业分析师面前，你能回答他们的问题且让他们竖大拇指。一个人、一个团队，精力有限，能力同样有限，吃透一家公司，很不容易，谁都无法短期内吃透3600家上市公司，只有做减法才有可能吃透。

价值投资的终极较量，是比谁看得远、看得准、敢重仓、能坚持。这是对投资者的产业基本面、企业基本面、仓位策略、趋势判断以及交易心理和人性等多方面综合实力的终极较量。很多投资者都曾经交易过长牛股的股票，或者没有重仓、或者没有长期持有，最终在伟大公司上赚到大钱的人，是拥有上面综合实力的少数人。

笔者的证券市场的基本逻辑是：基本面为王，市场面为体，技术面为用。如果证券市场的逻辑高度简化，就是一个：基本面为王。

经历过证券市场的惊涛骇浪之后，最终回归价值投资、稳健投资，选择与顶级公司同行。笔者认为，投资中最靠谱的事，即"赚稳钱、赚大钱"的惟一路径，就是投资顶级公司、五星级公司，与这些伟大公司共成长。

除了这一条道路，其他都不是最靠谱的，心里都不是最踏实的。

第十五章　投资的终极修炼是人性

投资赚钱是最深刻的修行。

证券市场是上帝为人类设计的一个快速暴露人性弱点的场所，当下你做出的投资决策是否正确，几分钟后或几天后很快就知道，而你的贪婪或恐惧等"人性"同样将在几分钟后或几天后就会暴露，并影响甚至左右你的投资交易决策。

第一节　成为顶级投资人的五项修炼

在投资的零和世界中参与竞争之前，你必须先问问自己是否具有处于领先地位的充分理由。要想取得超过一般投资者的成绩，你必须有比群体共识更加深入的思考，进行过超出一般投资者的内在修炼。你具备这样的能力吗？是什么让你认为自己具有这样的能力？

投资赚钱是最深刻的修行。我的感悟是，要想成为顶级投资人至少需要五项修炼。

第一种修炼：预判、顺应趋势的能力

作为投资人，首先要看趋势尤其是看大趋势，主要看以下方面。

（1）国家基本面：证券市场所在国家的国运，该国的政治、经济、社会和国际地位。

（2）政策基本面：该国经济政策的产业导向，以及政策规划、政策连续

性和稳定性。

（3）产业基本面：该国在国际分工中的优势产业、潜力产业的发展现状与发展趋势。

（4）市场基本面：该国证券市场发展的大趋势。

第二种修炼：提升投资格局的能力

投资人还要有格局、有大格局，格局能力主要指以下方面。

（1）投资高度：不仅仅以普通投资者角度对待投资，而要以部长、甚至总理高度来审视投资。

（2）投资身份：不要以交易者的身份来定位，而要以股东、产业合伙人来定位。

（3）投资周期：不要按分时、日、周来设定投资周期，而要多以月、季度、年度来设定周期。

（4）投资定力：以战略高度介入几个有前途产业的领军公司，不要因为短期股价波动而动摇投资定力，与伟大公司同行。

就以投资周期和投资定力来问问你自己，一天打开交易软件的次数有多少？很多时候，失败的投资都是因为离市场太近太近，而真正的投资离市场远些再远些，离企业近些再近些。知名作家史铁生在他的作品中写到："在这园子里坐着，我听见园神告诉我：……每一个倒霉的观众都是因为他总是坐得离舞台太近了。"

很多人都持有过伟大公司的股票，由于离市场太近，受到市场或股票短期波动而卖出了伟大公司的股票，如果他离市场远些，可能不会受到市场干扰，从而更容易做到长期持有。慢即是快，离市场远些再远些，离企业近些再近些，你才能吃透企业基本面，坚定长期投资、长期持筹，真正做到"与伟大公司同行"。

第三种修炼：投资研究与复盘的能力

当前中国证券市场，价值投资已经成为投资主流。在价值投资的市场里，股价多数情况下是企业基本面的反映。如果你没有深入去研究企业，不知道企业的护城河在哪里，天花板在哪里，没有吃透企业的基本面，那么当你看到股价上涨和下跌，你会本能的贪婪和恐惧。

第十五章　投资的终极修炼是人性

复盘原是围棋中的一种学习方法，指的是在下完一盘棋之后，要重新摆一遍，看看哪里下得好，哪里下得不好，对下得好和不好的，都要进行分析和推演。

如今，复盘作为一种高效能工作法已经引入各行各业和生活中。复盘的关键是推演，通过推演这个动作，复盘就不仅仅是对过去的复制呈现，而是可以对各种可能性进行探讨。正是因为推演这个动作，将复盘与总结从本质上区别开来。

投资人同样需要复盘。复盘可以帮助投资人避免犯同样的错误，锤炼流程、校验方向，认清问题背后的问题，发现和产生新的想法与办法。除了提升能力之外，它还对提升个人品性和组织能力有巨大作用。

投资复盘是投资研究、操练的一种，但复盘又高于投资研究，是在实战层面对投资研究进行验证、反思。投资能力的深度提升，很多是通过复盘得来的。三思而后行，一个习惯复盘的投资人，投资行为会更加严谨和稳健，避免浮躁和冒进给投资带来危害。

王阳明、曾国藩、任正非、马云、马化腾等，古今中外各行各业的牛人必定是精通复盘的高手。投资人的工作同样需要复盘，之所以不成功，就是因为不精通复盘，只吃堑，不长智；要提升，多复盘，要成功，精复盘。在某种意义上，复盘是自我提升的宇宙真理，真正的提升靠向自己学，向自己学就是复盘。

第四种修炼：遵守纪律与体系的能力

在投资哲学中，"体系是王道，纪律是高压线"，大多数机构投资者在这方面做得比较好，而绝大多数个人投资者在这方面理解和执行的差距太大了。先不要说一整套严密的投资体系和严明的交易纪律，仅仅说一个初步的"交易计划""计划你的交易，交易你的计划"，如果没有"交易计划"，那你的交易更多是情绪主导的，在复盘时没有确凿的工作底稿，如何复盘？如何提高复盘的质量？

投资体系和交易纪律的价值和意义主要在于对抗人性。因为投资是反人性的，只有反人性才能持续做好证券投资，依靠个体理性在很多时候无法对抗人性，必须依靠体系和纪律来克服人性的弱点，对抗市场、行情的情绪化特征。

第五种修炼：做减法与专注的能力

当前中国A股3500多家上市公司，你自己吃透的公司究竟有几家？什么叫吃透？别人、内行问不倒你，才叫吃透；如果没有吃透自己买入的股票及其背后的公司，你敢重仓吗？即使重仓了，刚上涨几天、你能拿得住吗？遇上回调几天、你能扛得住吗？

如何才能吃透自己买入的股票及其所属的公司，做减法是唯一路径。

中国古人很早就认识到"做减法是智慧"。《道德经》里蕴藏着这样的智慧："知道自己有所不知，这是很高明的。不知道却自以为知道，这就很糟糕"；《道德经》原文这样说："知不知，尚矣；不知知，病也"。《道德经》里"知不知"的智慧，与巴菲特"能力圈"概念不谋而合，不懂的就不触碰，我们的能力有多大并不重要，关键知道是不是在自己能力范围内很重要。所以，我的感悟是：投资中切记自己的"能力圈"，不熟不做，一定要做减法，避免做自己能力之外不熟悉的事情。

投资者自身不正确的投资理念、不正确的投资行为，减去得越多，才有可能用更多的正确理念、行为来武装自己。

第二节　股市大顶大底背后：人性打败一切

在股市的大顶与大底区域，究竟是哪一种最重要的力量决定着趋势转折？

（1）是国家政策面吗？

不是，因为"政策顶底"与"市场顶底"往往有一段距离，否则"政策顶底"与"市场顶底"一致了。

（2）是大盘技术面吗？

不是，它只是提供了市场走势的一种可能；如果说大盘技术面这些过时的信息能决定趋势转折，就好像开车时看着后视镜就可以确定前行方向一样不靠谱。

（3）是公司基本面？

不是，因为在顶底转折前后那几个月，上市公司基本面大多数没有多少变化。

（4）是市场资金面？

这个因素沾点边，可以通过资金量能、资金进出看出市场情绪、看出资金背后的各方判断、态度。

如果再追问一句，是什么决定着市场资金面？

如果想正确回答这个问题，我们复盘历史大顶、大底区域时各方的市场情绪和行为可以发现一个现象和规律：当股市情绪处于疯狂区或极度疯狂区，往往是顶部区域（比如2015年6月5000点和2007年10月6000点），此时要更多地要想着离场；而当股市情绪处于悲观区或极度悲观区（比如2016年1月2638点和2008年10月1664点），往往是底部区域，此时要更多地要想着进场。

继续复盘和深入思考会发现：历史大顶、大底区域时各方投决行为背后是两类不同的人性在主导——在股市历史高位或顶部区域坚决离场与股市历史低位或底部区域敢于进场的人，他们的人性深处是"理性"在主导着投资决策，这些人不仅具有投资的智慧、更具有投资的勇气，他们的持续成功是因为他们非常熟悉股市的波动规律，看懂了股市的大顶、大底信号，于是在高位或顶部区域看空、做空，在低位或底部区域看多、做多。在股市历史高位或顶部区域选择进场与股市历史低位或底部区域选择割肉离场的人，他们的人性深处是"非理性"即"动物性"在主导着投资决策，这些人不具有投资的智慧和勇气。

这里的"动物性"，是经济学大师凯恩斯说的"动物精神"这一概念。凯恩斯不愧是大师，他跳出了经济学的传统"理性人"假设，从人性出发提出一个概念：动物精神，意思是人也是动物，支配人的不仅有理性，还有动物精神。通俗地讲，动物精神就是情绪和本能，而非理性的思考。动物精神表现在股市等金融市场上就是：投资者有时过度乐观，有时过度悲观，而且存在显著的羊群效应。

对凯恩斯的"动物精神"有着洞见的哈佛大学教授明斯基，进一步提出了金融业的"明斯基时刻"，即金融危机之前的风险是一点点积累的，但危机的爆发却是突然、猝不及防的，这一突然总爆发的时刻就是"明斯基时刻"。

其实股市的顶底转折同样存在着"明斯基时刻"：投资者的人性，尤其是"动物精神"驱动着股市顶底转折，人性的贪婪、恐惧表现在股市上就是顶底转折、周期轮回。只要人性、动物精神不变，股市顶底转折和周期轮回就不会从地球上消失。

实盘金句

大顶大底背后见人性，人性打败一切

股市顶底转折，由人性的"理性"或"动物性"主导。
科学家牛顿炒股失败后惊叹：
"我可以测量天体之间的距离，但我无法测量股市中人性的巨测"。
投资者的人性、尤其是"动物精神"
驱动着股市顶底转折，
人性的贪婪、恐惧表现在股市上
就是顶底转折、周期轮回。
只要人性、动物精神不变，
股市顶底转折和周期轮回就不会从地球上消失。

第三节　K线背后是人性的较量

　　高深莫测的人性隐藏在起起伏伏的K线中。能看出K线背后人性的博弈等更多门道，才有可能成为老练投资人。
　　笔者拿出亲自经历的一个实盘案例与大家分享：中信资本参与哈药混改的K线博弈，笔者认为这是一个经典案例，是因为这个K线博弈直观形象地呈现了K线背后是人性、阳谋和阴谋的血腥战争。
　　人性：贪婪、恐惧、疯狂、犹豫、尔虞我诈、善恶多变；
　　"阳谋"：公司基本面、个股技术面的公开信息和事实；
　　"阴谋"：影响公司基本面尚未公开的信息和事实；"阴谋"在此处，并无贬义。
　　笔者的证券实战能力，相当一大部分来自于实盘和复盘，让我们来一起复盘中信资本参与哈药混改的K线博弈。

第十五章　投资的终极修炼是人性

博弈关键点 1　人性：大资金对小资金人性的洞察、利用和控制

2017 年 4 月 6 日，哈药股份公告 2016 年高分红方案：A 股每股现金红利 0.50 元（含税）。分配方案：本次利润分配以方案实施前的公司总股本 2541243276 股为基数，每股派发现金红利 0.50 元（含税），共计派发现金红利 1270621638 元。公告中声明：股权登记日为 2017 年 4 月 12 日；从公告的 4 月 6 日至 4 月 12 日，20 亿量级资金蜂拥买入哈药股份，贪图在获得哈药高分红的同时博取股价价差。

主力资金正是洞察、利用了市场资金贪图高分红的人性弱点，通过这个利好的技术面来骗线，借助分红利好、找人接盘，套取股本，4 月 12 日之后哈药股份股价 K 线又开启了两波下跌，套住了那些贪图高分红、且未止损的大部分资金。

博弈关键点 2　"阳谋"：大资金和小资金对公开信息的处理和鉴别能力

哈药股份的股价 K 线，是很多技术派投资者决策依赖的主要公开信息。主力资金当然知道 MACD 是市场上非常流行的技术分析方法，"金叉买、死叉卖"的买卖口诀为更多投资者传诵、使用，于是从 2017 年 1 月 3 日至 2017 年 5 月 17 日在 MACD 图形上画出了四次 0 轴以下金叉，如图 15 – 1 所示。

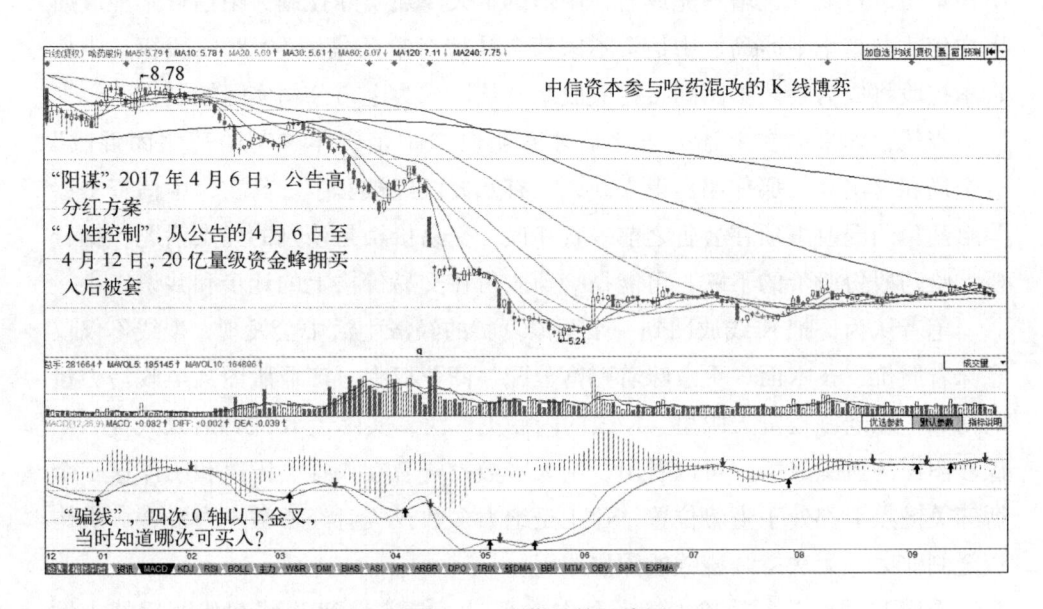

图 15 – 1　哈药股份日线图

其实，掌握个股技术分析方法同样是一件非常不容易的事情，绝大多数投资者没有掌握主流的个股技术分析方法，甚至没有吃透、用好哪怕是一种技术分析方法，比如非常流行的 MACD 技术。太多投资者听说过"金叉买、死叉卖"口诀，但只有少数投资者知道 0 轴以下金叉是低胜率买点信号，买入时一定要谨慎决策、合理分配仓位且须要设好止损单。

公司基本面的公开信息，比个股技术面的公开信息处理难度更高。普通投资者很难从繁多的公司基本面公开信息中优选、鉴别出关键信息。中信资本入驻哈药或者参与哈药集团混改，是公开的信息；在 2017 年 6 月 8 日的公告中透露出蛛丝马迹。公司公告等公开信息是必修课，投资者需要跟踪关注更多公开信息，看懂、看明白公开信息。

博弈关键点 3　"阴谋"：大资金和小资金对未公开信息的获取和使用能力

中信资本参与哈药集团混改的重大事项，在双方谈判阶段、公告之前属于未公开信息，是典型的"阴谋"，小资金获取、使用这类信息的能力显然低于大资金。

最终，哈药集团混改赶在 2017 年末落地。2017 年 12 月 28 日，哈药股份和人民同泰分别公告称，中信资本天津拟通过其控制的黑龙江中信资本医药对哈药集团进行增资，增资完成后，中信资本天津之实际控制人中信资本控股旗下中信冰岛与华平冰岛、中信资本医药合计持有哈药集团 60.86% 股权，中信资本控股将成为哈药集团间接控股股东，从而成为上市公司实际控制人。

当然，如果你在上述公告之后才看明白"中信资本参与哈药集团混改"这个局和这出戏，那你明白得太晚，十有八九已经被套了。其实，中信资本参与哈药集团混改事项在公告之前一直在谈，交易价格是谈判的焦点话题；据分析，哈药股份股价的下跌，可能是哈药股份在交易价格上的让步和共识。

笔者认为，把 K 线放回到一个国家真实的经济生活中会发现，K 线不仅仅意味着股价、技术面，更意味着财富分配、商业权力、产业版图甚至政治力量的博弈。在老练投资人眼里，K 线的内涵更广泛，实际上 K 线背后是人性、阳谋和阴谋的血腥战争。可以看出，绝大多数投资者在人性、阳谋和阴谋这三个博弈关键点上都处于劣势位置，这正是绝大多数投资者经常被主力资金、机构资金割韭菜、无法持续赚钱的深层原因。

看懂 K 线，并不简单。笔者盘中看盘时，能感受到 K 线起伏背后的人性博弈，更感叹 K 线背后和画线过程中大资金在人性方面对小资金的控制。如果投资者没有看懂 K 线波动背后的人性博弈，还没有感悟到 K 线背后是人性、阳谋和阴谋的血腥战争，笔者哥建议你远离股市，等你做到一眼看出这些门道，练好内功后再进入股市不迟。

股市历史大顶大底转折之际，市场情绪背后是人性主导，顶底转折背后是人性，人性打败一切，那时是无法用大盘技术面、公司基本面来判断的，是无法用理性和科学来衡量的。

科学家牛顿炒股失败后惊叹："我可以测量天体之间的距离，但我无法测量股市中人性的叵测"。

第四节 人性的内核："象与骑象人"的战争

华裔投资人李录说过："金融市场是一个暴露人性弱点的机制，从现代金融市场诞生的那一刻起，就没有变过。"

在我的理解中，证券市场则是上帝为人类设计的一个快速暴露人性弱点的场所，今天你做出的投资决策是否正确，在"T+0"交易制度下，几分钟后就知道，而在"T+1"交易制度下，几天后就知道，而你的贪婪或恐惧等同样将在几分钟后或几天后暴露。实战中发现，最大的投资错误不是来自信息因素或分析因素，而是来自心理因素。投资心理包括许多独立因素，但要记住的关键一点是，这些因素往往会导致错误决策，它们大多归属"人性"之列。

几十年来，心理学家研究发现，人类大脑并不是完全统一的一个系统，而是分成两个彼此之间相互独立的系统：一个是情绪的一面，是人类本能中的一部分，能够感知痛苦与压力；另一个是理性的一面，也称为反思性系统或者自觉性系统，用来考虑、分析并且展望未来的组成部分。

通俗地说，人的大脑分为感性与理性两个系统，如同象与骑象人。

心理学家乔纳森·海特在《象与骑象人》(The Happiness Hypothesis) 书中的比喻最为形象，情绪系统好比一只"大象"，理性系统则是这只大象的"骑象人"。这位骑象人坐在大象的背上，理论上享有支配权，看上去像是大象的主宰者。但是事实上，这位骑象人的控制权一点也不稳固。陆地上最重的大象体重 6 吨，相当于 80 个体重 75 公斤的骑象人。每当这只 6 吨重的大象不愿意按照骑象人所指出的方向前进时，这位骑象人就会完全失去控制权，被大象彻底打败。

针对"象与骑象人"的战争,刘建位先生认为,短线投机符合人类追求快速满足的本性,很多时候大象最终说了算。大象的力量是追求立刻获得满足,骑象人虽然看到长期投资的好处,却没有真正说服大象放弃短期的得失,真正愿意追求长期的回报,并在投资路上坚持走下去,走得足够长远一直到达目的地。

想要改变自己从短线投资到长期投资的失败,这通常是大象的责任,因为我们所希望获得的改变往往是牺牲短期的股价涨跌,以获得长期的价值增长。

骑象人的力量相反,能够超越眼前一时涨跌,思考长远的利益,为了长期的回报进行规划。可是骑象人却有一个致命的弱点,就只会说不会做,能够看得长远却一步也走不了,大象才拥有巨大的行动力量。

对我们绝大部分人来说,大象打败骑象人,在生活中是常事。我们明知工作任务没有完成,却还是懒得起床、看电视、上网等。我们明知需要减肥且制定减肥计划了,还是会胡吃海塞、暴饮暴食,类似的事情,很多很多。

对于绝大多数人来说,大象才是让事情最终得以实现的力量,这表现在证券投资行业"七成基金不赚钱"的残酷现实中。据行业权威机构私募排排网的数据,2016年实现正收益的产品占比29.08%,这就是说超过7成股票策略产品未能实现正收益,没有盈利;而年度收益超过5%、跑赢银行理财产品的基金,更是少数。

大道相通,国内证券投资行业很多年份只有三成基金经理具有持续盈利能力,餐饮行业同样有"三分之一赚钱,三分之一打平,三分之一亏钱"的现象。看起来"高、大、上"的证券投资行业,其盈利比例和开饭馆的基本相当。

即使是全职从事证券投资的大部分人都无法持续实现正收益,一个根本原因在于投资是反人性的。在股市实盘十多年,我感受到人性的力量以及反人性的艰难。我对人性的理解是:人性是"理性"和"动物精神"的混合体,每个人的人性内部既有"理性"同时有"动物精神",问题在于不同投资者的市场锤炼经历,在市场历练、看懂市场、管住自己之后才能在市场贪婪时保持恐惧,理性主导,而在市场恐惧时发挥贪婪,动物性主导,逆向思维、反周期投资,才能做到顶部离场、底部进场。

第五节　逆向投资的看家本领：识人性，知大势

某种程度上说，群体共识、一致性预期多数时候是阻碍成功的因素，雷同的投资组合是顶级投资人需要考虑避开的。由于市场的钟摆式摆动或市场的周期性，所以取得超过一般投资者的业绩，关键在于逆向投资。

有 10 年以上实战经历的投资人，才能深深体会到逆向投资是超额收益的一个重要来源。

当然，不是所有急跌的股票都值得买入，毕竟，"不接下跌的飞刀"这句话是无数人遭遇了血的教训之后总结出来的。

逆向投资的三个标准

国内知名的资深投资人邱国鹭先生认为，一个下跌的股票能否逆向投资的关键在于以下三点：

首先，看估值是否足够低，是否已经过度反应了可能的坏消息。估值高的股票本身估值下调的空间大，而且这类股票的未来增长预期同样存在巨大下调空间，这种"戴维斯双杀"导致的下跌一般持续时间长而且幅度大，刚开始暴跌时不宜逆向投资。

其次，看所遭遇的问题是否是短期问题，是否是可解决的问题。例如零售股面临的网购冲击、新建城市综合体导致旧有商圈优势丧失、租金劳动力上涨压缩利润空间等问题就不是短期能够解决的，因此其股价持续两年的大幅调整也是顺理成章的。不过，如今大家都把零售当作夕阳产业了，行业反而有阶段性反弹的可能，尽管大的趋势仍然是长期向下的。

再次，看股价暴跌本身是否会导致公司的基本面进一步恶化，即是否有索罗斯所说的反身性。贝尔斯登和雷曼的股价下跌直接引发债券评级的下降和交易对手追加保证金的要求，这种负反馈带来的连锁反应就不适合逆向投资。中国的银行业因为有政府的隐性担保（中央经济工作会议："坚决守住不发生系统性和区域性金融风险的底线"），不存在这种反身性，因此可以逆向投资。

当然，任何投资方法都有缺陷，逆向投资的短板就是经常会买早了或者卖早了。顶部和底部是一个区域，该逆向时就不要犹豫，不要在乎短期最后一跌的得失，只要能笑到最后，短期难熬点又何妨？只有熬得住的投资者才适合做

逆向投资。在 A 股这样急功近利的市场中，能熬、愿熬的人少了，因此逆向投资在未来仍将是超额收益的一个重要源泉。

什么样的人能做好逆向投资

逆向投资虽然能获得超额收益，却是最不容易学习的投资方式，并不是所有人都适合做逆向投资。因为它不是一种技能，而是一种品格，而品格是无法学的，只能在实践中磨炼出来。

投资历史上的集大成者，大多数都具有超强的逆向思维能力和实战经验，尽管他们对此的表述各不相同。

索罗斯说："凡事总有盛极而衰的时候，大好之后便是大坏"。

芒格说："Invert, always invert"（"倒过来想，一定要倒过来想"）。

巴菲特说："别人恐惧时我贪婪，别人贪婪时我恐惧"。

逆向投资的看家本领是：识人性，知大势，只有能真正做到这两点的人才适合做逆向投资。生动的市场情绪，往往是人性的直观和定性反映。在市场情绪面前，大盘技术面、公司基本面、国家政策面非常脆弱，有时脆弱得不值一提，所以必须高度重视市场情绪面发出的信号。

老练的投资者明白市场上大多数投资者通常是错误的，他们会通过市场情绪背后的人性来判断趋势转折，判断市场的顶部和底部。

当股市节节上涨，受盲目乐观、羊群效应影响，越来越多的人进入股市，奋不顾身地进场，不仅把存款搬到股市，而且借钱炒股的人越来越多，类似"卖房炒股"的声音开始出现，"连跳广场舞的大妈一个月都赚了 30%"，此时，老练的投资者会警惕历史大顶的到来。

而当股市节节下跌，很多人被套了，而且被套的散户越来越深、不再看行情、看账户了，"即使连很多基金经理都被套了"，市场低迷时，政府推出的几个利好政策也没有很快见到效果，大多数人都不愿意谈股票了。此时，老练的投资者会意识到历史大底在来临。

中国古人很早就发现了事物运动中周期轮回、循环往复的规律。中国经典名著《道德经》里就有这样的认识：万事万物的运动都在循环往复。月有阴晴圆缺，年有春夏秋冬。《道德经》里原文说："反者道之动，弱者道之用"。投资的世界也是如此，牛熊更替，顶底转折。投资人需要做的是看懂市场周期轮回的规律，把握大势，顺应市场，管好自己，敢于在底部进场，又善于在市场疯狂时保持冷静，在涨幅较大时能做到减仓或清仓。

老练的投资者从市场"氛围"中即能"嗅到"股市顶底转折和周期轮回的"味道"，这是"多次失手和长期亏损之后的大彻大悟""人性深处脑革命"之后才具备的功夫。大多数人在股市历史大顶的疯狂中不知道自己同样疯狂，在历史大底的悲观中看不到"黎明前的黑暗"，更看不到市场给予的历史大机遇，那是因为大多数人"交的学费还不够""没有经历过赚钱与赔钱的深度思考"，没有经历过老手的磨难和人性的历练。

附录1 "价值投资2.0体系"：投资体系与操盘框架

在继承价值投资体系优秀核心理念、方法的同时，高度重视趋势转折尤其是中长期趋势转折对证券资产的影响，是"价值投资2.0体系"区别于传统价值投资体系的鲜明特点。

"价值投资2.0体系"由资深投资人"红哥"王建红先生历经两轮牛熊锤炼而成，其核心理念是：价值投资+趋势转折。

"价值投资2.0体系"，形成了一整套完整的投资研究体系与操盘框架，主要由解盘子系统、选股子系统、交易子系统三个系统组成：

"价值投资2.0体系"基本结构与维度主要包括：

- 解盘子系统"趋势转折"——解盘系统；
- 选股子系统"胡杨树"——选股系统；
- 交易子系统"主升浪"——战法。

"价值投资2.0体系"的投资研究体系与操盘框架以及三个子系统，是第一次正式对社会公开，与国内外同行和投资者共享、交流。

（一）解盘子系统

本部分内容，详见附录2。

（二）选股子系统

"胡杨树"选股系统：揭秘牛股出炉过程

"胡杨树"选股系统是一个以价值投资为基石的投资标的优选系统

"胡杨树"选股系统分为初选系统和优选系统，两个系统均以"业绩为王"为核心导向，多维度研究、考察拟投资品种。一般每年批量选股4次左右，零散选股若干次。运用"胡杨树"选股系统，我们曾经挖掘出贵州茅台、恒瑞医药、美的集团、科大讯飞等一批优质公司，同时获得了比较好的投资收益。

在两个系统中，初选系统是基础，初步考察投资品种，每批次选股从数千个品种中选出数十个至数百个品种，然后再进入优选系统。优选系统是提升，全面深度考察投资品种，从初选系统中选出的数十个至数百个品种，需要经过优选系统中"产业基本面""公司基本面""个股技术面""个股资金面"四条主线，20多个方面（我们将其比喻为"四个树干，20多个树支"）的深入考察，最终选出数个至数十个品种。优选系统呈现出了选股的科学性、全面性和考察深度。

通俗地说，初选系统是简单明了的"第一道筛子"，而优选系统是疏密有致的"第二道筛子"，如果没有初选系统，优选系统面临的工作量将超级巨大，在实战中将感到无从下手，几乎难以无法发挥威力。当然，"胡杨树"优选系统考察的内容比较全面、细致，在实际使用中每个主线抓住两、三个关键点即可。

胡杨树，杨柳科植物，常见于沙漠地区，树龄可达200年。由于胡杨生长在极旱荒漠区，耐寒、耐旱、耐盐碱、抗风沙，有很强的生命力，胡杨树被人们誉为"沙漠的生命之魂""沙漠守护神"，体现了生命力的核心特质：忍耐力、持久力、抵抗力。

我们把选股系统定名"胡杨树"，寓意"层层选拔、久经考验、生命力强"。

选股主题：聚焦"好公司的波动机会"，关注"好股票的波动机会"。

选股逻辑：

（1）先选赛道，后选赛车，再选赛手。

（2）价值投资导向，内在价值为主，交易价值为辅（中长线投资为主，通过投资持有实现增值；短线博弈为辅，通过短线交易降低成本）。

（3）持续关注个股波动走势，兼顾板块轮动效应。

1. "胡杨树"选股系统——初选系统

初选系统的具体选股方法，本书暂时省略，计划在以后时机成熟时深入探讨。

2. "胡杨树"选股系统——优选系统

树干1：产业基本面——产业高度，看懂产业和公司赛道。

树支：市场体量与成长空间：细分市场增长速度/GDP增长速度。

树支：国家政策导向。

树支：产业链位置与影响力。

树干2：公司基本面——公司深度，吃透公司质地和基因。

树支：公司盈利能力指标：盈利能力的真实姓、确定性。
树支：公司成长能力指标：成长能力的真实姓、持续性。
树支：近期公司业绩报表明细与业绩预告明细：季报、中报、年报。
树支：公司主营构成
树支：公司与同行比较：杜邦分析、成长性、估值等比较。
树支：公司盈利预测与公司市值预测。

树干3：个股技术面——主力角度，跟踪主力操盘路线

树支：个股的核心题材。
树支：当前个股的历史位置与走势：一定要把日线、周线、月线三张图看清，通过MACD、多周期图、背离技术等综合判断。
树支：个股所属板块的历史位置与走势：一定要把板块日线、周线、月线三张图看清，通过MACD、多周期图、背离技术等综合判断。
树支：当前个股的日线筹码图。
树支：近期个股潜在的催化剂：国家政策面、行业面、公司基本面、事件等催化剂。
树支：个股的市盈率高低：四分位属性分析。
树支：个股的弹性/贝塔系数：当前公司总市值、流通市值与同行比较；过往涨幅；上涨时的大阳线情况等。
树支：当前个股的主力控盘程度。

树干4：个股资金面——大资金角度，明白大资金进出意图

依靠王建红先生历经两轮牛熊独创的"全筹码定盘系统"，识别主力资金意图，预判个股阶段底部和阶段顶部，指引抄底逃顶操作。

在时机成熟时，再与投资者深入探讨、介绍"全筹码定盘系统"。

（三）交易子系统

"主升浪"交易系统：中长线是金，伏击主升浪

第一步，中线抄底：参照"MACD+RSI信号组合"中线建仓，底部埋伏，拿到底部筹码。

第二步，坚定持仓：信赖滤波智慧，忍受持仓过程中的震荡、煎熬，坚定中长线持仓。

第三步，中长线逃顶：参照"MACD+RSI信号组合"逃顶，顶部击取，吃定主升浪。

附录2 "趋势转折"解盘系统：预判市场趋势与顶底转折

"趋势转折"解盘系统的实际效果

预判胜率极高：成功预判中国股市多个大顶大底和中线顶底。

预判中国股市顶底的成功案例：

案例1：成功预判2015年6月的顶部和股灾

案例2：成功预判2016年1月熔断时的顶部和股灾并战略清仓

案例3：成功预判2017年5月份3016点底部，并成功抄底

案例4：成功预判2015年9月份2850点、2016年1月份2638点底部，并成功抄底。

胜率：八成。

（"信号型"当日及时解盘的胜率，比"静态预测型"解盘高）

"趋势转折"解盘系统的工作过程

第一步，测盘：启动测盘雷达，借助"五元监测系统"、覆盖49个关键信号。

作者研发出了一套"智能测盘雷达"即"五元监测系统"，通过5个核心单元，共49个指标来全面覆盖和监测可能影响大盘走势即市场趋势的信号，每个交易日、周末这个测盘雷达借助智能机器和人工全天候搜集、筛选信息，并从中提取出关键信号，形成"五元监测系统"日报表，作为及时解盘的理性根据。

"趋势转折"解盘体系
"智能测盘雷达"－"五元监测系统"日报表

（监测周期： 年 月 日— 月 日）

核心单元1：全球宏观面（国运）（11个指标）

类别	序号	指标名称							
中国	指标1	中国 GDP							
	指标2	中国 CPI							
	指标3	中国 PPI							
	指标4	中国 PMI							
国际	指标5	全球政治走势							
	指标6	全球经济走势							
	指标7	国际金融市场形势							
	指数8	美国股市指数							
	指数9	VIX 指数							
	指标10	黄金指数							
	指标11	其他黑天鹅事件							

附录2 "趋势转折"解盘系统：预判市场趋势与顶底转折

【全球宏观面】本周异动情形与评估：

核心单元2：中国国家政策面（5个指标）

类别	序号	指标名称				
指标1		国家层面经济政策				
指标2		中国货币政策方向				
指标3		中国货币供应量 [金额/同比增速]				
指标4		国家层面财政政策				
指标5		国家层面证券监管政策				

趋势转折的奥秘

【中国政策面】本周异动情形与评估：

核心单元3：资金面（13个指标）

类别		序号	指标名称	周末	月 日 周一	月 日 周二	月 日 周三	月 日 周四	月 日 周五
资金流入指标	个人投资者	指标1	国家队进场信号						
		指标2	证券保证金金额						
		指标3	银证转账变动金额						
	机构投资者	指标4	公募基金发行份额						
		指标5	私募基金发行份额						
	杠杆资金	指标6	两融余额						
		指标7	沪港通						
	海外资金	指标8	深港通						
资金流出指标		指标9	国家队出场信号						
		指标10	IPO融资金额与数量						
		指标11	再融资额度						
		指标12	月度解禁规模						
		指标13	交易费用						

附录2 "趋势转折"解盘系统：预判市场趋势与顶底转折

【资金面】本周异动情形与评估：

核心单元4：市场技术面（14个指标）

类别	序号	指标名称	周末	月 日 周一	月 日 周二	月 日 周三	月 日 周四	月 日 周五
大盘顶部指标	指标1	大盘日线图MACD给出的趋势转折信号						
	指标2	大盘多周期图发出的信号（周线图、季线图等）						
	指标3	成分指数给出的信号（重点关注上证50、沪深300、中证500、中证1000等）						
	指标4	上证股指慢牛通道上沿						
	指标5	政策利空信号						
	指标6	顶部量价信号						

237

续表

类别	序号	指标名称	周末	月 日 周一	月 日 周二	月 日 周三	月 日 周四	月 日 周五
大盘底部指标	指标7	大盘日线图 MACD 给出的趋势转折信号						
	指标8	大盘多周期图发出的信号（周线图、季线图等）						
	指标9	成分指数给出的信号（重点关注上证 50、沪深 300、中证 500、中证 1000 等）						
	指标10	上证股指慢牛通道下沿						
	指标11	大盘底背离信号						
	指标12	政策利好信号						
	指标13	量价信号						
	指标14	磨底信号：大盘日线 MACD 零轴以下金叉						
		当日上证收盘价站在 5 周均线之上						
		大盘周线形成底部窄幅震荡区间						
		大盘 5 周均线与 10 周均线金叉						

附录2 "趋势转折"解盘系统：预判市场趋势与顶底转折

【市场技术面】本周异动情形与评估：

核心单元5：市场情绪面（6个指标）

序号	指标名称	周末	月 日 周一	月 日 周二	月 日 周三	月 日 周四	月 日 周五
指标1	当日涨停个股数量与比重						
指标2	当日连续涨停板个股数量与比重						
指标3	当日涨幅在5%以上个股数量与比重						
指标4	当日跌停个股数量与比重						
指标5	当日连续跌停板个股数量与比重						
指标6	当日跌幅在5%以上个股数量与比比重						

【市场情绪面】本周异动情形与评估：

第二步，解盘：打开解盘宝箱，依靠"十大解盘定律"预判趋势与顶底转折。

测盘雷达监测到所有关键信号之后，就可以解盘了。

王建红先生在过去两轮牛熊市中探索出了大盘走势、趋势转折的内在运动规律，积累了丰富的解盘经验，沉淀形成了多个有效的解盘工具和解盘逻辑，放在了"解盘宝箱"中。在发出趋势转折信号当天，王建红解盘团队打开解盘宝箱，对"智能测盘雷达""五元监测系统"覆盖到的关键信号在第一时间进行深度分析，最终对趋势转折做出方向性的预判结论，用来指引投资决策和实际操作。

定律1，反周期投资定律

股市波动周期逆向操作：低位，坚定看多做多。高位，坚定看空做空。

定律2，国家利益至上定律

资本市场是为国家利益服务的，其他功能都在其下。

慢牛市，"股指慢牛通道"。

股市，中国证券市场开放；中国与美国争夺国际资本的"国之重器"。

定律3，量价转换定律

量在价先，量价齐升，量增价涨，天量天价，量平价减，量价齐跌，地量地价。

定律4，政策对冲定律

经济形势与国家政策的对冲，股市形势与监管政策的对冲。

定律5，大资金定义行情定律

证券市场的行情、规则，主要是由大资金来定义或确定的。

定律6至定律10

本书暂时省略，计划在以后时机成熟时深入探讨。

实际上，十大解盘定律，是中国股市运行的内在基本规律。掌握了中国股市运行的内在规律，才能预判中国股市趋势和顶底转折。

"趋势转折"解盘系统的定位与三个亮点

"趋势转折"解盘系统的首要定位：预判中国股市中线、长线的市场趋势与顶底转折（含顶部和底部）；

亮点1　功能强大：预判中国股市的中线、长线顶部和底部

预判中国股市中线、长线的顶部和底部，"趋势转折"解盘系统致力于成为投资者"趋势转折时的预警神器"。

亮点2　目标客户受益：协助客户成功抄底、成功逃顶。

"趋势转折"系统发出的底部信号、顶部信号，协助客户成功抄底、成功逃顶，为客户创造高额收益的同时避免了大量损失，实现了财富的稳健持续增长。

亮点3　国内首创且独家：融合主流理论和技术，锤炼出的解盘与交易神器。

测盘系统中，5个单元、50个指标奠定了解盘系统的科学性基石。

解盘系统中，10大解盘定律，奠定了解盘系统的逻辑性、实盘性和艺术性。

"趋势转折"解盘系统是吸收了国内外金融市场主流理论、技术之后的最新研究成果。本解盘系统在资深市场人士深入洞察中国国情和股市的基础上，

附录2 "趋势转折"解盘系统：预判市场趋势与顶底转折

基于对政策的深入理解和解读，同时借助道氏理论、均线理论、MACD、量价转换理论、多周期图方法、成分指数分析方法、资金流技术、背离技术、滤波原理、蜡烛图形态分析、RSI指标技术等国内外金融市场上的主流理论和主流技术，对证券市场趋势进行多维度深入分析，并运用行为金融学、人工智能、机器深度学习等最新理论和前沿科技，综合研判后得出市场趋势的方向判断和关键结论。

"趋势转折"解盘系统，智能解盘与交易神器，博采众家，自成一脉。

附录3 "价值投资2.0体系"的 12个实盘观点

当前在国内外投资界流行的价值投资体系，其经典性在于体系中企业内在价值、折现现金流估值模型（DCF）、安全边际、能力圈等核心理念经受了全世界、几十年至百年时间的检验，为业界和投资者所认可。长期观察国内外股市趋势转折发现，即使是国内外上市公司，其股价受中长期趋势尤其是长期趋势的影响非常大。但是，价值投资实践中如何应对市场趋势转折？价值投资体系的论述较少，至今尚未形成为业界所认可的完整体系。

"价值投资2.0体系"是在国内外流行的"价值投资体系"基础上的全新升级版，由资深投资人"红哥"王建红先生历经两轮牛熊锤炼而成，这个体系的12个核心观点如下。

观点1："价值投资2.0体系"的核心理念：价值投资+趋势转折

"价值投资2.0体系"认为，在优选投资标的时，价值投资体系中的企业内在价值、折现现金流估值模型（DCF）、安全边际、能力圈等核心理念和方法，须要继续坚定遵守。

"价值投资2.0体系"同样认为：市场趋势转折时，买入持有的价值投资标的可以考虑采用"择时+对冲"策略应对，择时进出，对冲操作。具体应对策略为：中期趋势转折时，考虑应对；长期趋势转折时，必须应对；短期趋势转折即走势波动时、不必应对。

观点2："价值投资2.0体系"的基本逻辑：基本面为王，市场面为体，技术面为用

"价值投资2.0体系"的基本逻辑是：基本面为王，市场面为体，技术面为用，这同样是笔者证券投资的基本逻辑。这里的"基本面"首先指国家基本面，其次是市场基本面和公司基本面。

对应证券投资的基本逻辑即三个维度，证券投资交易的全部秘密就是——投资之道、市场之势、交易之术。实际上，"道、势、术"这三个维度是证券投资行业的内在门槛,任何一位证券投资者无法实现持续盈利,根本原因是没有搞懂这三个维度,没有吃透市场、管好自己。

观点 3:"价值投资 2.0 体系"的"基本面四原则":国运重于一切,赛道重于赛手,团队重于商业模式,持续的市场支配权比利润和市场份额重要

关于企业基本面,"价值投资 2.0 体系"认为:

(1)国家高度:"国运重于一切"。优质企业最重要的平台、背景是国家,国家好比是"舞台",而企业好比是"演员",优质企业、伟大企业出现的前提是一个国家的国运、综合实力,企业的前途首先是与国家命运紧密联系在一起的,这里的"国运"与巴菲特说的"国运"相近。

(2)产业高度:"赛道重于赛手"。真正值得投资的优秀企业,其所在的产业赛道一定拥有广阔的成长空间、符合国家政策导向、获得政府支持等禀赋和优势,产业赛道比企业重要,先选赛道、再选企业;而决定"产业赛道"趋势的是科技变革和市场需求,抓住了主导产业就是抓住了系统性的投资机遇。从长周期看,个股技术面趋势主要由公司基本面趋势决定。未来在中国做投资,看好三个方向:"人与人连接"——互联网、软件、半导体、电子元件等;"物与物连接"——物联网、通信设备、航空物流、汽车零部件等;"改善生命的长度与质量"——环保、生物科技、医疗健康等。在大多数新兴产业的上游,芯片是下一个超级产业、下一个制高点。

(3)企业角度:"团队重于商业模式"。投资就是投人、投团队,毕竟事是人干出来的,长周期看企业团队比商业模式重要得多。

(4)市场角度:"持续的市场支配权比利润和市场份额重要"。国内外的实证研究发现,很多主流产业龙头第一名的利润总额和市场份额是后面几名的总和,后面几名尽管有市场份额、但利润率和利润总额比第一名少得多,行业龙头公司有能力持续获得利润和市场份额的背后,是龙头公司持续的市场支配权(Market Power),只要龙头公司持续拥有"Market Power",它就拥有获得高出行业平均利润率的核心能力,公司利润和现金流容易实现高出行业平均水平的持续增长,而这正是市场愿意给予龙头公司估值溢价的本质原因。

"价值投资 2.0 体系"的基本面逻辑,站在国家高度、产业高度、企业角度和市场角度形成了自成体系的"基本面优选公司的四原则"。

观点 4:"价值投资 2.0 体系"的新估值方法:PER 估值模型是一个新标

趋势转折的奥秘

准和亮点

当前市场流行的 PE、PB 等估值方法，作用很大，但并不一定适用于所有企业。尤其是把 PE、PB 估值方法应用于研发驱动型龙头公司，本质上是惩罚高研发投入的公司。

对于研发驱动型龙头公司，使用新估值方法 PER 能发现更具潜力的投资标的。

观点 5："价值投资 2.0 体系"的投资操作总纲：看大盘、做个股

基于重视趋势转折的核心理念，"价值投资 2.0 体系"的投资操作总纲是：看大盘、做个股。实盘中分为两种具体情况：一是重大盘、轻个股；二是轻大盘、重个股，这是投资操作的总纲领、总策略。

大盘实际上是大趋势，赚大钱要看懂中长期趋势，趋势为王，顺势而为，决不逆势而为。大盘环境影响具体操作，看懂市场趋势和大盘顶底，才能做好个股，不能在顶部时加仓，而在底部时却不敢进场，千万不能做反了。

至于预判市场趋势转折的难题，由多次预判顶底转折、历经两轮牛熊锤炼的"趋势转折"解盘系统来完成。"趋势转折"解盘系统，是王建红先生为投资业界做出的又一个贡献。

观点 6：股票投资的基本逻辑：长期看公司，中期看业绩，短期看信号

在上面证券投资的基本逻辑中，"基本面为王"是核心逻辑，公司基本面的长期趋势决定个股技术面，所以证券投资的个股交易逻辑中一定是"长期看公司"；对于基本面长期看好的公司，那些季度报表向好、中期业绩证实的公司更容易优先获得市场认可，所以"中期看业绩"；交易周期到了短期即三个月：公司季报业绩没有直接变化，个股股价涨跌主要取决于筹码信号和图形信号两类信号，所以"短期看信号"。

观点 7：大盘趋势转折：政策和资金是两种决定性的常规力量

大道至简，决定大盘顶底转折的常规力量主要有两种：一是政策，代表政府力量，二是资金，代表市场力量。实际上，政府力量和市场力量的博弈，既是大盘顶底转折的核心变量，又是股市运行的基本规律。这是笔者复盘国内外股市发现的普遍规律。

观点 8：趋势转折的图形密码："MACD + RSI 信号组合"是主导指标

"MACD + RSI 信号组合"，既是实战中抄底逃顶的主导指标，又是"价值投资 2.0 体系"中分析趋势转折的技术基础。"趋势指标之王"MACD 追踪趋势的稳健性，与"精准指标之王"RSI捕捉转折点的灵敏性有机结合，提高了判断趋势转折、确定底部和顶部的胜率。

观点9：中线趋势转折的实盘经验："5～10周线交叉法"是协同指标

"看长线，做中线"是比较务实的操作策略。多年实盘经验发现，"MACD + RSI信号组合"是判断中线顶底的主导指标，"5～10周线交叉法"是协同指标：5周线金叉10周线，大概率是中线筑底完成、新一轮行情开始的技术信号；5周线死叉10周线，大概率预示一轮中线行情结束。

而当5周线走平、向10周线靠近但没有金叉10周线时，确认中线底部的概率并不高，应该采取审慎策略，此时同样有构筑下跌中继平台的概率。2015年6月中国A股开始的那轮深度调整，尽管上证5周线走平并开始上倾，但在2015年8月14日当周及后面几周最终没有金叉10周线，随后上证的又一轮下跌走势证明了这个技术信号的正确性。

实战中，把"5～10周线交叉法"和主导指标"MACD + RSI信号组合"协同使用，相互验证，抄底逃顶的胜率更高。尽管"5～10周线交叉法"信号相对滞后，但稳定性高，适合稳健者使用。

观点10：理性使用趋势转折信号：信号并不等于交易指令。耐心观察趋势转折时"磨底、磨顶"，多维、多元市场信号重于主观臆断

长期做实盘交易的人都会明白，趋势转折的技术信号、市场信号等信号并不等于交易指令，这些信号在实盘中更多的是以概率形式出现的，胜率再高的信号都难以确保百分之百的准确；反过来，证券投资操作也不需要百分之百的准确，信号达到八成左右的胜率就基本够用了，如此高胜率的信号完全可以作为交易指令的重要依据。

牢记：大盘、个股的行情底部和顶部，多数时候是"磨"出来的、是"折腾"出来的，投资人须要耐心观察和等待。本书中的"抄底""逃顶"，只是一种更通俗、更形象的说法。

证券投资的两大难点在于：第一，不同声音与独立决策，很多优秀投资人在同一时点对市场趋势的判断，可能大不相同、甚至完全相反，需要在不同声音中独立决策；第二，当时判断与事后验证，投资须要当时对趋势做出判断、指引操作，但中长期趋势通常是事后才能确认的。当然，这两大难点同样是投资魅力所在，很多人都能把趋势看得清清楚楚，哪里还有什么魅力。

因此，即使是投资老手，无论过去有多么成功，都需要始终尊重市场、敬畏市场,需要每天聆听市场声音,多维、多元市场信号重于主观臆断,不要过于相信其他人的判断,市场信号的可靠程度更高。

观点11:价值投资的操作级别:看大趋势、有大格局,进阶投资高段位

"价值投资2.0体系"中趋势转折的操作策略是"底部进场、顶部出场",投资者使用这个策略时首先要面对的一个现实问题是:定位你的操作级别和操作周期,是以分时图小级别为单位?还是以日、周为单位?或是以月度大周期为操作级别?

针对操作周期,我信仰并建议大家认同"短线要命、中长线是金"的理念。除了中长期趋势转折需要关注之外,伟大公司可以穿越牛熊,价值投资无须过多关注短期市场趋势。多复盘腾讯、阿里巴巴、茅台等一批伟大公司的月线图、季线图、年线图会发现,随着操作周期、级别的提升,操作次数越来越少,但投资收益却越来越丰厚;如果操作次数多了,由于种种原因,你不一定能把长牛股买回来,或者不得不以更高价位买回来,或者有可能错失大级别的主升浪。

"价值投资2.0体系"倡导投资要有硬功夫、大趋势、大格局,不斤斤计较于短期波动,信仰"滤波原理"的智慧,过滤太多的波动,忽略底和顶之间的多余波动,才能减去那些注重过程的交易技术,搬走波浪理论、缠论、酒田战法"三座大山",决胜中长线,坚定持筹,才能吃定大级别主升浪的丰厚利润。

观点12:价值投资的终极较量:比谁看得远、看得准、敢重仓、能坚持

看得远、看得准、敢重仓、能坚持,是对投资者的产业基本面、企业基本面、仓位策略、趋势判断以及交易心理和人性等多方面综合实力的终极较量。很多投资者都曾经交易过长牛股的股票,最终在伟大公司上赚到大钱的人,是拥有上面综合实力的少数人。

巴菲特的办公室里没有股价报价器,很少有人听说过巴菲特经常看盘。基本面为王,技术面博弈,中长线是金;基本面像高山,技术面像攀登高山的地图,而中长线投资需要投资者超越自我、超越平常的信仰、格局和意志。从长周期看,优质公司尤其是伟大公司的股价走势是与公司基本面方向一致、且长期向上的。如果发现这样公司后,减少买卖次数、坚定与伟大公司同行,是投资的更高段位、境界与智慧。

作者简介

王建红先生

茅台投资人、"好公司捕手"
新浪网、雪球网投资大V
"价值投资2.0体系"创始人
"趋势转折"解盘体系创始人
"最美主升浪"战法创始人

　　红哥，本名王建红，基金经理，资深茅台投资人，专注价值投资，重点投资顶级公司，成功挖掘出茅台、腾讯、恒瑞医药、中国平安、美的等五星级公司的投资价值，比如："腾讯市值将翻番，超苹果成世界股王"；"三个维度比拼，茅台八千亿市值没有泡沫"；"茅台的颠峰高度，看高到市值3万亿、股价3000元"；"恒瑞医药，中国A股首家过千亿美元市值的医药公司"。这些鲜明观点和研究成果，获得了越来越多业内外人士深度认可，朋友们亲切地称呼他为"红哥""好公司捕手"。

　　红哥长期专注挖掘顶级公司，曾经在2003年挖掘出一批潜力企业，如百度、新东方等，这些企业上市后成长为如今的五星级公司（这些企业创富史入选红哥主编的《谁是我的财富榜样》，中国经济出版社2003年出版）。

　　红哥经历两轮牛熊锤炼，沉淀出一整套投资实战功夫：
- "价值投资2.0体系"：价值投资+趋势转折，价值投资者的抄底逃顶法宝；
- "趋势转折"解盘体系：多次成功预判股市大顶大底，解密中国证券市场运行规律；
- "胡杨树"选股系统：多维度优选出五星级公司、真牛股、长牛股；
- "最美主升浪"战法：底部埋伏、顶部击取，伏击主升浪；

●"全筹码定盘系统"：识别主力资金意图，预判阶段底顶，指引抄底逃顶操作；

●投资智慧：持续赚钱的10个投资哲学，历经两轮牛熊的投资秘笈等；

由于红哥对茅台等顶级公司有着长期、深入的投资经历，他经常应邀去讲授价值投资方法，影响更多人走上投资正道，踏上财富持续稳健增长之路，努力早日实现财富自由。

搜索"王建红频道"（雪球账号、微信号、微博、新浪博客同名），或扫描二维码，了解红哥的更多实战经验、投资观点。

后 记
证券投资的"三个难题"

解决证券投资的超级难题，自我驯服内心是关键一步。

证券投资的超级难题是：持续盈利。在这方面，"美国共同基金之父"罗伊·纽伯格（Roy R. Neuberger）是我心服口服的一个偶像和大师。在68年的投资生涯中，纽伯格没有一年赔过钱。巴菲特过去51年的投资生涯中，有一年是亏损的。我的个人看法是：这一历史记录恐怕将是前无古人后无来者，无人能够打破。

历经资本市场两轮牛熊洗礼，我亲身经历了"市场之险"，同时深深体会到持续盈利的"投资之难"。

简单来说，证券投资的"持续盈利"难题，难在"看懂市场、管住自己"。这八个字说来轻松，做到太难，按照这个标准划分，投资者成长大致要经历四个阶段：最低档为"看不懂市场、管不住自己"，绝大多数散户都处在这个阶段；往上，低档为"看懂了市场、但管不住自己"；再往上，中档为"看懂了市场、能管住自己"，最后，高档为"既看懂了市场、又能管好自己"，"管好自己"又比"管住自己"上了一个台阶。

我认为，证券投资的终极难题，有"三难"：

证券投资的"第一个难题"是：自我驯服内心。

《圣经》说："人一生的果效，都由心发出"。在证券投资实战中，交易心理占到50%，技术分析占到20%，资金管理占到30%。尽管你"看懂市场"了，如果你交易中没有过"心理关"，一旦遇到风吹草动，或涨或跌都会随时影响你的内心，在操作中被贪婪、恐惧、急躁、没有耐心等人性弱点所控制，什么技术分析、资金管理等方法、纪律都抛到一边，你很难做到"知行合一""管住自己"，更不要谈"管好自己"了。

其实，很多老手在成为内行之前，都有过一段长期亏损的经历，都需要有很长一段时间面对内心、驯服内心的过程。投资者成为内行的蜕变，主要来自于对自己失败和他人失败的复盘和反思，如何持续克服人性的弱点、如何不断复制高胜率的投资交易。要想破解证券投资的"持续盈利"难题，自我驯服内心是关键一步。没有一颗强大厉害的内心，是不可能持续做好证券投资的。跨过这一步，你更容易成为内行；没有跨过这一步，你将一直很难、很苦，更不要谈成为内行。驯服内心、内心强大之后，你不再被市场情绪所左右，而是能看懂市场，不仅能赚公司价值的钱，还能赚市场情绪的钱。

这本书就是我驯服内心的产物，其"价值"主要来自我"在证券市场交过一亿元学费"的内心反思、提炼。坦诚地说，本书中的体系、战法，主要来自于实盘中成功经验、尤其是亏损教训的总结。从散户到职业投资人的这十多年间，仅仅我个人账户累计亏损1000多万元，加上我管理资产过程中的累计亏损，我给中国资本市场交过的学费累计达到"一亿元"了。当然，这些钱后来陆续都赚回来了。

在我的投资生涯中，本书是锤炼自我、战胜自我的又一个里程碑。本书写作历时十个月，开始写作时，北京是树木青葱的炎炎夏日；埋头数月，初稿出炉、抬起头来时，北京已是树木秃秃的瑟瑟严冬；投资业内广泛征求意见、完善定稿时，北京又到了春花烂漫的清明时节。这部书稿大部分内容是在北京千章墅内完成的，自己能静下心来，不是因为这个欧式园林安静精致、地处偏远，而是自己心净了、定了。这年头，一个人可以内心平静地坐几个月，踏踏实实地做一件事情，本身就是内心驯服的结果；写作的过程，同时是不断面对内心、自我驯服内心的过程。本书的积累时间，不仅仅是"做投资"的积累，更有对"做投资与做人、做事一样，都是一场没有终点的深刻修行"的深入感悟，可以说，一个男人四十多年内心的得与失、浮与沉、经验与教训、疯狂与痛苦、智慧与勇气，基本都沉淀在这本书中了。

当然，驯服自己的内心，只有依靠自己，没有任何人能帮上你。

证券投资的"第二个难题"是：专注，做减法。

人到了50岁前后，才愿意真正相信人一生做不成几件事。笔者的感悟是：要想做成一两件事，不得不做减法；只有做减法，才有可能成点事。我们看看

后　记

身边那些成事的人，95%都是某一行业、领域的行家，都是"走窄门"后上帝赐予的奇异恩典；请不要拿那另外5%成事的人来抬杠、钻牛角尖，真正的大智慧是：相信专注，相信常识，相信规律。

回首投资十多年来，我个人成长的一个重要经验来自于"走窄门、做减法"，我有一个"减法三步走"的感悟。

第一步，首先聚焦于股票投资，不要同时涉及期货、外汇、黄金等细分门类。现在我对证券以外的金融细分门类的确不熟悉，不敢张嘴；迄今为止，我还没有发现一位敢宣称自己是同时熟悉证券、期货、外汇、黄金的"内行"；其实，任何一个细分行业深入进去会发现都是博大精深的，把它吃透、做好、实现持续赚钱，都是很难的。

第二步，即使是做股票投资，还要继续做减法，比如先聚焦中国A股或港股或美股中的一个市场，做好一个市场后、再考虑扩展市场。毕竟这几个证券市场的制度、基因和运行周期有很大的差别；英国有位投资家在英国是"巴菲特"级别的投资家，转战港股后却败走麦城，就是明证。

第三步，减少投资标的和投资品种。即使在一个证券市场上，其投资标的和投资品种还是太多，必须坚守能力圈法则，投资标的、公司研究只有做减法，才能做深度；以我自己为例，落实到优选公司上，关注范围仅为A股3500多家上市公司中的5%、即200家左右，重点投资顶级公司、五星级公司，长期研究，持续关注。

我认为，最大的加法是减法，或者说最大的加法是"先做减法，然后在窄门中做加法"。这些年我专注价值投资，聚焦研究证券投资的内在规律，一路走来，如果没有这些年"不停地做减法、专注"，是"吃不住""吃不透""吃不下来的"，不可能走到今天。

证券投资的"第三个难题"是：回归简单，以简驭繁。

实际上，巴菲特是回归简单的大师，他既忽略市场面波动、又忽略个股技术面波动，聚焦于公司基本面，这是他成就传世的投资奇迹和价值投资思想的一个重要原因。

对于"价值投资"的本质，我更愿意回归简单，白话"价值投资"就是"痴痴地爱、傻傻地等"。"痴痴地爱"，找一家好公司（顶级公司、五星级公司），找到之后、适时介入，然后"傻傻地等"，做一个好人（有耐心，能坚守），只有长期持有，与伟大企业共成长，才能共享伟大企业的投资成果。如

趋势转折的奥秘

果你做不到"痴痴地爱、傻傻地等",那就得像我们一样全身心投入,依靠什么"价值投资2.0体系""趋势转折"交易系统等"专业武器"来应对了。

经历过资本市场惊涛骇浪之后,我最终回归价值投资、稳健投资。这几年,我重点投资顶级公司、五星级公司,不看一般股、概念股、垃圾股,对涨停板已经没有任何期望了,这才有了对五星级公司的深度挖掘,才有了不惧市场风浪的定力、信心。

大道至简,我更愿意把投资说回简单。在多次演讲中,我启发投资者"复杂的事情简单做,简单的事情重复做",倡导投资者首先"化繁为简",然后"以简驭繁",把简单的秘笈做到"知行合一"之后,再逐步把事情导向深入、复杂,复杂不是目的,只是手段,是深度思考问题的过程,经历过"简单→复杂→简单"的反复锤炼之后,才可能游刃有余地解决证券投资的超级难题,实现持续盈利。

需要说明,出于商业保密考虑,经过投资管理团队商定,我们投资体系和交易系统中的部分内容、环节,只能先透露一部分,在以后时机成熟时再深入探讨。

省略内容	篇幅	本书中的位置
《政策影响顶底转折的两大判断难点》	约900字	第五章第三节
《中线抄底战法五个步骤·技巧与实例讲解》	约3200字	第八章第四节
《抄底信号1:MACD信号·技巧与实例讲解》	约800字	第八章第四节
《抄底信号2:RSI信号·技巧与实例讲解》	约600字	第八章第四节
《逃顶战法的具体步骤·技巧与实例讲解》	约2700字	第九章第二节
《逃顶信号1:MACD信号·技巧与实例讲解》	约700字	第九章第二节
《逃顶信号2:RSI信号·技巧与实例讲解》	约600字	第九章第二节
"全筹码定盘系统":预判阶段底顶的实战方法	约3900字	第十四章第四节
《预判趋势转折"十大解盘定律"、定律6-10》	约1900字	附录、解盘子系统
"胡杨树"选股系统-初选系统·具体选股方法	约2100字	附录、选股子系统

细心读者会注意到,那些成功的投资大佬很少有愿意把自己的秘笈拿出来,更多的是谈投资理念;与他们相比,本书对外公开内容已经多了几倍:我在实战中锤炼出的"价值投资2.0体系"、"趋势转折"交易系统、"胡杨树"选股系统、"全筹码定盘系统"等"秘密武器",本书公开的内容占到了三至五成,与社会共享的比例很高了。

后　记

　　对于广大投资者，我有一个"中用、但不一定中听"的建议：希望投资者尤其是散户、新手早日把自己的钱交给靠谱基金经理去管理。我知道很多投资者可能不愿意这么做，想自己成为投资内行把钱管好；投资者经历了赔钱→赚钱→赔钱的过程之后，在经历几轮牛市、熊市洗礼之后，绝大多数投资者才会陆续无奈地把资金控制权交给内行去管，因为"成为内行"要比"交给内行"艰难太多太多，或者说穿了，绝大多数投资者这一生都无法"成为内行"。很多人可能不服气，我想弱弱地问你们两个问题：第一，您的第一职业，已经干了多年或者十多年甚至时间更长，您成为所在行业的内行、"一流"了吗？而你"炒股"的第二职业，成为投资内行的概率一定是比第一职业要小太多的；第二，那些大部分名校毕业的基金经理，全职在证券投资从业这么多年，最终也只有少数人成为内行、"一流"，所以业余投资者成为内行更是极小概率事件。

　　最近几年，国内私募基金迅速崛起、职业投资者成为投资管理主力军、市场去散户化，这是市场趋势，没有人能阻挡。逆趋势而动的人，最终将被趋势碾压得粉身碎骨。请广大投资者考虑、定夺。

　　感谢上帝的拣选和派遣，让我看到了证券投资的奥秘，"一头扎进这个窄门中"，潜心于证券投资、基金管理这个空间巨大的行业。没有任何其他一项工作能像证券投资一样让我如此痴迷，吸引我夜以继日地全身心投入。从事喜欢的证券投资，本身就是上帝给予的恩赐，只有发自内心的喜欢，才乐意主动点灯熬油，心甘情愿地把追求过程中的寂寞和痛苦当作是必然和养分。在我的眼里，博大精深、神奇奥妙的证券投资好比是"一片海"，那么本书就好比是"一桶水"。囿于个人力量，我真诚欢迎投资业内外人士就本书中的观点提出任何有理有据的建议，尤其欢迎不同意见、包括批评，期待深入交流，继续修炼，共同进步。

王建红
2018 年 6 月 12 日，于北京